Lehr- und Handbücher zu Geld, Börse, Bank und Versicherung

Herausgegeben von Universitätsprofessor Dr. Guido Eilenberger

Bisher erschienene Werke:

Averdiek-Bolwin, Die Effizienz von Aktienbörsen
Beike · Barckow, Risk-Management mit Finanzderivaten, 2. Auflage
Beyer, Risikomanagement beim PKW-Leasing
Biermann, Die Mathematik von Zinsinstrumenten
Blattner, Internationale Finanzierung
Börner, Strategisches Bankmanagement
Bosch, Finanzmathematik für Banker
Breit · Reinhart, Finanzierung der Unternehmung: Zinsmanagement
Döhring, Gesamtrisiko-Management von Banken
Dross, Genußrechte
Dürr, Investor Relations, 2. Auflage
Eilenberger, Bankbetriebswirtschaftslehre, 7. Auflage
Eilenberger, Betriebliche Finanzwirtschaft, 7. Auflage
Herzberger, Einführung in die Finanzmathematik
Jenkis, Wohnungsbaufinanzierung
Knoppe, Strategische Allianzen
Koch · Umann · Weigert, Lexikon der Lebensversicherung
Meise, Realoptionen als Investitionskalkül
Müller, Wirtschaft und Finanzmärkte
Putnoki, Grundlagen der Außenhandelsfinanzierung
Thoma, Chaostheorie, Wirtschaft und Börse, 2. Auflage
Thoma, Dynamische Prozesse in der Ökonomie und an den Finanzmärkten
Waschbusch, Bankenaufsicht
Widdel, Theorie und Praxis der Aktienspekulation

Finanzmathematik für Banker

Von

Dr. Karl Bosch

Professor für angewandte Mathematik
und Statistik

R. Oldenbourg Verlag München Wien

Die Deutsche Bibliothek – CIP-Einheitsaufnahme

Bosch, Karl:
Finanzmathematik für Banker / von Karl Bosch. – München ; Wien :
Oldenbourg, 2001
(Lehr- und Handbücher zu Geld, Börse, Bank und Versicherung)
ISBN 3-486-24744-1

Rosenheimer Straße 145, D-81671 München
Telefon: (089) 45051-0
www.oldenbourg-verlag.de

Gedruckt auf säure- und chlorfreiem Papier
Gesamtherstellung: Druckhaus „Thomas Müntzer“ GmbH, Bad Langensalza

ISBN 3-486-24744-1

Inhaltsverzeichnis

Vorwort

In dem vorliegenden Buch werden die wichtigsten Gebiete der Finanzmathematik aus dem Bankenbereich behandelt, und zwar Zins- und Zinseszinsrechnung, Rentenrechnung, Tilgungsrechnung, Kurs- und Renditerechnung (Effektivverzinsung) sowie Aktien und Termingeschäfte.

Nach der Formulierung der wichtigsten Grundbegriffe werden die einzelnen Formeln hergeleitet. Die abgeleiteten Formeln werden anschließend in Kästen übersichtlich zusammengestellt, wobei unter jedem Kasten die einzelnen Bezeichnungen ausführlich erläutert werden. Daher kann das Buch als **Lehrbuch** und gleichzeitig als **Formelsammlung** benutzt werden. Viele Beispiele sollen zum besseren Verständnis beitragen.

Mein Dank gilt dem Oldenbourg-Verlag, insbesondere Herrn Diplom-Volkswirt Martin Weigert für die gute Zusammenarbeit während der Entstehungsphase des Buches.

Jeder Leserin und jedem Leser des Buches bin ich für kritische Hinweise und Verbesserungsvorschläge dankbar.

Karl Bosch

Kapitel 1

Zinsrechnung (Rentenrechnung)

1.1. Grundbegriffe

Ein Kapital der Höhe K Euro werde zu einem bestimmten Zeitpunkt mit p % (pro cento) verzinst. Für 100 Euro gibt es also p Euro Zinsen. Auf einen Euro entfallen $\frac{p}{100}$ Euro. Daher gibt es für das Kapital K insgesamt $K \cdot \frac{p}{100}$ Euro Zinsen. Durch die einmalige Zinszahlung wächst das Kapital K an auf den Betrag $K + K \cdot \frac{p}{100} = K \cdot (1 + \frac{p}{100})$. Dabei heißt p der ***Zinssatz***, $\frac{p}{100} = i$ der ***Zinsfuß*** und

$$q = 1 + \frac{p}{100}$$

der ***Aufzinsungsfaktor***. Zahlung der Zinsen bedeutet also Multiplikation des Kapitals mit dem Aufzinsungsfaktor $q = 1 + \frac{p}{100}$.

Allgemein soll davon ausgegangen werden, dass die Zeitpunkte der Zinszahlungen äquidistant sind. Bei jährlicher Verzinsung liegt zwischen zwei aufeinanderfolgenden Zinszahlungen jeweils ein Jahr, bei vierteljährlicher Zinszahlung jeweils drei Monate, bei monatlicher Zinszahlung jeweils ein Monat. Der Zeitraum zwischen zwei aufeinanderfolgenden Zinszahlungen heißt ***Zinsperiode***. Meistens ist eine Zinsperiode ein Jahr bzw. ein Quartal (Vierteljahr). Falls ein Kapital wegen verspäteter Einzahlung oder einer früheren Abhebung nicht während der gesamten Zinsperiode auf dem Konto ist, wird es ***anteilmäßig*** verzinst. Wenn ein Kapital bei jährlicher Verzinsung mit p % nur einen Monat auf dem Konto ist, gibt es anteilmäßig $\frac{p}{12}$ % Zinsen, bei zwei Monaten $2 \cdot \frac{p}{12}$ %, bei k Monaten $k \cdot \frac{p}{12}$ % Zinsen. Allgemein wird das Jahr in 12 gleiche Monate mit je 30 mittleren Tagen eingeteilt, das Jahr also in 360 Tage. Bei einem Jahreszinssatz von p gibt es für m Monate anteilmäßig $\frac{m \cdot p}{1200}$ % und für r Tage anteilmäßig $\frac{r \cdot p}{36\,000}$ % Zinsen. Falls bei einem nominellen Jahreszinssatz p ein Kapital K nur für einen Jahresteilabschnitt t mit $0 < t < 1$ anteilmäßig verzinst wird, betragen die Zinsen für diesen Zeitraum $K \cdot \frac{p \cdot t}{100}$.

1.2. Einmalige Einzahlung ohne Zinseszins

Ein Kapital der Höhe K_0 werde jeweils am Ende eines Jahres (Zinsperiode) mit p % verzinst. Die jeweils anfallenden Zinsen werden vom Kapital getrennt, also nicht mehr weiter verzinst. Man spricht hier von ***Zinsen ohne Zinseszins***. Am Ende eines jeden Jahres gibt es nur für das Ausgangs-

K_0 Zinsen und zwar $K_0 \cdot \frac{p}{100}$. Damit wird der Kapitalstand am Ende eines jeden Jahres um diesen konstanten Zinsbetrag größer. Dabei erhält man

Kapital nach 1 Jahr: $K_1 = K_0 + K_0 \cdot \frac{p}{100} = K_0 \cdot \left(1 + \frac{p}{100}\right)$

Kapital nach 2 Jahren: $K_2 = K_1 + K_0 \cdot \frac{p}{100} = K_0 \cdot \left(1 + 2 \cdot \frac{p}{100}\right)$

Kapital nach 3 Jahren: $K_3 = K_2 + K_0 \cdot \frac{p}{100} = K_0 \cdot \left(1 + 3 \cdot \frac{p}{100}\right)$

....

Es sei n eine beliebige natürliche Zahl, z. B. n = 10. Bis zum Ende von n Jahren ist dann n-mal der gleiche Zinsbetrag $K_0 \cdot \frac{p}{100}$ angefallen. Damit lautet der

Kapitalstand bei einer ganzjährigen Laufzeit n ohne Zinseszins

$$K_n = K_0 \cdot \left(1 + n \cdot \frac{p}{100}\right) \quad \text{für} \quad n = 1, 2, \ldots . \tag{1}$$

K_0 = Ausgangskapital;
p = Jahreszinssatz pro Jahr ohne Zinseszins;
n = Anzahl der Jahre;
K_n = Kapitalstand nach n Jahren.

In K_n beschreibt der sogenannte Index n die Anzahl der Jahre. Die Kapitalstände $K_0, K_1, K_2, K_3, \ldots, K_n$ werden jeweils um $K_0 \cdot \frac{p}{100}$ größer. Daher bilden sie eine arithmetische Folge (s. Anhang) mit der konstanten Differenz $d = K_0 \cdot \frac{p}{100}$.

Beispiel 1:
Ein Kapital von 20 000 Euro werde jährlich mit 6 % ohne Zinseszins verzinst. Auf welchen Betrag wächst es in 10 Jahren an?

Mit $K_0 = 20\,000$, n = 10 und p = 6 erhält man das Kapital nach 10 Jahren

$$K_{10} = 20\,000 \cdot \left(1 + 10 \cdot \frac{6}{100}\right) = 32\,000 \text{ Euro.}$$

In der Gleichung (1) können von den vier Größen K_0, n, K_n und p jeweils drei vorgegeben werden. Dann kann die Gleichung nach der vierten Variablen aufgelöst werden. Die vierte Größe ist durch die drei anderen eindeutig bestimmt.

Bestimmung des Ausgangskapitals

Falls die ganzjährige Laufzeit n, der Zinssatz p und der geforderte Kapitalstand nach n Jahren K_n vorgegeben sind, erhält man das Ausgangskapital K_0 aus (1) in der Form

benötigtes Ausgangskapital für einen bestimmten Kapitalstand K_n nach n Jahren

$$K_0 = \frac{K_n}{1 + n \cdot \frac{p}{100}}. \tag{2}$$

n = vorgegebene Laufzeit in Jahren;
K_n = geforderter Kapitalstand nach n Jahren;
p = Jahreszinssatz ohne Zinseszins;
K_0 = dazu benötigtes Ausgangskapital.

Beispiel 2:
Welcher Betrag K_0 muss bei einem jährlichen Zinssatz von 5 % ohne Zinseszins angelegt werden, damit nach 10 Jahren daraus ein Kapital von 20 000 Euro wird? Hier ist $p = 5$, $n = 10$ und $K_{10} = 20\,000$ vorgegeben. Dann erhält man aus (2) die Lösung:

$$K_0 = \frac{20\,000}{1 + 10 \cdot \frac{5}{100}} = 13\,333{,}33 \text{ Euro.}$$

Bestimmung des Zinssatzes p
Falls K_0, n und K_n vorgegeben werden, erhält man aus (1)

$$1 + n \cdot \frac{p}{100} = \frac{K_n}{K_0}; \quad n \cdot \frac{p}{100} = \frac{K_n}{K_0} - 1$$

also den

Zinssatz bei vorgegebenen Werten K_0, n und K_n

$$p = \frac{100}{n} \cdot \left(\frac{K_n}{K_0} - 1 \right). \tag{3}$$

n = vorgegebene Laufzeit in Jahren;
K_n = geforderter Kapitalstand nach n Jahren;
K_0 = vorgegebenes Ausgangskapital;
p = zugehöriger Jahreszinssatz ohne Zinseszins.

Beispiel 3:
Ein Kapital von 10 000 Euro wachse bei einer jährlichen Verzinsung ohne Zinseszins innerhalb von 5 Jahren auf 12 000 Euro an. Welcher Jahreszinssatz p wird gezahlt?

Mit $K_0 = 10\,000$, $n = 5$ und $K_5 = 12\,000$ folgt aus (3)

$$p = \frac{100}{5} \cdot \left(\frac{12\,000}{10\,000} - 1 \right) = 4\ \%.$$

Bestimmung der Laufzeit n

Falls K_0, p und K_n vorgegeben werden, erhält man die Laufzeit n (in Jahren) aus (3) als

Laufzeit n bis zum Erreichen des Kapitalstands K_n

$$n = \frac{100}{p} \cdot \left(\frac{K_n}{K_0} - 1 \right). \tag{4}$$

K_n = geforderter Kapitalstand;
K_0 = Ausgangskapital;
p = Jahreszinssatz ohne Zinseszins;
n = dazu notwendige Laufzeit in Jahren.

Falls man die drei Größen K_n, K_0 und p beliebig vorgibt, ist die Laufzeit n im Allgemeinen nicht ganzzahlig. Durch Abrunden erhält man einen Kapitalstand, der noch nicht ausreicht. Ein Jahr später (aufrunden) wird der geforderte Kapitalstand bereits überschritten.

Beispiel 4:

In welcher Zeit wächst das Kapital von 50 000 Euro bei einem Jahreszinssatz von 6 % ohne Zinseszins auf 60 000 Euro an? Aus (4) erhält man die Lösung

$$n = \frac{100}{6} \cdot \left(\frac{60\,000}{50\,000} - 1 \right) = 3{,}33 \text{ Jahre.}$$

Nach (1) beträgt der Kapitalstand nach 3 Jahren

$$K_3 = 50\,000 \cdot (1 + 3 \cdot \tfrac{6}{100}) = 59\,000 \text{ Euro}$$

und nach 4 Jahren

$$K_4 = 50\,000 \cdot (1 + 4 \cdot \tfrac{6}{100}) = 62\,000 \text{ Euro.}$$

Unterjährige Laufzeit der Verzinsung

Falls ein Kapital K_0 nur für einen Teiljahresabschnitt τ mit $0 < \tau < 1$ verzinst wird, werden dafür anteilmäßig $p \cdot \tau$ Zinsen gezahlt. Damit betragen die anteilmäßigen Zinsen für diesen Teiljahresabschschnitt

$$K_0 \cdot \frac{p \cdot \tau}{100}.$$

Falls ein Kapital für t Jahre (anteilmäßig) ohne Zinseszins verzinst wird, wächst es ohne Zinseszinsen bis zum Zeitpunkt t an auf den

Kapitalstand bei einer nicht ganzjährigen Laufzeit t ohne Zinseszins

$$K(t) = K_0 \cdot \left(1 + \frac{p \cdot t}{100} \right); \quad t \text{ in Jahren mit } t > 0. \tag{5}$$

K_0 = Ausgangskapital;
p = Zinssatz pro Jahr ohne Zinseszins;
t = Zeit bis zur letzten Verzinsung;
K(t) = bis zum Zeitpunkt t verzinstes Kapital ohne Zinseszins.

Beispiel 5 (vgl. Beispiel 4):
Ohne Zinseszins wächst das Kapital von 50 000 Euro auf 60 000 Euro in genau $t = 3\frac{1}{3}$ Jahren, also in 3 Jahren und 4 Monaten an. Dabei werden für die restlichen 4 Monate anteilmäßig 2 Prozent Zinsen gezahlt.

1.3. Einmalige Einzahlung mit Zinseszins

In diesem Abschnitt soll ein Kapital K_0 mit Zinseszins weiter verzinst werden. Dabei soll nur ein bestimmtes Ausgangskapital K_0 ohne weitere Einzahlungen untersucht werden.

1.3.1. Einmalige Einzahlung bei jährlicher Verzinsung

Ein Kapital der Höhe K_0 werde jeweils am Ende eines Jahres mit p % mit Zinseszins verzinst. Mit Zinseszins bedeutet, dass auch die bereits angefallenen Zinsen wieder verzinst werden. Bei jedem Zinstermin muss das unmittelbar vorher vorhandene Kapital mit dem Aufzinsungsfaktor $q = 1 + \frac{p}{100}$ multipliziert werden. Damit erhält man die Kapitalstände:

Kapital nach 1 Jahr: $K_1 = K_0 \cdot \left(1 + \frac{p}{100}\right) = K_0 \cdot q$

Kapital nach 2 Jahren: $K_2 = K_1 \cdot \left(1 + \frac{p}{100}\right) = K_0 \cdot q^2$

Kapital nach 3 Jahren: $K_3 = K_2 \cdot \left(1 + \frac{p}{100}\right) = K_0 \cdot q^3$

Kapital nach 4 Jahren: $K_4 = K_3 \cdot \left(1 + \frac{p}{100}\right) = K_0 \cdot q^4$

....

Es sei n eine beliebige natürliche Zahl, z. B. n = 10. Bis zum Ende von n Jahren hat dann n-mal eine Verzinsung stattgefunden. Damit wurde das Ausgangskapital K_0 n-mal mit dem Aufzinsungsfaktor $q = 1 + \frac{p}{100}$ multipliziert. Damit lautet der

Kapitalstand nach n Jahren mit Zinseszins

$$K_n = K_0 \cdot \left(1 + \frac{p}{100}\right)^n = K_0 \cdot q^n \quad \text{für } n = 1, 2, \ldots . \tag{6}$$

K_0 = Ausgangskapital;
p = Zinssatz pro Jahr mit Zinseszins; $q = 1 + \frac{p}{100}$ = Aufzinsungsfaktor;
n = vorgegebene Anzahl von Jahren (Laufzeit);
K_n = Kapitalstand nach n Jahren.

Dabei ist $q^n = \underbrace{q \cdot q \cdot \ldots \cdot q}_{\text{n Faktoren}}$ die n-te Potenz des Aufzinsungsfaktors q (s. Anhang).

Die Kontostände $K_0, K_1, K_2, K_3, \ldots$ unterscheiden sich jeweils durch den Faktor q. Sie bilden daher eine geometrische Folge (s. Anhang) mit dem konstanten Faktor $q = 1 + \frac{p}{100}$.

Beispiel 6:
Ein Kapital von 100 000 Euro werden jährlich zu 7 % mit Zinseszins verzinst. Gesucht ist der Kapitalstand nach 20 Jahren. Aus (6) erhält man

$K_{20} = 100\,000 \cdot (1 + \frac{7}{100})^{20} = 386\,968{,}45$ Euro.

In der Gleichung (6) können von den vier Größen K_0, n, K_n und p (bzw. q) jeweils drei vorgegeben werden. Dann kann die Gleichung nach der vierten Variablen aufgelöst werden. Die vierte Größe ist durch die drei anderen eindeutig bestimmt.

Bestimmung des Ausgangskapitals (Barwertes)
Falls die Laufzeit n, der Zinssatz p und der geforderte Kapitalstand nach n Jahren K_n vorgegeben sind, erhält man das Ausgangskapital K_0 aus (6) in der Form

Ausgangskapital (Barwert) für den Kapitalstand K_n

$$K_0 = \frac{K_n}{q^n} \quad \text{mit} \quad q = 1 + \frac{p}{100}. \tag{7}$$

n = vorgegebene Laufzeit in Jahren;
K_n = nach n Jahren geforderter Kapitalstand;
p = Jahreszinssatz mit Zinseszins;
K_0 = dazu benötigtes Ausgangskapital.

K_0 ist der auf den jetzigen Zeitpunkt $t = 0$ ***abgezinste (diskontierte) Barwert*** des nach n Jahren anfallenden Kapitals K_n. Falls der Barwert sofort zum Zinssatz p angelegt wird, wächst er in n Jahren durch die Zinszahlungen auf den gleichen Endwert (Endbetrag) K_n an. Die nach n Jahren fällige Zahlung kann sofort zum Barwert weiterverkauft bzw. abgetreten werden. So müssen z. B. Forderungen in einem Konkursverfahren auf den Zeitpunkt der Eröffnung des Verfahrens abgezinst werden.

Beispiel 7:
Welcher Betrag K_0 muss bei einem jährlichen Zinssatz von 4,5 % mit Zinseszins angelegt werden, damit nach 20 Jahren daraus 100 000 Euro werden? Hier ist $q = 1{,}045$, $n = 20$ und $K_{100} = 100\,000$ vorgegeben.

Dann lautet nach (7) die Lösung

$$K_0 = \frac{100\,000}{1{,}045^{20}} = 41\,464{,}29 \text{ Euro.}$$

41 464,29 Euro ist also der auf den jetzigen Zeitpunkt abgezinste Barwert des nach 20 Jahren anfallenden Betrages von 100 000 Euro. Dabei wird für die gesamte Laufzeit der gleiche Zinssatz p = 4,5 zugrunde gelegt.

Bestimmung des Zinssatzes p

Falls K_0, n und K_n vorgegeben werden, erhält man den Zinssatz p aus der Gleichung

$$K_n = K_0 \cdot \left(1 + \frac{p}{100}\right)^n; \quad \frac{K_n}{K_0} = \left(1 + \frac{p}{100}\right)^n,$$

indem zuerst die n-te Wurzel (s. Anhang) gezogen wird, als

$$1 + \frac{p}{100} = \sqrt[n]{\frac{K_n}{K_0}}; \quad \frac{p}{100} = \sqrt[n]{\frac{K_n}{K_0}} - 1.$$

Multiplikation mit 100 ergibt den

Zinssatz p für das Erreichen des Kapitals K_n nach n Jahren bei gegebenem Ausgangskapital K_0

$$p = 100 \cdot \left[\sqrt[n]{\frac{K_n}{K_0}} - 1\right] = 100 \cdot \left[\left(\frac{K_n}{K_0}\right)^{\frac{1}{n}} - 1\right]. \tag{8}$$

n = vorgegebene Laufzeit in Jahren;
K_n = nach n Jahren geforderter Kapitalstand;
K_0 = Ausgangskapital;
p = dazu gehörender Jahreszinssatz mit Zinseszins.

Beispiel 8:

Das Kapital von 10 000 Euro wachse bei einer jährlichen Verzinsung mit Zinseszins nach 5 Jahren auf 12 500 Euro an. Gesucht ist der Jahreszinssatz p. Aus (8) folgt

$$p = 100 \cdot \left[\sqrt[5]{\frac{12\,500}{10\,000}} - 1\right] = 100 \cdot \left[1{,}25^{0,2} - 1\right] = 4{,}563955 \text{ \%}.$$

Bestimmung der Laufzeit n

Die Werte K_0, p und K_n seien gegeben. Dann ist die Gleichung

$$K_n = K_0 \cdot q^n; \quad \frac{K_n}{K_0} = q^n \tag{9}$$

nicht elementar nach n auflösbar. Dabei könnte man folgendermaßen vorgehen: Für n wird zunächst ein beliebiger Wert eingesetzt. Falls dann die Potenz $(1+\frac{p}{100})^n$ kleiner als K_n/K_0 ist, ist das gewählte n noch zu klein. Dann muss n so lange vergrößert werden, bis die Potenz erstmals größer als K_n/K_0 ist. Wennn sie z. B. für $n = 10$ kleiner als K_n/K_0, aber für $n = 11$ größer als K_n/K_0 ist, so ist der vorgegebene Kapitalstand nach 10 Jahren noch nicht erreicht, während er nach 11 Jahren bereits überschritten ist. Im Allgemeinen kann man nicht erwarten, dass nach einer bestimmten Anzahl von Jahren ein bestimmter Kapitalstand exakt erreicht wird. Falls n jeweils um 1 vergrößert wird, bedeutet dies die Multiplikation der vorangehenden Potenz mit dem gleichen Faktor $1+\frac{p}{100}$. Damit kann man die Lösung durch sukzessive Multiplikation mit diesem Faktor erreichen.

Die Auflösung von (9) erhält man durch Logarithmieren (s. Anhang). Logarithmusfunktionen enthalten viele Taschenrechner, so dass die Berechnung von n nach der nachfolgenden Formel sehr einfach ist. Mit einem beliebigen Logarithmus (s. Anhang) erhält man die

Laufzeit n bis zum Erreichen des Kapitalstands K_n

$$n = \frac{\lg\left(\frac{K_n}{K_0}\right)}{\lg q}. \qquad (10)$$

K_n = vorgegebener Kapitalstand;
K_0 = Ausgangskapital;
p = jährlicher Zinssatz mit Zinseszins; $q = 1+\frac{p}{100}$;
n = dazu notwendige Laufzeit in Jahren.

Bemerkung:
Falls die Lösung n aus (10) nicht ganzzahlig ist, ergibt der ganzzahlige Anteil der Lösung die maximale Anzahl von Jahren, nach denen der geforderte Kapitalstand K_n noch nicht erreicht wird, während ein Jahr später der geforderte Kapitalstand erstmals überschritten wird.

Beispiel 9:
Wie lange muss ein Kapital bei jährlicher Zinszahlung von 6 % mit Zinseszins angelegt werden, bis es sich verdoppelt hat?

Aus $\frac{K_n}{K_0} = 2$ und $p = 6$ erhält man aus der Formel (10) die Lösung

$$n = \frac{\lg 2}{\lg 1{,}06} = 11{,}8957 \text{ Jahre.}$$

Aus (9) erhält man $\frac{K_{11}}{K_0} = 1{,}06^{11} = 1{,}8983$; $\frac{K_{12}}{K_0} = 1{,}06^{12} = 2{,}0122$.

Nach 11 Jahren hat sich das Kapital noch nicht, nach 12 Jahren aber mehr als verdoppelt.

1.3.2. Einmalige Einzahlung bei nicht ganzjähriger Laufzeit der Verzinsung

Der Zinszeitraum, in dem das Kapital letztmalig (anteilmäßig) verzinst wird, ende nicht mit vollen Jahren. Dann bleibt für die letzte Verzinsung ein Teilabschnitt eines Jahres übrig. Die gesamte Laufzeit sei $n + \tau$ Jahre mit $0 < \tau < 1$. Bis zum Ende des n-ten Jahres wird das Kapital K_0 n-mal mit dem Zinssatz p verzinst. Dies ergibt den Kapitalstand $K_0 \cdot q^n$. Zum Ende der Laufzeit muss das Kapital K_n für das Teiljahr τ anteilmäßig verzinst werden. Dafür gibt es $p \cdot \tau$ % Zinsen. Der Zinsbetrag für das letzte Teiljahr beträgt daher

$$K_n \cdot \frac{p \cdot \tau}{100}.$$

Dadurch wächst das Kapital K_0 in $n + \tau$ Jahren an auf

$$K_n + K_n \cdot \frac{p \cdot \tau}{100} = K_n \cdot \left(1 + \frac{p \cdot \tau}{100}\right) = K_0 \cdot q^n \cdot \left(1 + \frac{p \cdot \tau}{100}\right).$$

Damit gilt

Verzinster Kapitalstand nach $n + \tau$ Jahren mit $0 < \tau < 1$

$$K_{n+\tau} = K_0 \cdot q^n \cdot \left(1 + \frac{p \cdot \tau}{100}\right). \tag{11}$$

K_0 = Ausgangskapital;
p = Zinssatz pro Jahr mit Zinseszins; $q = 1 + \frac{p}{100}$;
$n + \tau$ = vorgegebene Laufzeit der Verzinsung mit $0 < \tau < 1$;
im letzten Teiljahr der Länge τ gibt es anteilmäßig $p \cdot \tau$ % Zinsen.

Für $\tau = 1$ erhält man aus (11) den Kapitalstand nach $n + 1$ Jahren

$$K_{n+1} = K_0 \cdot q^n \cdot \left(1 + \frac{p}{100}\right) = K_0 \cdot q^{n+1}.$$

Mit Hilfe der Formel (11) kann auch eine nichtganzjährige Laufzeit exakt bestimmt werden. Dazu das

Beispiel 10:
Ein Kapital der Höhe 50 000 Euro werden bei jährlicher Verzinsung mit jeweils 6 % verzinst. Gesucht ist der teiljährige Zeitpunkt, zu dem es nach der letzten anteilmäßigen Verzinsung auf exakt 82 000 Euro angewachsen ist. Aus (10) erhält man mit $K_n = 82\,000$, $K_0 = 50\,000$, $q = 1{,}06$

$$n = \frac{\lg\left(\frac{82\,000}{50\,000}\right)}{\lg 1{,}06} = 8{,}489884.$$

Nach 8 Jahren beträgt der Kapitalstand nach (6)

$K_8 = 50\,000 \cdot 1{,}06^8 = 79\,692{,}40$ Euro.

Für das restliche Teiljahr τ erhält man aus (11) die Bestimmungsgleichung

$$82\,000 = 79\,692{,}40 \cdot \left(1 + \frac{6 \cdot \tau}{100}\right); \qquad 1 + \frac{6 \cdot \tau}{100} = \frac{82\,000}{79\,692{,}40}$$

mit der Lösung

$$\tau = \frac{100}{6} \cdot \left[\frac{82\,000}{79\,692{,}40} - 1\right] = 0{,}482606 \text{ Jahre.}$$

Weil das Jahr mit 360 Tagen, der Monat mit 30 Tagen gerechnet werden, erhält man hieraus

$$\tau = 0{,}482606 \cdot 360 \approx 174 \text{ Tage (aufgerundet)} = 5 \text{ Monate und } 24 \text{ Tage.}$$

Die hier berechnete Gesamtlaufzeit 8,48261 Jahre darf nicht in die Formel (6) eingesetzt werden. Denn dadurch würde man den zu kleinen Wert

$50\,000 \cdot 1{,}06^{8{,}482606} = 81\,965{,}24$ Euro erhalten.

Dazu müsste man den oben berechneten Wert $n = 8{,}489884$ benutzen, der etwas größer ist als die mit Hilfe der unterjährigen Zinslaufzeit berechnete Laufzeit.

Bemerkung:
Bei nicht ganzjähriger Laufzeit $n + \tau$ darf zur Berechnung des Kapitalendstands nicht die Formel

$$K_{n+\tau} = K_0 \cdot q^{n+\tau}$$

benutzt werden. Dadurch erhält man zwar einen Näherungswert für den Kapitalstand. Dieser ist aber kleiner als der mit Hilfe der anteilmäßigen Verzinsung berechnete Kapitalstand nach $n + \tau$ Jahren (s. Beispiel 10).

1.3.3. Durchschnittlicher (mittlerer) Zinssatz, effektiver Zinssatz oder Rendite

Falls die Zinssätze in den einzelnen Jahren verschieden sind, soll aus diesen verschiedenen Zinssätzen der durchschnittliche (mittlere) Zinssatz für den entsprechenden Zeitraum berechnet werden. Der ***durchschnittliche (mittlere) Zinssatz*** ist derjenige konstante Zinssatz, mit dem das Kapital in der gleichen Zeit auf denselben Kapitalstand anwächst wie bei den verschiedenen Jahreszinssätzen. Dieser durchschnittliche Zinssatz heißt auch ***effektiver Zinssatz*** oder die ***Rendite*** der Anlage.

Beispiel 11:
Ein Kapital K_0 werde im 1. Jahr mit 4 %, im 2. Jahr mit 5 % und im 3. Jahr mit 6 % mit Zinseszins verzinst. Dann beträgt der Kapitalstand nach 3 Jahren

$$K_3 = K_0 \cdot 1{,}04 \cdot 1{,}05 \cdot 1{,}06 = K_0 \cdot 1{,}15752.$$

Die Vermutung, der durchschnittliche Zinssatz sei gleich dem arithmetischen Mittel (s. Anhang) der drei Zinssätze, also gleich $\frac{4+5+6}{3} = 5$, ist falsch. Den durchschnittlichen Zinssatz bezeichnen wir mit p. Mit ihm wächst das Kapital in 3 Jahren an auf

$K_0 \cdot \left(1+\frac{p}{100}\right)^3$. Damit lautet die Bestimmungsgleichung

$$K_0 \cdot \left(1+\frac{p}{100}\right)^3 = K_0 \cdot 1{,}15752.$$

Nach Division durch K_0 erhält man mit der dritten Wurzel die Gleichung

$$1+\frac{p}{100} = \sqrt[3]{1{,}15752}\ ;$$

$$p = 100 \cdot \left[\sqrt[3]{1{,}15752} - 1\right] = 100 \cdot \left(1{,}15752^{\frac{1}{3}} - 1\right) = 4{,}996825.$$

Dieser Werte ist etwas kleiner als das arithmetische Mittel 5.

Allgemein werde ein Kapital K_0 während n Jahren der Reihe nach mit den Zinssätzen $p_1, p_2, p_3, \ldots, p_n$ mit Zinseszins verzinst. Mit den jeweiligen Aufzinsungsfaktoren

$$q_1 = 1+\frac{p_1}{100},\quad q_2 = 1+\frac{p_2}{100},\quad q_3 = 1+\frac{p_3}{100}, \ldots, \quad q_n = 1+\frac{p_n}{100}$$

erhält man den Kapitalstand nach n Jahren

$$K_n = K_0 \cdot q_1 \cdot q_2 \cdot q_3 \cdot \ldots \cdot q_n .$$

Für den durchschnittlichen Zinssatz p mit dem zugehörigen Aufzinsungsfaktor $q = 1+\frac{p}{100}$ während der n Jahre gilt die Bestimmungsgleichung

$$K_0 \cdot \left(1+\frac{p}{100}\right)^n = K_0 \cdot q^n = K_0 \cdot q_1 \cdot q_2 \cdot q_3 \cdot \ldots \cdot q_n .$$

Division durch K_0 ergibt mit der n-ten Wurzel (s. Anhang)

$$q = 1+\frac{p}{100} = \sqrt[n]{q_1 \cdot q_2 \cdot q_3 \cdot \ldots \cdot q_n} .$$

Damit folgt

durchschnittlicher (effektiver) Zinssatz oder **Rendite p der Zinssätze $p_1, p_2, \ldots, p_n$**

$$p = 100 \cdot \left[\sqrt[n]{q_1 \cdot q_2 \cdot \ldots \cdot q_n} - 1\right] = 100 \cdot \left[(q_1 \cdot q_2 \cdot \ldots \cdot q_n)^{\frac{1}{n}} - 1\right] \qquad (12)$$

mit $q_i = 1+\frac{p_i}{100}$ für $i = 1, 2, \ldots, n$.

$p_1, p_2, \ldots, p_n$ sind die Zinssätze für die einzelnen Jahre.

Der durchschnittliche (mittlere) Aufzinsungsfaktor

$$q = \sqrt[n]{q_1 \cdot q_2 \cdot q_3 \cdot \ldots \cdot q_n}$$

ist das sogenannte ***geometrische Mittel*** (s. Anhang) der einzelnen Aufzinsungsfaktoren $q_1, q_2, \ldots, q_n$.

1.3.4. Einmalige Einzahlung bei unterjährigen Zinsperioden

Einem Kapital K_0 sollen nicht am Ende eines Jahres $p = p\%$, sondern nach jeweils $\frac{1}{m}$ Jahren anteilmäßig $\frac{p}{m}$ % Zinsen mit Zinseszins zugeschlagen werden. $m = 2$ bedeutet halbjährliche, $m = 4$ vierteljährliche und $m = 12$ monatliche Verzinsung mit Zinseszins. Dann heißt p der ***nominelle Jahreszinssatz***. Der für jede unterjährige Zinsperiode zu zahlende Zinssatz $\frac{p}{m}$ heißt der ***relative Zinssatz***. Wegen der kürzeren Zinsperioden führt der relative Zinssatz, auf das Jahr umgerechnet, wegen des Zinseszinseffektes zu einer höheren tatsächlichen Verzinsung. In $\frac{k}{m}$ Jahren wird das Kapital k-mal verzinst. Damit lautet der

Kapitalstand nach $\frac{k}{m}$ Jahren bei m-maliger unterjähriger Verzinsung mit Zinseszins

$$K_{\frac{k}{m}} = K_0 \cdot \left(1 + \frac{p}{100\,m}\right)^k \quad \text{für} \quad k = 1, 2, \ldots . \tag{13}$$

K_0 = Ausgangskapital;
p = nomineller Jahreszinssatz;
m = Anzahl der unterjährigen Zinsperioden mit Zinseszinszahlung;
$\frac{p}{m}$ = für jede unterjährige Zinsperiode anfallender relativer Zinssatz;
$K_{\frac{k}{m}}$ = Kapitalstand nach $\frac{k}{m}$ Jahren, also nach k Verzinsungen.

Im Falle $m = 4$ wird das Kapital vierteljährlich mit Zinseszins verzinst. Für $k = 1, 2, 3, 4$ erhält man bei vierteljährlicher Verzinsung die Kontostände nach 1, 2, 3 bzw. 4 Quartalen.

Setzt man in (13) für k ein Vielfaches von m ein, also $k = n \cdot m$, so erhält man unmittelbar den

Kapitalstand nach n von Jahren bei m-maliger unterjähriger Verzinsung mit Zinseszins

$$K_n = K_{\frac{n \cdot m}{m}} = K_0 \cdot \left(1 + \frac{p}{100\,m}\right)^{n \cdot m} \quad \text{für} \quad n = 1, 2, \ldots . \tag{14}$$

Bezeichnungen s. (13).

Mit wachsendem m wird der Kapital K_n nach n Jahren größer. Der Grund dafür ist der Zinseszinseffekt. Allerdings kann eine bestimmte Grenze für K_n nicht überschritten werden, auch wenn m noch so groß gewählt wird (s. stetige Verzinsung in Abschnitt 1.3.5).

Bemerkung:
Anstelle von Jahren könnte man allgemein als Zinsperiode jeweils den m-ten Teil eines Jahres wählen. Am Ende einer jeden Zinsperiode ist der Zinssatz gleich dem relativen Zinssatz $\frac{p}{m}$. Setzt man in die Formel (6) anstelle von p den relativen Zinssatz $\frac{p}{100}$ ein, so stellt in (6) K_n den Kapitalstand nach n Zinsperioden dar. Im Falle m = 4 wird also nicht in Jahren, sondern in Quartalen gerechnet, für m = 12 sind es Monate.

Beispiel 12:
Das Kapital von 50 000 Euro werde vierteljährlich mit dem relativen Zinssatz 1,5 % jeweils mit Zinseszins verzinst. Dann lautet der nominelle Zinssatz p = 4 · 1,5 = 6 %. Nach 5 Jahren beträgt der Kapitalstand nach (14)

$$K_5 = K_{\frac{20}{4}} = 50\,000 \cdot \left(1 + \frac{1{,}5}{100}\right)^{20} = 67\,342{,}75 \text{ Euro.}$$

Eine jährliche Verzinsung mit 6 % ergäbe nach 5 Jahren nach (6) nur den Kapitalstand

$$K_5^* = 50\,000 \cdot \left(1 + \frac{6}{100}\right)^{5} = 66\,911{,}28 \text{ Euro.}$$

Die Gleichung (13) kann wie die Gleichung (6) nach den einzelnen Variablen aufgelöst werden. Dabei erhält man folgende Werte

Ausgangskapital (Barwert)

$$K_0 = \frac{K_{\frac{k}{m}}}{\left(1 + \frac{p}{100\,m}\right)^k};$$

nomineller Jahreszinssatz

$$p = 100\,m \cdot \left[\left(\frac{K_{\frac{k}{m}}}{K_0}\right)^{\frac{1}{k}} - 1\right]; \qquad (15)$$

Laufzeit in unterjährigen Zinsperioden

$$k = \frac{\lg\left(\frac{K_{\frac{k}{m}}}{K_0}\right)}{\lg\left(1 + \frac{p}{100\,m}\right)} \quad \text{(lg ist ein beliebiger Logarithmus).}$$

Bezeichnungen s. (13).

Effektiver Zinssatz bei unterjährigen Zinsperioden

Bei einem nominellen Jahreszinssatz p werde jährlich m-mal der relative Zinssatz $\frac{p}{m}$ mit Zinseszins gezahlt. Durch die unterjährige Verzinsung entsteht ein Zinsvorteil gegenüber der jährlichen Zinszahlung mit p % (s. Beispiel 12). Der durch die unterjährige Verzinsung erzielte ***effektive Zinssatz*** $\mathbf{p_{eff}}$ ist derjenige Jahreszinssatz, der bei jährlicher Verzinsung nach jedem Jahr zum gleichen Kapitalstand führt wie die m unterjährigen Verzinsungen mit dem relativen Zinssatz $\frac{p}{m}$ mit Zinseszins. Bei der unterjährigen Verzinsung erhält man den Kapitalstand nach einem Jahr aus (14) mit $n = 1$

$$K_1 = K_{\frac{m}{m}} = K_0 \cdot \left(1 + \frac{p}{100\,m}\right)^m.$$

Bei einer jährlichen Verzinsung mit dem effektiven Zinssatz p_{eff} beträgt der Kapitalstand nach 1 Jahr nach (6)

$$K_1 = K_0 \cdot \left(1 + \frac{p_{eff}}{100}\right).$$

Beide Werte sind gleich für

$$1 + \frac{p_{eff}}{100} = \left(1 + \frac{p}{100\,m}\right)^m. \qquad (16)$$

Hieraus erhält man

$$\frac{p_{eff}}{100} = \left(1 + \frac{p}{100\,m}\right)^m - 1; \quad p_{eff} = 100 \cdot \left[\left(1 + \frac{p}{100\,m}\right)^m - 1\right].$$

Mit Hilfe der m-ten Wurzel (s. Anhang) erhält man aus (16)

$$\sqrt[m]{1 + \frac{p_{eff}}{100}} = 1 + \frac{p}{100\,m}; \quad p = 100\,m \cdot \left[1 - \sqrt[m]{1 + \frac{p_{eff}}{100}}\right].$$

Daher besteht zwischen dem nominellen und dem effektiven Zinssatz folgeder Zusammenhang

effektiver Jahreszinssatz

$$p_{eff} = 100 \cdot \left[\left(1 + \frac{p}{100\,m}\right)^m - 1\right];$$

nomineller Jahreszinssatz

$$p = 100\,m \cdot \left[\left(1 + \frac{p_{eff}}{100}\right)^{\frac{1}{m}} - 1\right]; \qquad (17)$$

relativer Zissatz für jede unterjährige Zinsperiode

$$p_{rel} = \frac{p}{m}.$$

m = Anzahl der unterjährigen Zinsperioden;
$p_{rel} = \frac{p}{m}$ = relativer Zinssatz pro unterjährige Zinsperiode mit Zinseszins.

Beispiel 13:
Bei einem nominellen Jahreszinssatz von $p = 6$ % erhält man in Abhängigkeit von m folgende Größen

m	Zinstermine in Jahren	relativer Zinssatz	Kapitalstand nach 1 Jahr	effektiver Jahreszinssatz
1	1	6 %	$K_0 \cdot \left(1 + \frac{6}{100}\right) = K_0 \cdot 1{,}06$	6,000 %
2	$\frac{1}{2}$	3 %	$K_0 \cdot \left(1 + \frac{3}{100}\right)^2 = K_0 \cdot 1{,}0609$	6,090 %
3	$\frac{1}{3}$	2 %	$K_0 \cdot \left(1 + \frac{2}{100}\right)^3 = K_0 \cdot 1{,}061208$	6,121 %
4	$\frac{1}{4}$	1,5 %	$K_0 \cdot \left(1 + \frac{1{,}5}{100}\right)^4 = K_0 \cdot 1{,}061364$	6,136 %
6	$\frac{1}{6}$	1 %	$K_0 \cdot \left(1 + \frac{1}{100}\right)^6 = K_0 \cdot 1{,}061520$	6,152 %
12	$\frac{1}{12}$	0,5 %	$K_0 \cdot \left(1 + \frac{0{,}5}{100}\right)^{12} = K_0 \cdot 1{,}061678$	6,168 %

Beispiel 14:
Bei einem effektiven Zinssatz von 6 % soll die Verzinsung monatlich mit Zinseszins erfolgen. Nach (17) erhält man mit $m = 12$ den nominellen Zinssatz

$$p_{nom} = 100 \cdot 12 \cdot \left[\left(1 + \frac{6}{100}\right)^{\frac{1}{12}} - 1\right] = 5{,}841061.$$

Daraus erhält man den relativen Zinssatz für jede aus einem Monat bestehende Zinsperiode

$$p_{monatlich} = \frac{5{,}841061}{12} = 0{,}486755 \text{ \%}.$$

1.3.5. Stetige (kontinuierliche) Verzinsung einer einmaligen Einzahlung

Beispiel 15:
Ein Kapital von 100 000 Euro werde zum nominellen Zinssatz von 5 % angelegt. Dabei finde m-mal pro Jahr eine unterjährige Verzinsung mit dem relativen Zinssatz $\frac{p}{m}$ mit Zinseszins statt. Dann lautet nach (14) der

Kapitalstand nach einem Jahr

$$K_1 = 100\,000 \cdot \left(1 + \frac{5}{100\,m}\right)^m.$$

Je größer m ist, desto größer ist der Kapitalstand K_1. Für verschiedene Werte m erhält man die folgenden Kapitalstände in Euro:

m = 1 (jährliche Verzinsung):	$100\,000 \cdot 1{,}05$	$= 105\,000;$
m = 2 (habjährliche Verzinsung):	$100\,000 \cdot 1{,}025^2$	$= 105\,062{,}50;$
m = 4 (vierteljährliche Verzinsung):	$100\,000 \cdot 1{,}0125^4$	$= 105\,094{,}53;$
m = 12 (monatliche Verzinsung):	$100\,000 \cdot (1 + \frac{5}{1\,200})^{12}$	$= 105\,116{,}19;$
m = 52 (wöchentliche Verzinsung):	$100\,000 \cdot (1 + \frac{5}{5\,200})^{52}$	$= 105\,124{,}58;$
m = 360 (tägliche Verzinsung):	$100\,000 \cdot (1 + \frac{5}{36\,000})^{360}$	$= 105\,126{,}74;$
m = 8 640 (stündliche Verzinsung):	$100\,000 \cdot (1 + \frac{5}{864\,000})^{8\,640}$	$= 105\,127{,}10.$

Hier wird bereits erkennbar, dass ein bestimmter Grenzwert nicht überschritten werden kann, auch wenn m noch so groß gewählt wird.

Mit dem nominellen Zinssatz p finde m-mal unterjährig eine Verzinsung mit dem relativen Zinssatz $\frac{p}{100}$ mit Zinseszins statt. Nach (14) wächst ein Ausgangskapital K_0 in n Jahren an auf

$$K_n = K_0 \cdot \left(1 + \frac{p}{100\,m}\right)^{n \cdot m} \qquad \text{für } n = 1, 2, \ldots .$$

Der Kapitalstand K_n hängt dabei von m ab. Mit wachsendem m wird auch K_n größer. Mit Hilfe mathematischer Methoden (Theorie der Grenzwerte) kann gezeigt werden, dass sich mit wachsendem m der Wert K_n immer mehr folgendem Wert nähert

$$K_n \approx K_0 \cdot e^{\frac{p}{100} \cdot n}.$$

Im Grenzwert $m \to \infty$ wird die Gleichheit erreicht. Dann werden die Zinsabschnitte beliebig klein. In diesem Fall spricht man (im Grenzwert) von einer ***stetigen*** oder ***kontinuierlichen Verzinsung*** mit dem nominellem Jahreszinssatz p. Dabei ist e die sogenannte ***Eulersche Zahl.***

Falls in $\left(1 + \frac{1}{k}\right)^k$ der Index k immer größer wird, nähern sich diese Werte immer mehr der Eulerschen Zahl e. Im Grenzwert $k \to \infty$ steht das Gleichheitszeichen. Die Eulersche Zahl e kann auf beliebig viele Stellen berechnet werden. Sie ist in vielen Taschenrechnern enthalten. Dabei gilt

$$e = 2{,}71828182846\ldots .$$

Falls ein Ausgangskapital K_0 mit dem nominellen Zinssatz p stetig verzinst wird, wächst es in t Jahren an auf den

Kapitalstand nach t Jahren bei der stetigen Verzinsung

$$K(t) = K_0 \cdot e^{\frac{p}{100} \cdot t}. \tag{18}$$

K_0 = Ausgangskapital;
p = nomineller Jahreszinssatz für die stetige Verzinsung;
e = Eulersche Zahl;
K(t) = Kapitalstand nach t Jahren bei stetiger Verzinsung.

In dieser Formel muss die in Jahren gemessene Zeit t nicht ganzzahlig sein. Für t = 0,25 erhält man den Kapitalstand nach einem Vierteljahr.

Beispiel 16:
Ein Kapital der Höhe 10 000 Euro werde stetig mit dem nominellen Jahreszinssatz p = 4 % verzinst. Dann wächst das Kapital in 5 Jahren an auf

$$K(5) = 10\,000 \cdot e^{\frac{4}{100} \cdot 5} = 10\,000 \cdot e^{0,2} = 12\,214{,}03 \text{ Euro.}$$

Nach 7,5 Jahren beträgt das Kapital

$$K(7{,}5) = 10\,000 \cdot e^{\frac{4}{100} \cdot 7{,}5} = 10\,000 \cdot e^{0,3} = 13\,498{,}59 \text{ Euro.}$$

Effektiver Jahreszinssatz bei stetiger Verzinsung
Bei der stetigen Verzinsung entspricht der nominelle Jahreszinssatz p dem effektiven Jahreszinssatz p_{eff}, mit dem das Kapital bei einer jährlichen Einmalverzinsung anwächst auf

$$K_1 = K_0 \cdot \left(1 + \frac{p_{eff}}{100}\right).$$

Bei der stetigen Verzinsung lautet der Kapitalstand nach einem Jahr

$$K_1 = K(1) = K_0 \cdot e^{\frac{p}{100}}.$$

Durch Gleichsetzen dieser beiden Werte erhält man

$$1 + \frac{p_{eff}}{100} = e^{\frac{p}{100}}. \tag{19}$$

Hieraus erhält man

$$p_{eff} = 100 \cdot \left(e^{\frac{p}{100}} - 1\right).$$

Um (19) nach dem nominellen Zinssatz p aufzulösen, benötigt man den natürlichen Logarithmus ln (s. Anhang) mit

$$p = 100 \cdot \ln\left(1 + \frac{p_{eff}}{100}\right).$$

Damit gilt der

Zusammenhang zwischen dem nominellen Jahreszinssatz p und dem effektiven Jahreszinssatz p_{eff} bei der stetigen Verzinsung

$$p_{eff} = 100 \cdot \left(e^{\frac{p}{100}} - 1\right);$$
$$p = 100 \cdot \ln\left(1 + \frac{p_{eff}}{100}\right). \tag{20}$$

Beispiel 17:
Ein Kapital werde mit dem nominellen Jahreszinssatz 5 % stetig verzinst. Dann beträgt der effektive Jahreszinssatz nach (20)

$$p_{eff} = 100 \cdot \left(e^{\frac{5}{100}} - 1\right) = 100 \cdot \left(e^{0{,}05} - 1\right) = 5{,}127110\ \%.$$

Beispiel 18:
Bei einem effektiven Jahreszinssatz von 8 % soll eine entsprechende stetige Verzinsung vorgenommen werden. Dann lautet der zugehörige nominelle Jahreszinssatz nach (20)

$$p = 100 \cdot \ln\left(1 + \frac{8}{100}\right) = 7{,}696104\ \%.$$

1.4. Regelmäßige Einzahlungen mit Zinseszins (Rentenrechnung)

In diesem Abschnitt sollen regelmäßige Einzahlungen in gleichen Abständen erfolgen. Dabei erfolgt die Verzinsung jeweils zum Jahresende mit Zinseszins. Die Einzahlungen können jährlich oder unterjährig vorgenommen werden. Falls die Zinszahlungen halb-, vierteljährlich oder monatlich mit Zinseszins erfolgen, können die nachfolgenden Formeln direkt übernommen werden, indem anstelle der Jahre die jeweiligen Zinsperioden (halbe Jahre, Quartale oder Monate) gewählt werden.

Eine Einzahlung heißt ***vorschüssig***, wenn sie zu Beginn des entsprechenden Zeitraumes vorgenommen wird. Einzahlungen zum Ende des jeweiligen Zeitraums nennt man ***nachschüssig***.

1.4.1. Allgemeine jährliche vorschüssige Einzahlungen

Während n Jahren sollen jeweils zu Beginn eines jeden Jahres (vorschüssig) der Reihe nach die Beträge $E_1, E_2, E_3, \ldots, E_{n-1}, E_n$ auf ein Konto eingezahlt werden. Für $n = 5$ handelt es sich um die fünf Einzahlungen E_1, E_2, E_3, E_4, E_5. Falls in einem Jahr keine Einzahlung erfolgt, muss der entsprechende Wert gleich Null gesetzt werden. Die Verzinsung erfolge jeweils zum Jahresende mit dem Zinssatz p mit Zinseszins. Dann können die

Einzahlungen auf der Zeitgeraden dargestellt werden durch

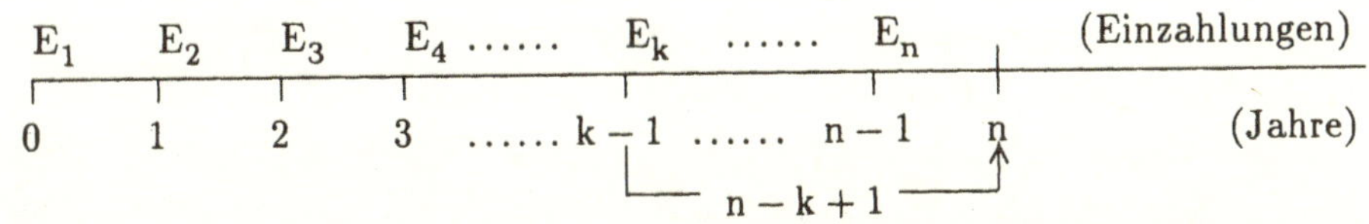

Den Kapitalstand nach n Jahren, also nach der letzten Verzinsung, bezeichnen wir mit K_n. Es sei $q = 1 + \frac{p}{100}$ der jährliche Ausfzinsungsgfaktor. Der zuerst eingezahlte Betrag E_1 wird für n Jahre, also n-mal verzinst. Sein Anteil am Kapitalstand K_n nach n Jahren beträgt damit $E_1 \cdot q^n$. Der Betrag E_2 wird nur $(n-1)$-mal verzinst. Damit liefert er einen Beitrag von $E_2 \cdot q^{n-1}$. E_3 wird $(n-2)$-mal verzinst mit einem Anteil von $E_3 \cdot q^{n-2}$ usw. Schließlich wird die letzte Einzahlung E_n nur einmal verzinst mit einem Anteil von $E_n \cdot q$. Summation aller n Beiträge ergibt den Kapitalstand nach n Jahren

$$K_n = E_1 \cdot q^n + E_2 \cdot q^{n-1} + E_3 \cdot q^{n-2} + \ldots + E_n \cdot q. \tag{21}$$

Falls nicht alle Einzahlungsbeträge gleich sind, kann die Formel (21) nicht vereinfacht werden. Sie muss durch direkte Addition berechnet werden.

1.4.2. Konstante jährliche vorschüssige Einzahlungen (konstante vorschüssige Rentenzahlungen)

Alle n vorschüssigen Jahreseinzahlungen seien gleich E. Zu Beginn eines jeden Jahres werde also der gleiche Betrag E eingezahlt, also

$$E_1 = E_2 = \ldots = E_n = E.$$

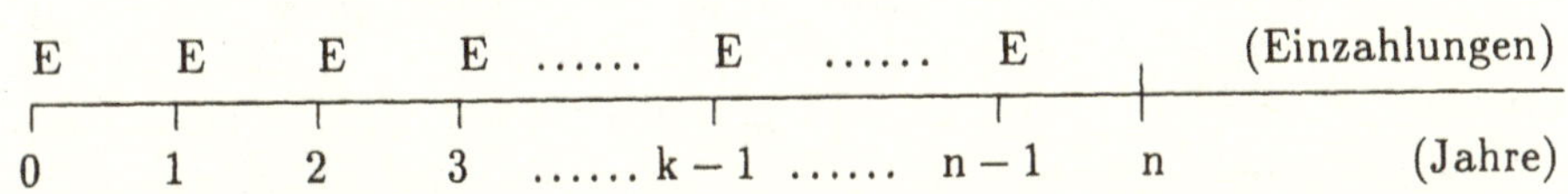

Laufende Zahlungen, die in regelmäßigen Zeitabschnitten - meistens in gleicher Höhe - wiederkehren, nennt man ***Rente*** oder ***Rentenzahlungen***.
Somit können die jährlichen konstanten vorschüssigen Einzahlungen der jeweiligen Höhe E als konstante vorschüssige Rentenzahlungen aufgefasst werden.

Mit $E_k = E$ für alle k erhält man aus (21) den Kapitalstand nach n Jahren

$$\begin{aligned} K_n &= E \cdot (q^n + q^{n-1} + q^{n-2} + \ldots + q) \\ &= E \cdot q \cdot \underbrace{\left(1 + q + q^2 + \ldots + q^{n-1}\right)}_{= \frac{q^n - 1}{q - 1} \text{ (geometrische Reihe)}} = E \cdot q \cdot \frac{q^n - 1}{q - 1} = E \cdot s_n. \end{aligned} \tag{22}$$

Der Kapitalstand nach n Jahren K_n heißt auch ***vorschüssiger Rentenendwert***. Er wird deswegen oft auch mit R_n bezeichnet. Der beim Einzahlungsbetrag E stehende Faktor

$$s_n = q \cdot \frac{q^n - 1}{q - 1} \tag{23}$$

mit $K_n = E \cdot s_n$ heißt der ***vorschüssige Rentenendwertfaktor***.

Der auf den jetzigen Zeitpunkt angezinste vorschüssige Rentenendwert K_n heißt ***vorschüssiger Rentenbarwert***. Da n-Jahre abgezinst werden, lautet der Rentenbarwert

$$B_0 = \frac{K_n}{q^n} = E \cdot \frac{s_n}{q^n} = E \cdot \frac{q}{q^n} \cdot \frac{q^n - 1}{q - 1}$$

$$= E \cdot \frac{1}{q^{n-1}} \cdot \frac{q^n - 1}{q - 1} = E \cdot \frac{1 - \frac{1}{q^n}}{1 - \frac{1}{q}} = E \cdot a_n .$$

Dabei heißt

$$a_n = \frac{1}{q^{n-1}} \cdot \frac{q^n - 1}{q - 1} = \frac{1 - \frac{1}{q^n}}{1 - \frac{1}{q}} \tag{24}$$

vorschüssiger Rentenbarwertfaktor.

Der vorschüssige Rentenbarwert B_0 kann auch durch Abzinsung aller n Einzahlungsbeträge und anschließende Summation der diskontierten Beträge berechnet werden. Wegen der vorschüssigen Einzahlungen muss der erste Einzahlungsbetrag E nicht abgezinst werden. Sein Barwert ist also E. Der zweite Einzahlungsbetrag muss für ein Jahr abgezinst werden mit dem Barwert E/q. Zweimalige Abzinsung des dritten Einzahlungsbetrages ergibt den Barwert E/q^2, die vierte Einzahlung ergibt den Barwert E/q^3 usw. Schließlich muß die n-te (letzte) Einzahlung $(n - 1)$-mal abgezinst zum Barwert E/q^{n-1}. Summation ergibt den Barwert der n vorschüssigen Einzahlungen als

$$B_0 = E + \frac{E}{q} + \frac{E}{q^2} + \frac{E}{q^3} + \ldots + \frac{E}{q^{n-1}}$$

$$= E \cdot \left(1 + \frac{1}{q} + \frac{1}{q^2} + \frac{1}{q^3} + \ldots + \frac{1}{q^{n-1}} \right)$$

$$= E \cdot \left(1 + \left(\frac{1}{q}\right) + \left(\frac{1}{q}\right)^2 + \left(\frac{1}{q}\right)^3 + \ldots + \left(\frac{1}{q}\right)^{n-1} \right)$$

$$= E \cdot \frac{1 - \frac{1}{q^n}}{1 - \frac{1}{q}} = E \cdot \frac{q}{q^n} \cdot \frac{q^n - 1}{q - 1} .$$

Zusammenfassung

Kapitalstand (vorschüssiger Rentenendwert) K_n nach n Jahren
bei vorschüssigen Jahreseinzahlungen der jeweiligen Höhe E

$$K_n = E \cdot q \cdot \frac{q^n - 1}{q - 1} = E \cdot s_n ; \qquad (25)$$

Barwert von K_n (vorschüssiger Rentenbarwert)

$$B_0 = \frac{K_n}{q^n} = E \cdot \frac{1}{q^{n-1}} \cdot \frac{q^n - 1}{q - 1} = E \cdot \frac{1 - \frac{1}{q^n}}{1 - \frac{1}{q}} = E \cdot a_n . \qquad (26)$$

E $=$ vorschüssige konstante Einzahlung zu Beginn eines jeden Jahres;
p $=$ Jahreszinssatz mit Zinseszins; $q = 1 + \frac{p}{100}$;
n $=$ Laufzeit in Jahren bei jährlicher Verzinsung mit Zinseszins;
K_n $=$ sich daraus ergebender Kapitalstand nach n Jahren (vorschüssiger Rentenendwert);
B_0 $=$ vorschüssiger Rentenbarwert $=$ Barwert von K_n;
s_n $=$ vorschüssiger Rentenendwertfaktor;
a_n $=$ vorschüssiger Rentenbarwertfaktor.

Beispiel 19:
Jemand zahlt 10 Jahre lang jeweils vorschüssig 5 000 Euro auf einen Bausparvertrag ein, der jeweils zum Jahresende mit 3 % verzinst wird. Dann beträgt das Bausparguthaben nach 10 Jahren (Rentenendwert)

$$K_{10} = 5\,000 \cdot 1{,}03 \cdot \frac{1{,}03^{10} - 1}{0{,}03} = 59\,038{,}98 \text{ Euro.}$$

Der abgezinste Barwert lautet beim Zinssatz von 3 %

$$B_0 = \frac{K_{10}}{1{,}03^{10}} = 43\,930{,}54 \text{ Euro.}$$

Die Gleichung (25) besteht aus den Variablen E, $q = 1 + \frac{p}{100}$, n und K_n. Von diesen vier Größen können drei vorgegeben werden, dann ist die vierte dadurch bestimmt.

Bestimmung des jährlichen vorschüssigen Einzahlungsbetrages E
Falls in der Gleichung (25) die drei Werte $q = 1 + \frac{p}{100}$, n und K_n vorgegeben werden, erhält man den dazu benötigten jährlich konstanten vorschüssigen Einzahlungsbetrag als

benötigter vorschüssiger Einzahlungsbetrag für einen Endwert K_n

$$E = K_n \cdot \frac{q - 1}{q \cdot (q^n - 1)} = \frac{K_n}{s_n} . \qquad (27)$$

n = Anzahl der Jahre;
p = Jahreszinssatz; $q = 1 + \frac{p}{100}$;
K_n = geforderter Kapitalstand nach n Jahren (vorschüssiger Rentenendwert);
E = dazu benötigter jährlicher vorschüssiger Einzahlungsbetrag.

Beispiel 20:
Jemand schließt einen Bausparvertrag ab, auf den 10 Jahre lang vorschüssig bei einem Jahreszinssatz von 4 % der gleiche Betrag eingezahlt werden muss. Nach 10 Jahren soll das Bausparguthaben auf 150 000 Euro angewachsen sein. Gesucht ist der dazu notwendige jährliche konstante vorschüssige Einzahlungsbetrag E.
Mit $n = 10$, $q = 1{,}04$ und $K_{10} = 150\,000$ Euro erhält man aus (27) den jährlichen Einzahlungsbetrag

$$E = 150\,000 \cdot \frac{0{,}04}{1{,}04 \cdot (1{,}04^{10} - 1)} = 12\,013{,}12 \text{ Euro.}$$

Berechnung der Laufzeit n
Falls in (25) $q = 1 + \frac{p}{100}$, E und K_n vorgegeben sind, erhält man nach elementarer Umformung mit Hilfe eines beliebigen Logarithmus (s. Anhang) für die dazu benötigte

Laufzeit n für den Kapitalstand K_n

$$n = \frac{\lg\left(1 + \frac{(q-1) \cdot K_n}{E \cdot q}\right)}{\lg q}. \qquad (28)$$

p = Jahreszinssatz; $q = 1 + \frac{p}{100}$;
E = jährlicher vorschüssiger Einzahlungsbetrag;
K_n = geforderter Kapitalstand (vorschüssiger Rentenendwert);
n = dazu benötigte Anzahl von Jahren (Laufzeit).

Bemerkung:
Im Allgemeinen ist die Lösung n nicht ganzzahlig. Falls auf die nächste ganze Zahl aufgerundet wird, erhält man die kleinste Anzahl der benötigten Jahre, nach denen der geforderte Kapitalstand erstmals überschritten wird.

Beispiel 21:
Ein Sparer zahlt jeweils zu Beginn eines Jahres 10 000 Euro auf ein Konto ein, das jährlich mit 5 Prozent mit Zinseszins verzinst wird. Gesucht ist die Anzahl der Jahre, nach denen erstmals ein Kapitalstand von mindestens 130 000 Euro erreicht wird.

Mit $E = 10\,000$, $q = 1{,}05$ und $K_{10} = 130\,000$ erhält man aus (28)

$$n = \frac{\lg\left(1 + \frac{0{,}05 \cdot 130\,000}{10\,000 \cdot 1{,}05}\right)}{\lg 1{,}05} = 9{,}88 \text{ Jahre.}$$

Nach 10 Jahren (aufgerundet) beträgt der Kapitalstand nach (25)

$$K_{10} = 10\,000 \cdot 1{,}05 \cdot \frac{1{,}05^{10} - 1}{0{,}05} = 132\,067{,}87 \text{ Euro.}$$

Nach 9 Jahren (abgerundet) lautet der Kapitalstand

$$K_9 = 10\,000 \cdot 1{,}05 \cdot \frac{1{,}05^{9} - 1}{0{,}05} = 115\,778{,}93 \text{ Euro.}$$

Um nach 10 Jahren einen Kapitalstand von genau 130 000 Euro zu erreichen, könnte der Einzahlungsbetrag zu Beginn des 10. Jahres reduziert werden. Ohne Einzahlung im 10. Jahr würde K_9 einschließlich der Zinsen im 10. Jahr anwachsen auf

$$K_9 \cdot q = 115\,778{,}93 \cdot 1{,}05 = 121\,567{,}88 \text{ Euro.}$$

Damit würden noch 8 432,12 Euro fehlen. Dieser Fehlbetrag könnte zum Ende des 10. Jahres eingezahlt werden. Falls eine Teileinzahlung zu Beginn des 10. Jahres erfolgen würde, darf dieser Betrag wegen der im letzten Jahr anfallenden Zinsen kleiner sein. Die vorschüssigen Einzahlungsbetrag für das letzte Jahr setzen wir gleich x. Nach der Verzinsung zum Jahresende wächst er an auf $x \cdot q = x \cdot 1{,}05$. Da dieser verzinste Betrag gleich 8 432,12 Euro sein muss, erhält man hieraus den vorschüssigen restlichen Einzahlungsbetrag für das 10. Jahr

$$x = \frac{8\,432{,}12}{1{,}05} = 8\,030{,}59 \text{ Euro.}$$

Bestimmung des Zinssatzes p

Falls die Laufzeit n, der Einzahlungsbetrag E und der geforderte Kapitalstand nach n Jahren K_n vorgegeben sind, lässt sich die Gleichung (25) nicht geschlossen nach q (und damit nach p) auflösen. Trotzdem ist q durch die drei Werte n, E und K_n eindeutig bestimmt. Zur Berechnung des zugehörigen Aufzinsungsfaktors q müssen numerische Verfahren benutzt werden. Dazu kann z. B. für q ein beliebiger Wert eingesetzt werden. Falls man damit in (25) einen zu großen (zu kleinen) Wert K_n erhält, muss der gewählte q-Wert verkleinert (vergrößert) werden. Mit Hilfe von numerischen Verfahren kann der zugehörige Aufzinsungsfaktor, und damit der Zinssatz p, beliebig genau bestimmt werden. Sehr bequem ist dabei das

Intervallhalbierungsverfahren

Man geht von zwei geeigneten Werten a und b für q aus, so dass für $q = a$ der geforderte Endbetrag K_n in (25) unterschritten, für $q = b$ aber überschritten wird. Dann muss der Aufzinsungsfaktor q zwischen diesen beiden Grenzen a und b liegen, also $a < q < b$. Als nächstes wird das Intervall zwischen a und b halbiert durch den Mittelpunkt $c = \frac{a+b}{2}$. Falls mit dem Aufzinsungsfaktor c der Kapitalstand K_n unterschritten wird, liegt q zwischen c und b, andernfalls zwischen a und c. So fortfahrend erhält man laufend Intervalle, die immer nur halb so breit wie die jeweiligen Vorgängerintervalle sind, und in denen der tatsächliche Aufzinsungsfaktor q liegt. Wann das Verfahren abgebrochen wird, hängt von der geforderten Genauigkeit ab, mit welcher der Aufzinsungsfaktor q angegeben werden soll. Dieses Verfahren lässt sich sehr einfach programmieren, so dass es mit Hilfe eines Computers sehr rasch durchgeführt werden kann.

Verzugszinsen

Falls in einem Jahr der vorschüssige Betrag E nicht eingezahlt und bis zum Jahresende gestundet wird, müssen zusätzlich die Verzugszinsen $E \cdot \frac{p}{100}$ gezahlt werden. Wenn dann zum Jahresende der Betrag $E \cdot q$ eingezahlt wird, ist der Rückstand ausgeglichen. Dadurch wird der Einzahlungsplan wieder erfüllt.

1.4.3. Allgemeine jährliche nachschüssige Einzahlungen

Die n Jahreseinzahlungen $\hat{E}_1, \hat{E}_2, \hat{E}_3, \ldots, \hat{E}_n$ sollen jeweils nachschüssig, also zum Jahresende eingezahlt werden. Dann erhält man folgenden Einzahlungsplan:

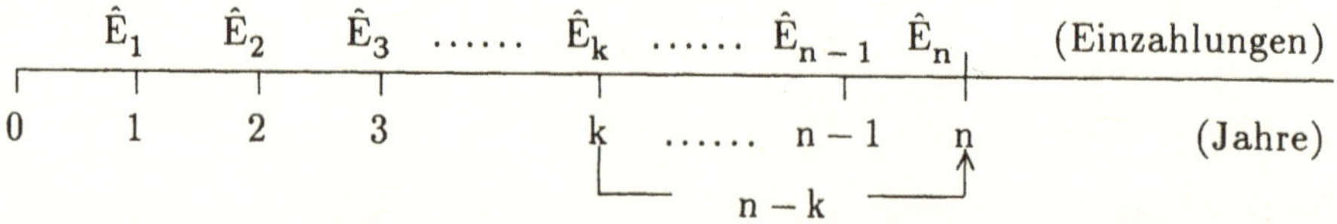

Der zuerst eingezahlte Betrag $\hat{E}_1$ wird für $n-1$ Jahre, also $(n-1)$-mal verzinst. Sein Anteil am Kapitalstand $\hat{K}_n$ nach n Jahren beträgt damit $\hat{E}_1 \cdot q^{n-1}$. Der Betrag $\hat{E}_2$ wird nur $(n-2)$-mal verzinst. Damit liefert er einen Beitrag von $\hat{E}_2 \cdot q^{n-2}$. Die dritte Einzahlung $\hat{E}_3$ wird $(n-3)$-mal verzinst mit einem Anteil von $\hat{E}_3 \cdot q^{n-3}$ usw. Schließlich wird die letzte Einzahlung $\hat{E}_n$ nicht mehr verzinst. Summation aller n Beiträge ergibt den Kapitalstand nach n Jahren

$$\hat{K}_n = \hat{E}_1 \cdot q^{n-1} + \hat{E}_2 \cdot q^{n-2} + \hat{E}_3 \cdot q^{n-3} + \ldots + \hat{E}_{n-1} \cdot q + \hat{E}_n \,. \quad (29)$$

1.4.4. Konstante jährliche nachschüssige Einzahlungen (konstante nachschüssige Rentenzahlungen)

Alle nachschüssigen Einzahlungen seien gleich $\hat{E}$, am Ende eines jeden Jahres werde der gleiche Betrag $\hat{E}$ eingezahlt, also

$$\hat{E}_1 = \hat{E}_2 = \ldots = \hat{E}_n = \hat{E}.$$

	$\hat{E}$	$\hat{E}$	$\hat{E}$	......	$\hat{E}$	......	$\hat{E}$	$\hat{E}$	(Einzahlungen)
0	1	2	3		k	......	n − 1	n	(Jahre)

Es handelt sich also um nachschüssige konstante Rentenzahlungen. Aus (29) erhält man

$$\begin{aligned}\hat{K}_n &= \hat{E}\cdot(q^{n-1}+q^{n-2}+\ldots+q+1)\\ &= \hat{E}\cdot\underbrace{(1+q+q^2+\ldots+q^{n-1})}_{=\frac{q^n-1}{q-1}\text{ (geometrische Reihe)}} = \hat{E}\cdot\frac{q^n-1}{q-1} = \hat{E}\cdot\hat{s}_n.\end{aligned}$$

Der Kapitalstand $\hat{K}_n$ heißt ***nachschüssiger Rentenendwert*** und

$$\hat{s}_n = \frac{q^n-1}{q-1} \tag{30}$$

nachschüssiger Rentenendwertfaktor.

Die Kapitalstände $\hat{K}_n$ bei nachschüssiger Einzahlung und K_n bei vorschüssiger Einzahlung unterscheiden sich nur durch den Faktor q. Mit $\hat{E} = E$ (gleiche Einzahlungsbeträge) erhält man

$$\hat{K}_n = q\cdot K_n. \tag{31}$$

Diese Formel ist auch plausibel, weil bei vorschüssigen Einzahlungen alle Geldbeträge ein Jahr länger auf den Konto sind als bei nachschüssigen Einzahlungen. Ein Jahr länger auf dem Konto bedeutet die Multiplikation des Gesamtbetrags mit dem Aufzinsungsfaktor q.

Zwischen den vor- und nachschüssigen Rentenendwertfaktoren besteht die Beziehung

$$q\cdot\hat{s}_n = q\cdot\frac{q^n-1}{q-1} = s_n. \tag{32}$$

Der Barwert (***Rentenbarwert***) von $\hat{K}_n$ lautet

$$\hat{B}_0 = \frac{\hat{K}_n}{q^n} = \hat{E}\cdot\frac{\hat{s}_n}{q^n} = \hat{E}\cdot\frac{1}{q^n}\cdot\frac{q^n-1}{q-1} = \hat{E}\cdot\frac{1-\frac{1}{q^n}}{q-1} = E\cdot\hat{a}_n.$$

Dabei heißt

$$\hat{a}_n = \frac{1}{q^n} \cdot \frac{q^n - 1}{q - 1} = \frac{1 - \frac{1}{q^n}}{q - 1} \qquad (33)$$

nachschüssiger Rentenbarwertfaktor.

Zusammenfassung:

Kapitalstand (nachschüssiger Rentenendwert) nach n Jahren bei nachschüssigen Jahreseinzahlungen der jeweiligen Höhe $\hat{E}$

$$\hat{K}_n = \hat{E} \cdot \frac{q^n - 1}{q - 1} = \hat{E} \cdot \hat{s}_n ; \qquad (34)$$

Barwert von K_n (nachschüssiger Rentenbarwert)

$$\hat{B}_0 = \frac{\hat{K}_n}{q^n} = \hat{E} \cdot \frac{1}{q^n} \cdot \frac{q^n - 1}{q - 1} = \hat{E} \cdot \frac{1 - \frac{1}{q^n}}{q - 1} = E \cdot \hat{a}_n . \qquad (35)$$

$\hat{E}$ = vorschüssige konstante Einzahlung zu Beginn eines jeden Jahres;
p = Jahreszinssatz mit Zinseszins; $q = 1 + \frac{p}{100}$;
n = Laufzeit in Jahren bei jährlicher Verzinsung mit Zinseszins;
$\hat{K}_n$ = sich daraus ergebender Kapitalstand nach n Jahren (nachschüssiger Rentenendwert);
$\hat{B}_0$ = nachschüssiger Rentenbarwert = Barwert von $\hat{K}_n$;
$\hat{s}_n$ = nachschüssiger Rentenendwertfaktor;
$\hat{a}_n$ = nachschüssiger Rentenbarwertfaktor.

Beispiel 22:
Jemand zahlt 20 Jahre lang jeweils zum Jahresende 4 000 Euro auf ein Konto ein, das jährlich mit 6 % mit Zinseszins verzinst wird. Dann beträgt der Kapitalstand nach 20 Jahren nach (34)

$$\hat{K}_{20} = 4\,000 \cdot \frac{1{,}06^{\,20} - 1}{0{,}06} = 147\,142{,}36 \text{ Euro.}$$

Falls die Einzahlungen immer vorschüssig (zum Jahresbeginn) erfolgen würden, ergäbe dies nach 20 Jahren einen Kapitalstand von

$$K_{20} = q \cdot \hat{K}_{20} = 1{,}06 \cdot 147\,142{,}36 = 155\,970{,}91 \text{ Euro.}$$

Berechnung des nachschüssigen Einzahlungsbetrages (Rentenbetrages)
Falls der Aufzinsungsfaktor q, die Laufzeit n und der Kapitalstand K_n nach n Jahren vorgegeben werden, erhält man aus (34):

benötigter nachschüssiger Einzahlungsbetrag für einen Endwert $\hat{K}_n$

$$\hat{E} = \hat{K}_n \cdot \frac{q - 1}{q^n - 1} \quad \text{für } n = 1, 2, \ldots . \qquad (36)$$

p $=$ Jahreszinssatz mit Zinseszins; $q = 1 + \frac{p}{100}$;
n $=$ vorgegebene Laufzeit in Jahren;
$\hat{K}_n =$ geforderter Kapitalstand nach n Jahren (nachschüssiger Rentenendwert);
$\hat{E}$ $=$ dazu benötigte konstante jährliche nachüssige Einzahlung (nachschüssige Rentenzahlung).

Beispiel 23:
Bei einem Jahreszinssatz von 4,5 % mit Zinseszins möchte jemand durch nachschüssige konstante Jahreszahlungen nach 15 Jahren über ein Kapital von 500 000 Euro verfügen.
Mit $q = 1{,}045$, $n = 20$ und $\hat{K}_{20} = 500\,000$ erhält man aus (36) die dazu benötigte nachschüssige Jahresrate

$$\hat{E} = 500\,000 \cdot \frac{0{,}045}{1{,}045^{20} - 1} = 15\,938{,}07 \text{ Euro.}$$

Falls die Einzahlungen jeweils zum Jahresbeginn (vorschüssig) erfolgen würden, wäre dazu nur die vorschüssige Jahresrate von

$$E = \frac{\hat{E}}{q} = \frac{15\,938{,}07}{1{,}045} = 15\,251{,}74 \text{ Euro}$$

erforderlich.

Berechnung der Laufzeit
Falls der Aufzinsungsfaktor q, der jährliche nachschüssige Einzahlungsbetrag $\hat{E}$ und der benötigte Kapitalendstand $\hat{K}_n$ vorgegeben werden, erhält man aus (34) durch Umformung und anschließende Logarithmierung mit einem beliebigen Logarithmus (s. Anhang) die dazu benötigte

Laufzeit n für den Kapitalstand $\hat{K}_n$ (nachschüssiger Rentenendwert)

$$n = \frac{\lg\left(1 + \frac{(q-1)\cdot \hat{K}_n}{\hat{E}}\right)}{\lg q}. \qquad (37)$$

p $=$ Jahreszinssatz mit Zinseszins; $q = 1 + \frac{p}{100}$;
$\hat{E}$ $=$ jährliche konstante nachüssige Einzahlung;
$\hat{K}_n =$ geforderter Kapitalstand (nachschüssiger Rentenendwert);
n $=$ dazu benötigte Laufzeit in Jahren.

Bemerkung:
Im Allgemeinen ist die nach (37) berechnete Zahl n nicht ganzzahlig. Dann gibt der ganzzahlige (abgerundete) Anteil von n das letzte Jahr an, in dem der geforderte Kapitalstand $\hat{K}_n$ noch nicht erreicht wird, während er im nachfolgenden Jahr erstmals überschritten wird.

Beispiel 24:
Bei einem Jahreszinssatz von 5,5 % mit Zinseszins möchte jemand durch nachschüssige konstante Jahreszahlungen der Höhe 25 000 Euro ein Kapital von 1 Million Euro ansparen. Gesucht ist die Laufzeit.
Mit $q = 1{,}055$, $\hat{E} = 25\,000$ und $\hat{K}_n = 1\,000\,000$ erhält man aus (37) die dazu benötigte Laufzeit in Jahren

$$n = \frac{\lg\left(1 + \frac{0{,}055 \cdot 1\,000\,000}{25\,000}\right)}{\lg 1{,}055} = 21{,}72 \text{ Jahre.}$$

Nach 21 Jahren (abgerundet) wird der Betrag von einer Million noch nicht erreicht, nach 22 Jahren aber überschritten. Aus (34) erhält man den Kapitalstand nach 21 Jahren

$$\hat{K}_{21} = 25\,000 \cdot \frac{1{,}055^{21} - 1}{0{,}055} = 944\,651{,}89 \text{ Euro.}$$

Dieser Betrag wächst bis zum Ende des 22. Jahres an auf

$$\hat{K}_{21} \cdot q = 944\,651{,}89 \cdot 1{,}055 = 996\,607{,}74 \text{ Euro.}$$

Damit wird am Ende des 22. Jahres nur noch eine Restzahlung von 3 392,26 Euro fällig.

Bestimmung des Zinssatzes p
Wie bei der vorschüssigen Einzahlung kann der Aufzinsungsfaktor q und damit der Zinssatz p aus (34) nur mit Hilfe von Iterationsverfahren, also numerisch bestimmt werden. Dazu geht man wie bei der vorschüssigen Einzahlung vor (s. Abschnitt 1.4.3).

1.4.5. Unterjährige konstante Einzahlungen bei jährlicher Verzinsung (unterjährige Rentenzahlungen)

Das Jahr wird in m gleich lange Teilintervalle zerlegt. Für $m = 2$ erhält man halbe Jahre, für $m = 4$ Quartale und für $m = 12$ Monate. In jedem der m Teiljahre werde zu Beginn (vorschüssig) bzw. am Ende (nachschüssig) der gleiche Betrag eingezahlt. Das Kapital werde jeweils am Ende eines Jahres mit dem nominellen Zinssatz p anteilmäßig verzinst. Ein Kapital, welches das ganze Jahr auf dem Konto ist, wird mit p % verzinst. Für ein Kapital, das genau k der m Teilintervalle auf dem Konto ist, gibt es anteilmäßig $\frac{k}{m} \cdot p$ % Zinsen. Für ein einziges Teilintervall ($k = 1$) gibt es $\frac{1}{m} \cdot p$ % Zinsen, für 2 Teilintervalle $\frac{2}{m} \cdot p$ % usw. Im Falle $m = 4$ wird während eines Jahres viermal eingezahlt (in jedem Quartal), im Falle $m = 12$ finden die Einzahlungen monatlich statt.

1.4.5.1. Vorschüssige unterjährige Einzahlungen (Rentenzahlungen)

Zu Beginn von jedem der m Teiljahre werde der konstante Betrag U eingezahlt (vorschüssig). Die Verzinsung erfolge jeweils zum Jahresende anteilmäßig mit dem nominalen Zinssatz p.

Für $m = 4$ erhält man vierteljährliche Einzahlungen. Die Einzahlungs- und Verzinsungstermine sollen auf der Zeitachse dargestellt werden:

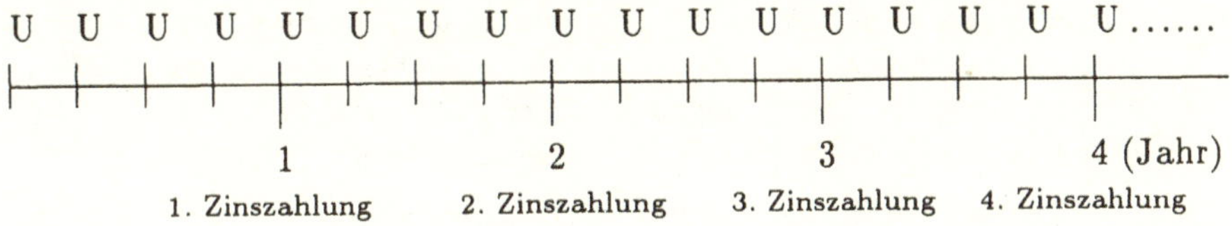

Zunächst sollen die Zinsen für das erste Jahr berechnet werden. Die erste Einzahlung wird für ein ganzes Jahr mit p% verzinst. Dies ergibt einen Zinsbetrag von $U \cdot \frac{p}{100} = U \cdot \frac{p}{100} \cdot \frac{m}{m}$. Die 2. Einzahlung wird für $m-1$ Teiljahre verzinst mit einem Zinsbetrag von $U \cdot \frac{p}{100} \cdot \frac{m-1}{m}$. Die m-te (letzte) Einzahlung wird schließlich nur für ein Teiljahr verzinst mit einem Zinsanteil $U \cdot \frac{p}{100} \cdot \frac{1}{m}$. Die Laufzeiten in Teiljahren und die zugehörigen Zinsbeträge sind in der nachfolgenden Tabelle zusammengestellt:

Einzahlung	Laufzeit in Jahren	Zinsbetrag
1.	$1 = \frac{m}{m}$	$U \cdot \frac{p}{100} \cdot \frac{m}{m}$
2.	$\frac{m-1}{m}$	$U \cdot \frac{p}{100} \cdot \frac{m-1}{m}$
3.	$\frac{m-2}{m}$	$U \cdot \frac{p}{100} \cdot \frac{m-2}{m}$
4.	$\frac{m-3}{m}$	$U \cdot \frac{p}{100} \cdot \frac{m-3}{m}$
....	....	....
(m − 1)-te	$\frac{2}{m}$	$U \cdot \frac{p}{100} \cdot \frac{2}{m}$
m-te	$\frac{1}{m}$	$U \cdot \frac{p}{100} \cdot \frac{1}{m}$

Summation der letzten Spalte von unten nach oben ergibt die Zinsen für das 1. Jahr als

$$\begin{aligned} Z_1 &= U \cdot \frac{p}{100} \cdot \left[\frac{1}{m} + \frac{2}{m} + \ldots + \frac{m-1}{m} + \frac{m}{m}\right] \\ &= U \cdot \frac{p}{100} \cdot \frac{1}{m} \cdot \Big(\underbrace{1 + 2 + 3 + \ldots + m}_{= \frac{m \cdot (m+1)}{2} \text{ (arithm. Reihe)}} \Big) = \frac{(m+1) \cdot p}{200} \cdot U \,. \end{aligned} \tag{38}$$

Die Einzahlungen im ersten Jahr betragen insgesamt $m \cdot U$. Zusammen mit den Zinsen Z_1 aus (38) ergibt dies den Kapitalstand nach einem Jahr

$$K_1 = m \cdot U + \frac{(m+1) \cdot p}{200} \cdot U = U \cdot \left(m + \frac{(m+1) \cdot p}{200} \right). \tag{39}$$

Der Kapitalstand K_n nach n Jahren kann durch folgende Überlegung sehr einfach berechnet werden: Anstelle der m-maligen unterjährigen vorschüssigen Einzahlungen des jeweiligen Betrages U werde in jedem Jahr nachschüssig der ***äquivalente (konforme) Jahresbetrag*** K_1 eingezahlt. Damit erhält man zum Ende eines jeden Jahres den gleichen Kapitalstand wie bei den m unterjährigen Einzahlungen. Ersetzt man in (34) $\hat{E}$ durch K_1 und $\hat{K}_n$ durch K_n, so erhält man mit $q = 1 + \frac{p}{100}$ unmittelbar den

Kapitalstand nach n Jahren bei vorschüssigen unterjährigen Einzahlungen (vorschüssiger Rentenendwert)

$$K_n = U \cdot \left(m + \frac{(m+1) \cdot p}{200} \right) \cdot \frac{q^n - 1}{q - 1} \quad \text{für } n = 1, 2, \ldots ; \tag{40}$$

Barwert von K_n (vorschüssiger Rentenbarwert)

$$B_0 = \frac{K_n}{q^n}.$$

m = Anzahl der unterjährigen vorschüssigen Einzahlungen;
p = Jahreszinssatz bei anteilmäßiger Verzinsung; $q = 1 + \frac{p}{100}$;
U = m-malige vorschüssige unterjährige Einzahlung pro Jahr;
n = Anzahl der Jahre;
K_n = sich daraus ergebender Kapitalstand nach n Jahren.

Setzt man in (40) $m = 1$, so erhält man das Modell der jährlichen einmaligen vorschüssigen Einzahlung aus Abschnitt 1.4.2. Mit $E = U$ und $m = 1$ geht die Formel (40) direkt über in die Formel (25).

Beispiel 25:
Ein Sparer zahlt monatlich 100 Euro vorschüssig auf ein Konto ein. Die Verzinsung erfolge jährlich anteilmäßig mit 6 % mit Zinseszins.

a) Mit $U = 100$, $m = 12$, $p = 6$, $q = 1{,}06$ und $n = 10$ erhält man den Kapitalstand nach 10 Jahren nach (40) als

$$K_{10} = 100 \cdot \left(12 + \frac{13 \cdot 6}{200} \right) \cdot \frac{1{,}06^{10} - 1}{0{,}06} = 16\,331{,}00 \text{ Euro.}$$

b) Während eines Jahres komme der Sparer seinen Zahlungsverpflichtungen nicht nach. In dem Jahr erfolgen also keine unterjährigen Einzahlungen. Welcher einmalige Betrag muss anstelle der 12 unterjährigen Beträge am Ende des Jahres (nachschüssig) eingezahlt werden, damit der

Sparplan für die Zukunft eingehalten werden kann? Die äquivalente (konforme) nachschüssige Jahreszahlung erhält man aus (39) als

$$K_1 = 100 \cdot \left(12 + \frac{13 \cdot 6}{200}\right) = 1\,239{,}00 \text{ Euro.}$$

Die Verzugszinsen für die verspätete Einzahlung betragen damit 239 Euro.

c) Die Verzinsung erfolge monatlich mit jeweils 0,5 % und zwar mit Zinseszins. Innerhalb von 10 Jahren finden damit $10 \cdot 12 = 120$ Verzinsungen statt. Dann erhält man den Kapitalstand nach 10 Jahren als Stand nach 120 Zinsperioden mit $E = 100$, $q = 1{,}005$, $n = 120$ aus (25)

$$K_{120}^* = 100 \cdot 1{,}005 \cdot \frac{1{,}005^{120} - 1}{0{,}005} = 16\,469{,}87 \text{ Euro.}$$

Durch den Zinseszinseffekt ist dieser Betrag größer als bei der jährlichen Verzinsung mit 6 % in a). Allerdings ist der Unterschied nicht sehr groß.

Die Gleichung (40) besteht aus den Variablen p (ergibt q), m, E, n und K_n. Dabei ist m als Anzahl der unterjährigen Zahlungen in der Regel vorgegeben.

Berechnung des vorschüssigen unterjährigen Einzahlungsbetrages

Falls m, der Zinssatz p (und damit der Aufzinsungsfaktor q), die Laufzeit n und der geforderte Kapitalstand K_n nach n Jahren vorgegeben werden, erhält man aus (40) die

benötigte unterjährige Einzahlung für den Kapitalendstand K_n

$$U = \frac{K_n}{m + \frac{(m+1) \cdot p}{200}} \cdot \frac{q-1}{q^n - 1}. \qquad (41)$$

m = Anzahl der unterjährigen vorschüssigen Einzahlungen;
p = Jahreszinssatz bei anteilmäßiger Verzinsung; $q = 1 + \frac{p}{100}$;
n = Anzahl der Jahre;
K_n = geforderter Kapitalstand nach n Jahren;
U = dazu benötigte m-malige unterjährige vorschüssige Einzahlung.

Beispiel 26:

Welchen Betrag U müsste der Sparer in Beispiel 25 monatlich vorschüssig einzahlen, damit nach 10 Jahren ein Kapitalstand von 25 000 Euro erreicht wird? Mit $m = 12$, $p = 6$, $q = 1{,}06$, $n = 10$ und $K_{10} = 25\,000$ Euro erhält man aus (41) die Lösung

$$U = \frac{25\,000}{12 + \frac{13 \cdot 6}{200}} \cdot \frac{0{,}06}{1{,}06^{10} - 1} = 153{,}08 \text{ Euro pro Monat (vorschüssig).}$$

Berechnung der Laufzeit

Falls m, p (und damit q), der unterjährige vorschüssige Einzahlungsbetrag U sowie der geforderte Kapitalstand K_n vorgegeben sind, erhält man aus (40) durch Umformung und anschließende Logarithmierung zu einem beliebigen Logarithmus (s. Anhang) die dazu benötigte

Laufzeit in Jahren bis zum Kapitalstand K_n

$$n = \frac{\lg\left(1 + \frac{(q-1)\cdot K_n}{U\cdot\left(m + \frac{(m+1)\cdot p}{200}\right)}\right)}{\lg q}. \qquad (42)$$

m = Anzahl der unterjährigen Einzahlungen;
p = Jahreszinssatz bei anteilmäßiger Verzinsung; $q = 1 + \frac{p}{100}$;
U = vorschüssige m - malige unterjährige Einzahlung pro Jahr;
K_n = geforderter Kapitalstand;
n = dazu benötigte Anzahl von Jahren.

Beispiel 27:

Ein Bausparer zahlt monatlich vorschüssig 500 Euro auf einen Bausparvertrag ein, der jährlich anteilmäßig mit 3 % verzinst wird. Für die Zuteilung des Vertrages müssen 60 000 Euro eingezahlt sein. Gesucht ist die dazu benötigte Anzahl von Jahren.

Mit $m = 12$, $p = 3$, $q = 1{,}03$, $U = 500$ und $K_n = 60\,000$ erhält man aus (42)

$$n = \frac{\lg\left(1 + \frac{0{,}03\cdot 60\,000}{500\cdot\left(12 + \frac{13\cdot 3}{200}\right)}\right)}{\lg 1{,}03} = 8{,}75 \text{ Jahre.}$$

Nach 8 Jahren beträgt der Kapitalstand nach (40)

$$K_8 = 500\cdot\left(12 + \frac{13\cdot 3}{200}\right)\cdot\frac{1{,}03^8 - 1}{0{,}03} = 54\,221{,}02 \text{ Euro}$$

und nach 9 Jahren

$$K_9 = 500\cdot\left(12 + \frac{13\cdot 3}{200}\right)\cdot\frac{1{,}03^9 - 1}{0{,}03} = 61\,945{,}15 \text{ Euro.}$$

Der Bausparer möchte zum Ende des 9. Jahres genau 60 000 Euro angespart haben. Dazu muss er nach (41) monatlich vorschüssig den jeweiligen Betrag

$$U = \frac{60\,000\cdot 0{,}03}{\left(12 + \frac{13\cdot 3}{200}\right)\cdot(1{,}03^9 - 1)} = 484{,}30 \text{ Euro}$$

einzahlen. Bei dieser Berechnung sind keine Gebühren berücksichtigt.

Anstelle der monatlichen vorschüssigen Einzahlungen von jeweils 500 Euro kann nach (39) jährlich nachschüssig der äquivalente Betrag

$$\hat{E} = K_1 = 500 \cdot \left(12 + \frac{13 \cdot 3}{200}\right) = 6\,097{,}50 \text{ Euro}$$

eingezahlt werden. Bei jährlicher vorschüssiger Einzahlung beträgt der Betrag nur

$$E = \frac{\hat{E}}{q} = \frac{6\,097{,}50}{1{,}03} = 5\,919{,}90 \text{ Euro.}$$

1.4.5.2. Nachschüssige unterjährige Einzahlungen (Rentenzahlungen)

Zum Ende von jedem der m Teiljahre werde der konstante Betrag $\hat{U}$ eingezahlt (nachschüssig). Die Verzinsung erfolge zum Jahresende anteilmäßig mit dem nominalen Zinssatz p. Für $m = 4$ erhält man vierteljährliche Einzahlungen. Die Einzahlungs- und Verzinsungstermine sollen auf der Zeitachse dargestellt werden:

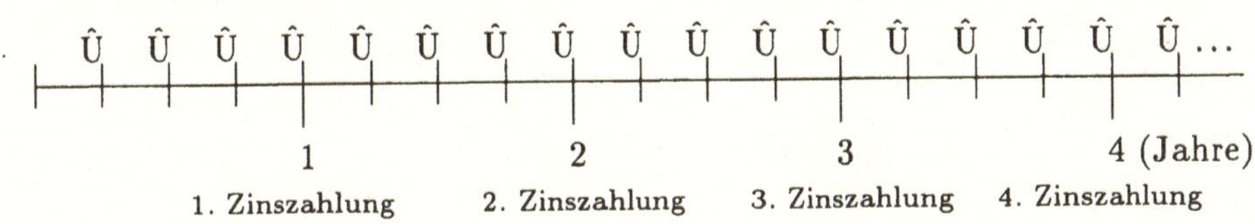

Die m Einzahlungen des ersten Jahres ergeben zum Jahresende folgende Zinsanteile:

Einzahlung	Laufzeit in Jahren	Zinsbetrag
1.	$\frac{m-1}{m}$	$\hat{U} \cdot \frac{p}{100} \cdot \frac{m-1}{m}$
2.	$\frac{m-2}{m}$	$\hat{U} \cdot \frac{p}{100} \cdot \frac{m-2}{m}$
3.	$\frac{m-3}{m}$	$\hat{U} \cdot \frac{p}{100} \cdot \frac{m-3}{m}$
4.	$\frac{m-4}{m}$	$\hat{U} \cdot \frac{p}{100} \cdot \frac{m-4}{m}$
....	....	....
(m − 1) - te	$\frac{1}{m}$	$\hat{U} \cdot \frac{p}{100} \cdot \frac{1}{m}$
m - te	0	0

Summation der letzten Spalte von unten nach oben ergibt die Zinsen für das 1. Jahr

$$\hat{Z}_1 = \hat{U} \cdot \frac{p}{100} \cdot \left[\frac{1}{m} + \frac{2}{m} + \ldots + \frac{m-1}{m}\right]$$

$$= \hat{U} \cdot \frac{p}{100} \cdot \frac{1}{m} \cdot \Big(\underbrace{1 + 2 + 3 + \ldots + (m-1)}_{= \frac{(m-1) \cdot m}{2} \text{ (arithm. Reihe)}} \Big) = \frac{(m-1) \cdot p}{200} \cdot \hat{U} . \quad (43)$$

Die Einzahlungen im ersten Jahr betragen insgesamt $m \cdot \hat{U}$. Zusammen mit den Zinsen $\hat{Z}_1$ ergibt dies den Kapitalstand nach einem Jahr

$$\hat{K}_1 = m \cdot \hat{U} + \frac{(m-1) \cdot p}{200} \cdot \hat{U} = \hat{U} \cdot \left(m + \frac{(m-1) \cdot p}{200} \right). \quad (44)$$

Den durch die m unterjährigen nachschüssigen Einzahlungen erreichten Kapitalstand $\hat{K}_n$ nach n Jahren erhält man auch dadurch, dass jeweils zum Jahresende der äquivalente Betrag $\hat{K}_1$ (nachschüssig) eingezahlt wird. Mit $\hat{E} = \hat{K}_1$, $q = 1 + \frac{p}{100}$ erhält man aus (34) unmittelbar den

Kapitalstand nach n Jahren bei nachschüssigen unterjährigen konstanten Einzahlungen (nachschüssiger Rentenendwert)

$$\hat{K}_n = \hat{U} \cdot \left(m + \frac{(m-1) \cdot p}{200} \right) \cdot \frac{q^n - 1}{q - 1} \quad \text{für } n = 1, 2, \ldots ; \quad (45)$$

Barwert von $\hat{K}_n$ (nachschüssiger Rentenbarwert)

$$\hat{B}_0 = \frac{\hat{K}_n}{q^n} .$$

m = Anzahl der unterjährigen nachschüssigen konstanten Einzahlungen;
p = Jahreszinssatz bei anteilmäßiger Verzinsung; $q = 1 + \frac{p}{100}$;
$\hat{U}$ = nachschüssige m - malige unterjährige Einzahlung pro Jahr;
n = Anzahl der Jahre;
$\hat{K}_n$ = sich daraus ergebender Kapitalstand nach n Jahren.

Die Formel (45) unterscheidet sich neben den Bezeichnungen von der Formel (40) bei den vorschüssigen unterjährigen Einzahlungen nur dadurch, dass der in (40) in der Klammer auftretende Ausdruck $(m + 1)$ durch $(m - 1)$ ersetzt werden muss.

Beispiel 28:
Falls der Sparer aus Beispiel 25 die monatlichen Sparraten nachschüssig einzahlt, beträgt nach (45) der Kapitalstand nach 10 Jahren

$$\hat{K}_{10} = 100 \cdot \left(12 + \frac{11 \cdot 6}{200} \right) \cdot \frac{1{,}06^{10} - 1}{0{,}06} = 16\,251{,}92 \text{ Euro.}$$

Mit der Ersetzung $m + 1 \to m - 1$ können die Formeln (41) und (42) unmittelbar übernommen werden.

Berechnung des nachschüssigen unterjährigen Einzahlungsbetrages
Ersetzt man in (41) den Term $(m+1)$ durch $(m-1)$ und K_n durch $\hat{K}_n$, so erhält man unmittelbar die

benötigte unterjährige Einzahlung für den Kapitalstand $\hat{K}_n$

$$\hat{U} = \frac{\hat{K}_n}{m + \frac{(m-1)\cdot p}{200}} \cdot \frac{q-1}{q^n - 1}. \tag{46}$$

m = Anzahl der unterjährigen nachschüssigen Einzahlungen;
p = Jahreszinssatz bei anteilmäßiger Verzinsung; $q = 1 + \frac{p}{100}$;
n = Anzahl der Jahre;
$\hat{K}_n$ = geforderter Kapitalstand nach n Jahren;
$\hat{U}$ = dazu benötigte m - malige unterjährige nachschüssige Einzahlung.

Beispiel 29:
Bei einem Jahreszinssatz von 5 % möchte man jemand durch nachschüssige konstante Monatszahlungen innerhalb von 15 Jahren ein Kapital von 200 000 Euro ansparen. Aus (46) erhält man die dazu benötigte nachschüssige Monatsrate

$$\hat{U} = \frac{200\,000}{12 + \frac{11\cdot 5}{200}} \cdot \frac{0{,}05}{1{,}05^{15} - 1} = 755{,}07 \text{ Euro.}$$

Anstelle der 12 nachschüssigen Monatsraten von jeweils 755,07 Euro könnte auch der äquivalente nachschüssige Jahresbetrag

$$\hat{K}_1 = 755{,}07 \cdot \left(12 + \frac{11\cdot 5}{200}\right) = 9\,268{,}48 \text{ Euro}$$

eingezahlt werden. Die jährlichen Verzugszinsen betragen dann

$$9\,268{,}48 - 12 \cdot 755{,}07 = 207{,}64 \text{ Euro.}$$

Berechnung der Laufzeit
In (42) werde $(m+1)$ durch $(m-1)$ und K_n durch $\hat{K}_n$ ersetzt. Dann erhält man daraus unmittelbar die

Laufzeit n bis zum Kapitalstand $\hat{K}_n$

$$n = \frac{\lg\left(1 + \frac{(q-1)\cdot \hat{K}_n}{\hat{U}\cdot\left(m + \frac{(m-1)\cdot p}{200}\right)}\right)}{\lg q}. \tag{47}$$

m = Anzahl der unterjährigen Einzahlungen;

p = Jahreszinssatz bei anteilmäßiger Verzinsung; $q = 1 + \frac{p}{100}$;
$\hat{K}_n$ = geforderter Kapitalstand;
$\hat{U}$ = nachschüssige m - malige unterjährige Einzahlung pro Jahr;
n = dazu benötigte Anzahl der Jahre.

Beispiel 30:
Bei einem Jahreszinssatz von 6,5 % möchte jemand monatlich nachschüssig jeweils 1 500 Euro einzahlen. Gesucht ist die Anzahl der Jahre, nach denen erstmals ein angesparter Kapitalstand von 500 000 Euro überschritten wird. Aus (47) erhält man

$$n = \frac{\lg\left(1 + \frac{0{,}065 \cdot 500\,000}{1\,500 \cdot \left(12 + \frac{11 \cdot 6{,}5}{200}\right)}\right)}{\lg 1{,}065} = 16{,}08 \text{ Jahre.}$$

Nach (45) lautet der Kapitalstand nach 16 Jahren (abgerundet)

$$\hat{K}_{16} = 1\,500 \cdot \left(12 + \frac{11 \cdot 6{,}5}{200}\right) \cdot \frac{1{,}065^{16} - 1}{0{,}065} = 495\,919{,}02 \text{ Euro.}$$

Durch eine Sonderzahlung von 4 080,98 am Ende des 16. Jahres wäre der geforderte Kapitalstand nach 16 Jahren erreicht.

Ohne Sonderzahlung wächst $\hat{K}_{16}$ zum Ende des 17. Jahres durch die Zinszahlung an auf 495 919,02 · 1,065 = 528 153,76 Euro. Zum Ende des 17. Jahres wäre der geforderte Kapitalstand auch ohne Einzahlungen im 17. Jahr überschritten.

1.4.6. Arithmetisch wachsende jährliche Einzahlungen (Rentenzahlungen)

In diesem Abschnitt sollen die jährlichen Einzahlungsbeträge von Jahr zu Jahr um den gleichen absoluten Betrag erhöht werden. Damit bilden sie eine arithmetische Folge (s. Anhang). Die Verzinsung erfolge jeweils zum Jahresende mit dem Zinssatz p.

1.4.6.1. Arithmetisch wachsende vorschüssige Jahreseinzahlungen

Zu Beginn des ersten Jahres soll der Betrag $E_1 = E$ eingezahlt werden. In jedem nachfolgenden Jahr werde der Einzahlungsbetrag des Vorjahres um den konstanten Betrag d erhöht. Damit lautet der Einzahlungsbetrag im zweiten Jahr $E_2 = E + d$, im dritten Jahr $E_3 = E + 2d$, im vierten Jahr $E_4 = E + 3d$ usw. Der Einzahlungsbetrag im k - ten Jahr beträgt damit

$$E_k = E + (k-1) \cdot d \qquad \text{für } k = 1, 2, \ldots \,.$$

Die einzelnen Einzahlungen während der ersten n Jahre sind auf dem nachfolgenden Zahlenstrahl eingezeichnet.

E	E + d	E + 2d	E + 3d	E + 4d	......	E + (n − 2)d	E + (n − 1)d	
0	1	2	3	4	......	n − 2	n − 1	n

Während n Jahren beträgt der gesamte Einzahlungsbetrag

$$S = E + (E+d) + (E+2d) + \ldots + (E+(n-1)\,d) \tag{48}$$

$$= n \cdot E + d \cdot \underbrace{[1 + 2 + \ldots + (n-1)]}_{=\frac{(n-1)\cdot n}{2} \text{ (arithm. Reihe)}} = n \cdot E + d \cdot \frac{(n-1)\cdot n}{2}.$$

Nach (21) lautet der Kapitalstand nach n Jahren

$$K_n = E_1 \cdot q^n + E_2 \cdot q^{n-1} + E_3 \cdot q^{n-2} + \ldots + E_n \cdot q$$

$$= E \cdot q^n + (E+d) \cdot q^{n-1} + (E+2d) \cdot q^{n-2} + \ldots + [E-(n-1)\cdot d] \cdot q$$

$$= E \cdot [q^n + q^{n-1} + q^{n-2} + \ldots + q]$$

$$+ d \cdot [q^{n-1} + 2q^{n-2} + 3q^{n-3} + 4q^{n-4} + \ldots + (n-1)\cdot q].$$

Durch Umformung und Benutzung mathematischer Summenformeln (s. Anhang) erhält man die geschlossene Formel für den

Kapitalstand nach n Jahren bei vorschüssigen arithmetisch wachsenden Jahreseinzahlungen (vorschüssiger Rentenendwert)

$$K_n = q \cdot \left(E + \frac{d}{q-1}\right) \cdot \frac{q^n - 1}{q-1} - \frac{n \cdot d \cdot q}{q-1}; \tag{49}$$

Barwert von K_n (vorschüssiger Rentenbarwert)

$$B_0 = \frac{K_n}{q^n}.$$

p = Zinssatz bei jährlicher Verzinsung; $q = 1 + \frac{p}{100}$;
E = vorschüssige Einzahlung im 1. Jahr;
d = jährliche konstante Erhöhung der vorschüssigen Einzahlungen;
n = Laufzeit in Jahren;
K_n = Kapitalstand nach n Jahren.

Beispiel 31:
Zu Beginn eines Jahres zahlt jemand 5 000 Euro auf ein Konto ein. Die vorschüssigen Jahreszahlungen sollen jährlich um jeweils 400 Euro erhöht werden. Die Verzinsung erfolge jährlich mit 5 % mit Zinseszins.

a) Zu Beginn des 10. Jahres wird folgender Betrag eingezahlt:
$E_{10} = 5\,000 + 9 \cdot 400 = 8\,600$ Euro.

b) Alle 10 Einzahlungen zusammen betragen nach (48)

$10 \cdot 5\,000 + 400 \cdot \frac{9 \cdot 10}{2} = 68\,000$ Euro.

c) Nach 10 Jahren beträgt der Kapitalstand nach (49)

$$K_{10} = 1{,}05 \cdot \left(5\,000 + \frac{400}{0{,}05}\right) \cdot \frac{1{,}05^{10} - 1}{0{,}05} - \frac{10 \cdot 400 \cdot 1{,}05}{0{,}05} = 87\,688{,}23 \text{ Euro.}$$

Die Gleichung (49) kann nur geschlossen nach E und d aufgelöst werden. Zur Auflösung nach $q = 1 + \frac{p}{100}$ benötigt man numerische Verfahren (vgl. Abschnitt 1.4.1). Die minimale Anzahl n von Jahren, nach denen ein vorgegebener Kapitalstand K_n erstmals überschritten wird, kann ebenfalls nur iterativ bestimmt werden.

Multiplikation der Gleichung (49) mit $\frac{q-1}{q}$ ergibt

$$\begin{aligned} K_n \cdot \frac{q-1}{q} &= \left(E + \frac{d}{q-1}\right) \cdot (q^n - 1) - n \cdot d \\ &= E \cdot (q^n - 1) + d \cdot \left(\frac{q^n - 1}{q-1} - n\right) \\ &= E \cdot (q^n - 1) + d \cdot \frac{q^n - 1 - n \cdot (q-1)}{q-1}. \end{aligned}$$

Auflösung dieser Gleichung nach E bzw. d ergibt

benötigter Einzahlungsbetrag im 1. Jahr bei gegebenem d und K_n

$$E = \frac{K_n \cdot \frac{q-1}{q} + d \cdot \left(n - \frac{q^n - 1}{q-1}\right)}{q^n - 1};$$

benötigte jährliche konstante Erhöhung bei gegebenem E und K_n (50)

$$d = \frac{q-1}{q^n - 1 - n \cdot (q-1)} \cdot \left[K_n \cdot \frac{q-1}{q} - E \cdot (q^n - 1)\right].$$

Bezeichnungen s. (49).

Beispiel 32:
Jemand möchte nach fünf Jahren bei einem Jahreszinssatz von $p = 6$ % einen Kapitalstand von 50 000 Euro erreichen. Dabei sollen die jährlichen vorschüssigen Einzahlungen in jedem Jahr um 2 000 Euro erhöht werden. Gesucht ist der dazu erforderliche Einzahlungsbetrag im ersten Jahr.

Mit n = 5, $K_5 = 50\,000$, q = 1,06, d = 2 000 erhält man aus (50) den ersten Einzahlungsbetrag

$$E = \frac{50\,000 \cdot \frac{0,06}{1,06} + 2\,000 \cdot \left(5 - \frac{1,06^5 - 1}{0,06}\right)}{1,06^5 - 1} = 4\,600,49 \text{ Euro.}$$

Probe:
Mit q = 1,06, E = 4 600,49, d = 2 000 und n = 5 erhält man aus (49) den Kapitalstand nach 5 Jahren

$$K_5 = 1,06 \cdot \left(4\,600,49 + \frac{2\,000}{0,06}\right) \cdot \frac{1,06^5 - 1}{0,06} - \frac{5 \cdot 2\,000 \cdot 1,06}{0,06} = 50\,000,01 \text{ Euro.}$$

Die Abweichung von 0,01 Euro ist auf das Runden zurückzuführen.

Beispiel 33:
Bei einem Jahreszinssatz p = 5 möchte jemand durch vorschüssige arithmetisch steigende Jahreszahlungen nach 10 Jahren einen Kapitalstand von 200 000 Euro erhalten. Im ersten Jahr beträgt die Einzahlung 12 000 Euro. Um welchen Betrag d muss die Einzahlung jährlich erhöht werden, damit dieses Ziel erreicht werden kann?

Mit n = 10, E = 12 000, q = 1,05 und $K_{10} = 200\,000$ erhält man aus (50) den jährlichen konstanten Steigerungsbetrag

$$\begin{aligned} d &= \frac{0,05}{1,05^{10} - 1 - 10 \cdot 0,05} \cdot \left[200\,000 \cdot \frac{0,05}{1,05} - 12\,000 \cdot (1,05^{10} - 1)\right] \\ &= 766,93 \text{ Euro.} \end{aligned}$$

Probe:
Mit q = 1,05, E = 12 000, d = 766,93 und n = 10 erhält man aus (49) den Kapitalstand nach 10 Jahren

$$\begin{aligned} K_{10} &= 1,05 \cdot \left(12\,000 + \frac{766,93}{0,05}\right) \cdot \frac{1,05^{10} - 1}{0,05} - \frac{10 \cdot 766,93 \cdot 1,05}{0,05} \\ &= 199\,999,77 \text{ Euro.} \end{aligned}$$

Die Abweichung des berechneten Wertes K_{10} um 0,23 von 200 000 ist auf das Runden zurückzuführen.

Bemerkung
Falls durch n jährlich konstante vorschüssige Einzahlungen der jeweiligen Höhe E der geforderte Kapitalstand nach n Jahren K_n bereits überschritten wird, ergibt die Formel aus (50) einen negativen Wert für d. Dann können die jährlichen Einzahlungen jeweils um den entsprechenden Betrag gesenkt werden.

1.4.6.2. Arithmetisch wachsende nachschüssige Jahreseinzahlungen

Die arithmetisch wachsenden Einzahlungsbeträge sollen jeweils zum Ende des Jahres, also nachschüssig, eingezahlt werden. Dabei sei $\hat{E}$ die nachschüssige Einzahlung am Ende des ersten Jahres und $\hat{d}$ die jährlich konstante Steigerung der Einzahlungen.

	$\hat{E}$	$\hat{E}+\hat{d}$	$\hat{E}+3\hat{d}$	$\hat{E}+4\hat{d}$	......	$\hat{E}+(n-1)d$	$\hat{E}+(n-1)\hat{d}$	
0	1	2	3	4	......	$n-2$	$n-1$	n

Im Vergleich zu den nachschüssigen Einzahlungen ist bei den vorschüssigen Einzahlungen der gesamte Kapitalbetrag ein Jahr länger auf dem Konto. Dies bedeutet eine Multiplikation mit dem Aufzinsungsfaktor q. Mit $E \to \hat{E}$ und $d \to \hat{d}$ gilt mit (49)

$$K_n = q \cdot \hat{K}_n, \quad \text{also} \quad \hat{K}_n = \frac{K_n}{q}. \tag{51}$$

Damit erhält man aus (49) nach Division durch q unmittelbar den

Kapitalstand nach n Jahren bei nachschüssigen arithmetisch wachsenden Jahreseinzahlungen (nachschüssiger Rentenendwert)

$$\hat{K}_n = \left(\hat{E} + \frac{\hat{d}}{q-1}\right) \cdot \frac{q^n - 1}{q-1} - \frac{n \cdot \hat{d}}{q-1}; \tag{52}$$

Barwert von $\hat{K}_n$ (nachschüssiger Rentenbarwert)

$$\hat{B}_n = \frac{\hat{K}_n}{q^n}.$$

p = Zinssatz bei jährlicher Verzinsung; $q = 1 + \frac{p}{100}$;
$\hat{E}$ = nachschüssige Einzahlung im 1. Jahr;
$\hat{d}$ = jährliche Erhöhung der jeweiligen nachschüssigen Einzahlungen;
n = Laufzeit in Jahren;
$\hat{K}_n$ = Kapitalstand nach n Jahren (nachschüssiger Rentenendwert).

Beispiel 34:
Zum Ende des ersten Jahres zahlt jemand 10 000 Euro auf ein Konto ein. Die nachschüssigen Jahreszahlungen sollen jährlich um jeweils 3 000 Euro erhöht werden. Die Verzinsung erfolge jährlich mit 5,5 %.
Nach 5 Jahren beträgt der Kapitalstand nach (52)

$$\hat{K}_5 = \left(10\,000 + \frac{3\,000}{0{,}055}\right) \cdot \frac{1{,}055^5 - 1}{0{,}055} - \frac{5 \cdot 3\,000}{0{,}055} = 87\,506{,}78 \text{ Euro.}$$

Gleichung (52) ist geschlossen nur nach $\hat{E}$ und $\hat{d}$ auflösbar. Die Auflösungen nach diesen beiden Größen erhält man unmittelbar aus (50) durch die Zuordnung

$$\frac{K_n}{q} \to \hat{K}_n; \quad E \to \hat{E}; \quad d \to \hat{d} \quad \text{als}$$

benötigter Einzahlungsbetrag im 1. Jahr bei gegebenem $\hat{d}$ und $\hat{K}_n$

$$\hat{E} = \frac{(q-1)\cdot \hat{K}_n + \hat{d}\cdot\left(n - \frac{q^n - 1}{q-1}\right)}{q^n - 1}; \tag{53}$$

benötigte jährliche konstante Erhöhung bei gegebenem $\hat{E}$ und $\hat{K}_n$

$$\hat{d} = \frac{q-1}{q^n - 1 - n\cdot(q-1)} \cdot \left[\hat{K}_n \cdot (q-1) - \hat{E}\cdot(q^n - 1)\right].$$

Bezeichnungen s. (49).

Beispiel 35 (s. Beispiel 33):
Die Einzahlungen aus Beispiel 33 sollen jeweils nachschüssig, also zum Jahresende erfolgen, wobei die einzelnen Werte gleich bleiben sollen. Dann erhält man aus (53) den jährlichen konstanten Steigerungsbetrag

$$\hat{d} = \frac{0{,}05}{1{,}05^{10} - 1 - 10\cdot 0{,}05} \cdot \left[200\,000\cdot 0{,}05 - 12\,000\cdot(1{,}05^{10} - 1)\right]$$
$$= 951{,}66 \text{ Euro.}$$

Dieser Steigerungsbetrag ist größer als bei den vorschüssigen Einzahlungen.

1.4.7. Jährlich arithmetisch wachsende unterjährige Einzahlungen (Rentenzahlungen)

In jedem Jahr soll m-mal unterjährig der gleiche Betrag eingezahlt werden. Die unterjährigen Einzahlungsbeträge sollen dabei nach jedem Jahr um den gleichen Betrag erhöht werden (arithmetische Erhöhung). Die Verzinsung erfolge anteilmäßig zum Ende eines jeden Jahres mit dem nominalen Jahreszinssatz p.

1.4.7.1. Jährlich arithmetisch wachsende vorschüssige unterjährige Einzahlungen (arithmetisch wachsende Rentenzahlungen)

Im ersten Jahr werde m-mal unterjährig der gleiche Betrag U eingezahlt. Der Einzahlungsbetrag werde jährlich um den gleichen d Betrag erhöht.

Für $m = 4$ erhält man vierteljährliche Einzahlungen. Die Einzahlungs- und Verzinsungstermine sollen auf der Zeitachse dargestellt werden.

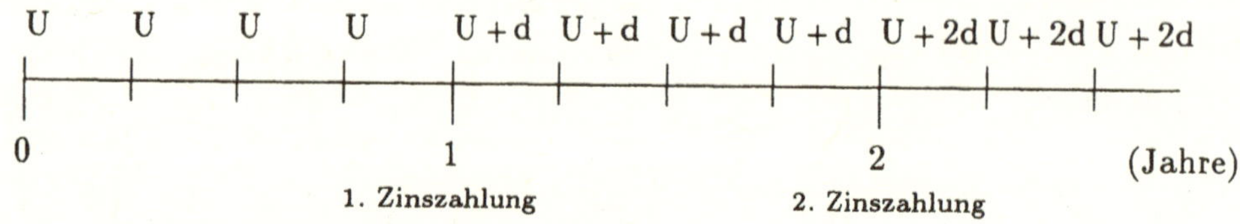

K_n sei der Kapitalstand am Ende des n-ten Jahres (nach der Verzinsung). Nach (39) lautet der Kapitalstand nach einem Jahr

$$K_1 = U \cdot \left(m + \frac{(m+1) \cdot p}{200} \right). \tag{54}$$

Der Kapitalstand K_1 wird im zweiten Jahr voll verzinst. Sein Anteil an K_2 beträgt daher $K_1 \cdot q$. Im zweiten Jahr wird m-mal unterjährig der um d erhöhte Betrag $U + d$ eingezahlt. Ersetzt man in (54) U durch $U + d$, so erhält man den Betrag, den die Einzahlungen und deren Verzinsung im zweiten Jahr ergeben als

$$B_2 = (U + d) \cdot \left(m + \frac{(m+1) \cdot p}{200} \right). \tag{55}$$

Addition ergibt den Kapitalstand nach 2 Jahren in der Form

$$K_2 = \left(m + \frac{(m+1) \cdot p}{200} \right) \cdot U \cdot q + \left(m + \frac{(m+1) \cdot p}{200} \right) \cdot (U + d). \tag{56}$$

Im dritten Jahr wird K_2 voll verzinst, was einen Beitrag von $K_2 \cdot q$ zu K_3 ergibt. Ferner wird m-mal unterjährig der Betrag $U + 2d$ eingezahlt. Dies ergibt den Anteil

$$B_3 = (U + 2\,d) \cdot \left(m + \frac{(m+1) \cdot p}{200} \right). \tag{57}$$

Damit erhält man den Kapitalstand nach 3 Jahren als

$$K_3 = \left(m + \frac{(m+1) \cdot p}{200} \right) \cdot \left[U \cdot q^2 + (U + d) \cdot q + (U + 2\,d) \right]. \tag{58}$$

Allgemein setzen wir

$$C = \left(m + \frac{(m+1) \cdot p}{200} \right).$$

Mit den gleichen Überlegungen erhält man den Kapitalstand nach 4 Jahren in der Form

$$K_4 = C \cdot \left[U \cdot q^3 + (U + d) \cdot q^2 + (U + 2\,d) \cdot q + (U + 3\,d) \right]. \tag{59}$$

So fortfahrend erhält man die allgemeine Formel für den Kapitalstand nach n Jahren

$$K_n = C \cdot \left[U \cdot q^{n-1} + (U + d) \cdot q^{n-2} + (U + 2d) \cdot q^{n-3} + \ldots + (U + (n-1)\,d\right].$$

Dieser Ausdruck lässt sich mit dem oben angegebenen Wert C unter Benutzung spezieller Summenformeln (s. Anhang) vereinfachen mit

Kapitalstand nach n Jahren bei vorschüssigen unterjährigen Zahlungen, die jährlich um d arithmetisch wachsen

$$K_n = \left(m + \frac{(m+1) \cdot p}{200}\right) \cdot \left[\left(U + \frac{d}{q-1}\right) \cdot \frac{q^n - 1}{q - 1} - \frac{n \cdot d}{q - 1}\right]; \qquad (60)$$

Barwert von K_n (vorschüssiger Rentenbarwert)

$$B_0 = \frac{K_n}{q^n}$$

m = Anzahl der jährlich konstanten vorschüssigen unterjährigen Einzahlungen;
U = vorschüssige unterjährige Einzahlungen im 1. Jahr;
d = jährliche Erhöhung der unterjährigen Einzahlungen;
p = Jahreszinssatz bei jährlicher anteilmäßiger Verzinsung; $q = 1 + \frac{p}{100}$;
K_n = Kapitalstand nach n Jahren (vorschüssiger Rentenendwert).

Mit $d = 0$ geht (60) über in die Formel (40), also in die Formel für konstante unterjährige Einzahlungen.

Die Formel (60) kann aus der Formel (52) durch folgende Überlegung hergeleitet werden. Anstelle der m unterjährigen Einzahlungen $U + (k-1) \cdot d$ wird jeweils nur am Jahresende (nachschüssig) der äquivalente Jahresbetrag

$$\left(m + \frac{(m+1) \cdot p}{200}\right) \cdot \left[U + (k-1) \cdot d\right]$$

eingezahlt für $k = 1, 2, \ldots, n$. Damit erhält man das gleichwertige Modell der arithmetisch wachsenden nachschüssigen Jahreseinzahlungen mit

$$\hat{E} = \left(m + \frac{(m+1) \cdot p}{200}\right) \cdot U \quad \text{und} \quad \hat{d} = \left(m + \frac{(m+1) \cdot p}{200}\right) \cdot d. \qquad (61)$$

Damit geht die Formel (60) unmittelbar über in die Formel (52) und umgekehrt.

Beispiel 36:
Bei einem nominellen Jahreszinssatz von 5 % zahlt jemand 10 Jahre lang in jedem Jahr monatlich vorschüssig jeweils den gleichen Betrag ein. Im ersten Jahr werden monatlich 800 Euro eingezahlt. Die Einzahlungsbeträge werden jedes Jahr um 100 Euro erhöht.

a) Im 2. Jahr werden monatlich 900 Euro eingezahlt, im 10. Jahr lautet der monatliche Einzahlungsbetrag $800 + 9 \cdot 100 = 1\,700$ Euro.

b) In 10 Jahren wird insgesamt folgender Betrag eingezahlt:

$$12 \cdot \left[800 + (800+100) + (800 + 2\cdot 100) + \ldots + (800 + 9 \cdot 100)\right]$$
$$= 12 \cdot \left[10 \cdot 800 + 100 \cdot \underbrace{(1+2+\ldots+9)}_{=\frac{9\cdot 10}{2}}\right] = 12 \cdot [8\,000 + 100 \cdot 45]$$
$$= 150\,000 \text{ Euro.}$$

c) Mit $m = 12$, $U = 800$, $d = 100$, $p = 5$ und $q = 1{,}05$ erhält man aus (60) den Kapitalstand nach 10 Jahren

$$K_{10} = \left(12 + \frac{13 \cdot 5}{200}\right) \cdot \left[\left(800 + \frac{100}{0{,}05}\right) \cdot \frac{1{,}05^{10} - 1}{0{,}05} - \frac{10 \cdot 100}{0{,}05}\right]$$
$$= 187\,563{,}07 \text{ Euro.}$$

Damit gibt es während der 10 Jahre insgesamt 37 563,07 Euro Zinsen.

Gleichung (60) ist geschlossen nur nach U und nach d auflösbar. Die Auflösung nach q muss numerisch erfolgen, ebenso die Auflösung nach n.

Die Gleichung (60) geht nach Division durch $m + \frac{(m+1)\cdot p}{200}$ über in die äquivalente Gleichung

$$\frac{K_n}{m + \frac{(m+1)\cdot p}{200}} = \left(U + \frac{d}{q-1}\right) \cdot \frac{q^n - 1}{q - 1} - \frac{n \cdot d}{q-1}. \qquad (62)$$

Durch folgende Zuordnungen

$$\hat{K}_n \to \frac{K_n}{m + \frac{(m+1)\cdot p}{200}}, \quad \hat{E} \to U \quad \text{und} \quad \hat{d} \to d$$

geht die Gleichung (52) unmittelbar in (62) über. Mit dieser Zuordnung erhält man aus (53) unmittelbar

benötigter unterjähriger Einzahlungsbetrag U im ersten Jahr bei gegebenem d und K_n

$$U = \frac{\dfrac{(q-1)\cdot K_n}{m + \frac{(m+1)\cdot p}{200}} + d \cdot \left(n - \dfrac{q^n - 1}{q-1}\right)}{q^n - 1};$$

notwendige jährliche Erhöhung d bei gegebenem U und K_n (63)

$$d = \frac{q-1}{q^n - 1 - n\cdot(q-1)} \cdot \left[\frac{(q-1)\cdot K_n}{m + \frac{(m+1)\cdot p}{200}} - (q^n - 1)\cdot U\right].$$

m = Anzahl der jährlich konstanten vorschüssigen unterjährigen Einzahlungen;

p = Jahreszinssatz bei jährlicher anteilmäßiger Verzinsung; $q = 1 + \frac{p}{100}$;

K_n = geforderter Kapitalstand nach n Jahren;

U = vorschüssige unterjährige Einzahlungen im 1. Jahr bei vorgegebenem n, K_n und d;

d = jährliche Erhöhung der unterjährigen Einzahlungen bei vorgegebenem n, K_n und U.

Beispiel 37 (vgl. Beispiel 36):
In Beispiel 36 sollen die monatlichen Einzahlungen in jedem Jahr jeweils um 100 Euro erhöht werden. Welcher Betrag U muss im ersten Jahr monatlich vorschüssig eingezahlt werden, damit der Kapitalstand nach 10 Jahren 200 000 Euro beträgt? Aus (63) erhält man den vorschüssigen monatlichen Einzahlungsbetrag im ersten Jahr

$$U = \frac{\dfrac{0{,}05 \cdot 200\,000}{12 + \frac{13 \cdot 5}{200}} + 100 \cdot \left(10 - \dfrac{1{,}05^{10} - 1}{0{,}05}\right)}{1{,}05^{10} - 1} = 880{,}23 \text{ Euro}.$$

Beispiel 38 (vgl. Beispiel 36):
In Beispiel 36 sollen im ersten Jahr monatlich 800 Euro eingezahlt werden. Um welchen Betrag d müssen die Einzahlungen jährlich erhöht werden, damit der Kapitalstand nach 15 Jahren 300 000 Euro beträgt?

Aus (63) erhält man die jährliche Steigerungsrate

$$d = \frac{0{,}05}{1{,}05^{15} - 1 - 15 \cdot 0{,}05} \cdot \left(\frac{0{,}05 \cdot 300\,000}{12 + \frac{13 \cdot 5}{200}} - (1{,}05^{15} - 1) \cdot 800\right) = 53{,}80 \text{ Euro}.$$

1.4.7.2. Jährlich arithmetisch wachsende nachschüssige unterjährige Einzahlungen (arithmetisch wachsende Rentenzahlungen)

Die unterjährigen Zahlungen sollen jeweils nachschüssig erfolgen. Dabei werde im 1. Jahr m-mal nachschüssig der gleiche Betrag $\hat{U}$ eingezahlt, wobei der Einzahlungsbetrag in jedem Jahr um den konstanten Betrag $\hat{d}$ erhöht werde. Für $m = 4$ (vierteljärliche Einzahlungen) sind die Einzahlungsbeträge auf dem nachfolgenden Zahlenstrahl dargestellt:

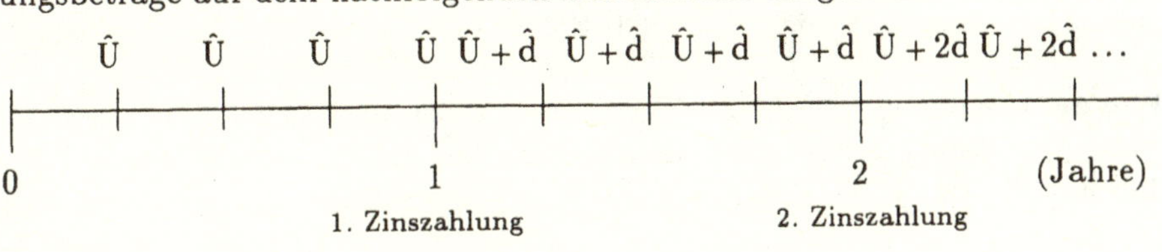

Nach den Ausführungen aus Abschnitt 1.4.5.2 kann für dieses Modell die Formel (60) übernommen werden, falls darin $m+1$ durch $m-1$, U durch $\hat{U}$ und d durch $\hat{d}$ ersetzt wird. Damit erhält man den

Kapitalstand nach n Jahren bei nachschüssigen unterjährigen Zahlungen, die jährlich arithmetisch um $\hat{d}$ wachsen

$$\hat{K}_n = \left(m + \frac{(m-1)\cdot p}{200}\right)\cdot\left[\left(\hat{U} + \frac{\hat{d}}{q-1}\right)\cdot\frac{q^n-1}{q-1} - \frac{n\cdot\hat{d}}{q-1}\right]; \qquad (64)$$

Barwert von $\hat{K}_n$ (nachschüssiger Rentenbarwert)

$$\hat{B}_0 = \frac{\hat{K}_n}{q^n}.$$

m = Anzahl der jährlich konstanten unterjährigen vorschüssigen Einzahlungen;
$\hat{U}$ = nachschüssige unterjährige Einzahlungen im 1. Jahr;
$\hat{d}$ = jährliche Erhöhung der unterjährigen Einzahlungen;
p = Jahreszinssatz bei jährlicher anteilmäßiger Verzinsung; $q = 1 + \frac{p}{100}$;
$\hat{K}_n$ = Kapitalstand nach n Jahren.

Beispiel 39:

Bei einem nominellen Zinssatz von 6 % zahlt jemand in jedem Jahr vierteljährlich nachschüssig den gleichen Betrag ein. Im ersten Jahr betragen die vierteljährlichen Einzahlungen jeweils 5 000 Euro. Diese werden jährlich um 1 000 Euro erhöht.

a) Gesucht ist der Kapitalstand nach 12 Jahren. Mit $m = 4$, $\hat{U} = 5\,000$, $\hat{d} = 1\,000$, $p = 6$, $q = 1{,}06$ und $n = 12$ erhält man aus (64) den gesuchten Kapitalstand nach 12 Jahren

$$\hat{K}_{12} = \left(4 + \frac{3\cdot 6}{200}\right)\cdot\left[\left(5\,000 + \frac{1\,000}{0{,}06}\right)\cdot\frac{1{,}06^{12}-1}{0{,}06} - \frac{12\cdot 1\,000}{0{,}06}\right]$$
$$= 676\,957{,}96 \text{ Euro.}$$

b) Der gesamte Einzahlungsbetrag innerhalb von 12 Jahren beträgt

$$4\cdot[\,5\,000 + (5\,000+1\,000) + (5\,000 + 2\cdot 1\,000) + \ldots + (5\,000 + 11\cdot 1\,000)\,]$$
$$= 4\cdot[\,12\cdot 5\,000 + 1\,000\cdot \underbrace{(1+2+3+\ldots+11)}_{=\frac{11\cdot 12}{2}\text{ (arithm. Reihe)}}\,]$$
$$= 4\cdot[\,60\,000 + 1\,000\cdot 66\,] = 504\,000 \text{ Euro.}$$

Wie die Gleichung (60) ist auch (64) geschlossen nur nach $\hat{U}$ und $\hat{d}$ auflösbar. Die Lösung erhält man unmittelbar aus (63), wenn U durch $\hat{U}$, d durch $\hat{d}$, K_n durch $\hat{K}_n$ und $m+1$ durch $m-1$ ersetzt wird.

benötigter unterjähriger Einzahlungsbetrag im ersten Jahr bei gegebenem $\hat{d}$ und $\hat{K}_n$

$$\hat{U} = \frac{\dfrac{(q-1)\cdot \hat{K}_n}{m + \dfrac{(m-1)\cdot p}{200}} + \hat{d}\cdot\left(n - \dfrac{q^n-1}{q-1}\right)}{q^n - 1};$$

notwendige jährliche Erhöhung der Einzahlungen bei gegebenem $\hat{d}$ und $\hat{K}_n$

$$\hat{d} = \frac{q-1}{q^n - 1 - n\cdot(q-1)}\cdot\left[\frac{(q-1)\cdot \hat{K}_n}{m + \dfrac{(m-1)\cdot p}{200}} - (q^n-1)\cdot \hat{U}\right]. \tag{65}$$

m = Anzahl der jährlich konstanten vorschüssigen unterjährigen Einzahlungen;
p = Jahreszinssatz bei jährlicher anteilmäßiger Verzinsung; $q = 1 + \frac{p}{100}$;
$\hat{K}_n$ = geforderter Kapitalstand nach n Jahren;
$\hat{U}$ = nachschüssige unterjährige Einzahlungen im 1. Jahr bei vorgegebenem n, K_n und d;
$\hat{d}$ = jährliche Erhöhung der unterjährigen Einzahlungen bei vorgegebenem n, $\hat{K}_n$ und $\hat{U}$.

Beispiel 40:
Bei einem Jahreszinssatz von 5 % möchte jemand in jedem Jahr alle vier Monate nachschüssig jeweils den gleichen Betrag einzahlen. Der unterjährige Einzahlungsbetrag soll jedes Jahr um 200 Euro erhöht werden. Mit welchem unterjährigen Einzahlungsbetrag muss im ersten Jahr begonnen werden, damit in 15 Jahren ein Kapitalstand von 300 000 erreicht wird?
Mit $m = 3$, $p = 5$, $q = 1{,}05$, $\hat{d} = 200$, $n = 15$, $\hat{K}_{15} = 300\,000$ erhält man aus (65) die Lösung

$$\hat{U} = \frac{\dfrac{0{,}05\cdot 300\,000}{3 + \dfrac{2\cdot 5}{200}} + 200\cdot\left(15 - \dfrac{1{,}05^{15}-1}{0{,}05}\right)}{1{,}05^{15}-1} = 3\,338{,}80 \text{ Euro.}$$

Probe: Mit diesen Werten erhält man aus (64) den Kapitalstand nach 15 Jahren als

$$\hat{K}_{15} = \left(3 + \frac{2\cdot 5}{200}\right)\cdot\left[\left(3\,338{,}80 + \frac{200}{0{,}05}\right)\cdot\frac{1{,}05^{15}-1}{0{,}05} - \frac{15\cdot 200}{0{,}05}\right]$$
$$= 300\,000{,}33 \text{ Euro.}$$

Die geringe Abweichung ist auf das Runden zurückzuführen.

Beispiel 41:

Bei einem Jahreszinssatz von 6 % möchte jemand in jedem Jahr zweimal halbjährlich nachschüssig den gleichen Betrag einzahlen. Im ersten Jahr werden zweimal 5 000 Euro eingezahlt. Um welchen konstanten Betrag müssen die unterjährigen Einzahlungen jährlich erhöht werden, damit der Kapitalstand nach 10 Jahren 180 000 Euro beträgt?

Mit $m = 2$, $p = 6$, $q = 1{,}06$, $\hat{U} = 5\,000$, $n = 10$ und $\hat{K}_{10} = 180\,000$ erhält man aus (65) den notwendigen jährlichen Erhöhungsbetrag

$$\hat{d} = \frac{0{,}06}{1{,}06^{10} - 1 - 10 \cdot 0{,}06} \cdot \left[\frac{0{,}06 \cdot 180\,000}{2 + \frac{1 \cdot 6}{200}} - (1{,}06^{10} - 1) \cdot 5\,000 \right]$$
$$= 429{,}44 \text{ Euro.}$$

Probe: Aus (64) erhält man hiermit

$$\hat{K}_{10} = \left(2 + \frac{1 \cdot 6}{200}\right) \cdot \left[\left(5\,000 + \frac{429{,}44}{0{,}06}\right) \cdot \frac{1{,}06^{10} - 1}{0{,}06} - \frac{10 \cdot 429{,}44}{0{,}06} \right]$$
$$= 180\,000{,}07 \text{ Euro.}$$

Die kleine Differenz ist auf das Runden zurüchzuführen.

1.4.8. Geometrisch wachsende jährliche Einzahlungen (Rentenzahlungen)

In diesem Abschnitt werden jährliche Einzahlungen behandelt, die jedes Jahr um den gleichen Prozentsatz γ erhöht werden. Die jährlichen Einzahlungsbeträge bilden damit eine geometrische Folge (s. Anhang). Die Verzinsung erfolge jeweils zum Jahresende mit dem Zinssatz p.

1.4.8.1. Geometrisch wachsende vorschüssige Jahreseinzahlungen

Zu Beginn des ersten Jahres werde der Betrag $E_1 = E$ eingezahlt. In jedem nachfolgenden Jahr werde der Einzahlungsbetrag aus dem Vorjahr um γ Prozent erhöht. Erhöhung um γ % bedeutet Multiplikation des Betrages mit dem Faktor

$$g = 1 + \frac{\gamma}{100}. \tag{66}$$

Dabei sei γ von Null verschieden. Somit kann g nicht gleich 1 sein. Die jährlichen vorschüssigen Einzahlungsbeträge bilden eine geometrische Folge mit dem Ausgangsglied E und dem konstanten Faktor g.

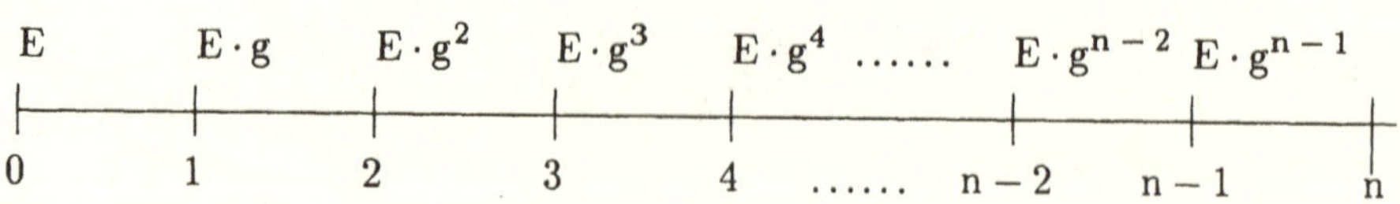

E_k sei der Einzahlungsbetrag zu Beginn des k-ten Jahres. Dann gilt

$$E_1 = E;\; E_2 = E \cdot g;\; E_3 = E \cdot g^2;\; E_4 = E \cdot g^3;\; \ldots;\; E_n = E \cdot g^{n-1}.$$

Während n Jahren beträgt der gesamte Einzahlungsbetrag

$$S = E + E \cdot g + E \cdot g^2 + E \cdot g^3 + \ldots + E \cdot g^{n-1} \tag{67}$$

$$= E \cdot [1 + g + \ldots + g^{n-1}] = E \cdot \frac{g^n - 1}{g - 1}.$$

Nach (21) beträgt der Kapitalstand nach n Jahren

$$K_n = E_1 \cdot q^n + E_2 \cdot q^{n-1} + E_3 \cdot q^{n-2} + \ldots + E_n \cdot q$$

$$= E \cdot q^n + E \cdot g \cdot q^{n-1} + E \cdot g^2 \cdot q^{n-2} + \ldots + E \cdot g^{n-1} \cdot q.$$

Mit $q^{n-k} = \frac{q^n}{q^k}$ erhält man durch Ausklammern der Potenz q^n

$$K_n = E \cdot q^n \cdot \left[1 + \frac{g}{q} + \left(\frac{g}{q}\right)^2 + \left(\frac{g}{q}\right)^3 + \ldots + \left(\frac{g}{q}\right)^{n-1}\right]. \tag{68}$$

Falls g von q verschieden ist, steht in der eckigen Klammer eine geometrische Reihe mit

$$1 + \frac{g}{q} + \left(\frac{g}{q}\right)^2 + \ldots + \left(\frac{g}{q}\right)^{n-1} = \frac{\left(\frac{g}{q}\right)^n - 1}{\frac{g}{q} - 1} = \frac{q}{q^n} \cdot \frac{g^n - q^n}{g - q} \quad \text{für } g \neq q \tag{69}$$

Damit für $g \neq q$

$$K_n = E \cdot q^n \cdot \frac{q}{q^n} \cdot \frac{g^n - q^n}{g - q} = E \cdot q \cdot \frac{g^n - q^n}{g - q}.$$

Im Falle $g = q$ stehen in der eckigen Klammer von (68) n Summanden, die alle gleich Eins sind. Ihre Summe ist dann gleich n. Dann gilt für $g = q$

$$K_n = n \cdot E \cdot q^n.$$

Somit lautet der

Kapitalstand nach n Jahren bei vorschüssigen Jahreszahlungen, die geometrisch wachsen (vorschüssiger Rentenendwert)

$$K_n = E \cdot q \cdot \frac{g^n - q^n}{g - q} \quad \text{für } g \neq q;$$

$$K_n = n \cdot E \cdot q^n \quad \text{für } g = q; \tag{70}$$

Barwert von K_n (vorschüssiger Rentenbarwert)

$$B_0 = \frac{K_n}{q^n}.$$

p = Zinssatz bei jährlicher Verzinsung; $q = 1 + \frac{p}{100}$;
E = vorschüssige Einzahlung im 1. Jahr;
g = jährliche Multiplikation des vorangehenden Einzahlungsbetrages;
n = Laufzeit in Jahren;
K_n = Kapitalstand nach n Jahren (vorschüssiger Rentenendwert).

Beispiel 42:
Bei einem Jahreszinssatz von 5 % zahlt jemand zu Beginn des ersten Jahres 5 000 Euro ein.

a) Die vorschüssige jährliche Einzahlung werde jedes Jahr um 10 % erhöht. Wegen $g = 1{,}1$ wird im 8. Jahr der Betrag $5\,000 \cdot 1{,}1^7 = 9\,743{,}59$ Euro eingezahlt.

Innerhalb von 8 Jahren wird folgender Betrag eingezahlt:

$$5\,000 \cdot (1 + 1{,}1 + 1{,}1^2 + \ldots + 1{,}1^7) = 5\,000 \cdot \frac{1{,}1^8 - 1}{1{,}1 - 1} = 57\,179{,}44 \text{ Euro.}$$

Gesucht ist der Kapitalstand nach 8 Jahren. Mit $E = 5\,000$, $n = 8$, $q = 1{,}05$, $g = 1{,}1$ muss wegen $g \neq q$ in (70) die erste Formel benutzt werden mit

$$K_8 = 5\,000 \cdot 1{,}05 \cdot \frac{1{,}1^8 - 1{,}05^8}{1{,}1 - 1{,}05} = 69\,944 \text{ Euro.}$$

b) Gesucht ist der Kapitalstand nach 8 Jahren, falls die jährlichen Einzahlungen jeweils um 5 % erhöht werden, wobei mit 5 000 Euro begonnen wird. Wegen $g = 1{,}05 = q$ muss in (70) die zweite Formel benutzt werden.

$$K_8 = 8 \cdot 5\,000 \cdot 1{,}05^8 = 59\,098{,}22 \text{ Euro.}$$

Falls man hier versehentlich die erste Formel aus (70) benutzt, würde der Fehler durch den Ausdruck $\frac{g^8 - q^8}{g - q} = \frac{0}{0}$ aufgedeckt.

Gleichung (70) kann geschlossen nur nach E aufgelöst werden mit:

benötigter Einzahlungsbetrag im ersten Jahr für einen Kapitalstand K_n nach n Jahren bei gegebenem g

$$E = \frac{K_n \cdot (g - q)}{q \cdot (g^n - q^n)} \quad \text{für } g \neq q;$$

$$E = \frac{K_n}{n \cdot q^n} \quad \text{für } g = q. \tag{71}$$

p = Zinssatz bei jährlicher Verzinsung; $q = 1 + \frac{p}{100}$;
g = jährliche Multiplikation des vorangehenden Einzahlungsbetrages;
n = vorgegebene Laufzeit in Jahren;
K_n = geforderter Kapitalstand nach n Jahren;
E = dazu benötigte vorschüssige Einzahlung im 1. Jahr.

Beispiel 43:
Bei einem Jahreszinssatz von 6 % soll der jährlich vorschüssige Einzahlungsbetrag jeweils um 6,5 % erhöht werden. Nach 10 Jahren soll der Kapitalstand 125 000 Euro betragen. Dann erhält man wegen $g = 1{,}065$ und $q = 1{,}06$ den ersten Einzahlungsbetrag nach der ersten Formel in (71) als

$$E = \frac{125\,000 \cdot (1{,}065 - 1{,}06)}{1{,}06 \cdot (1{,}065^{10} - 1{,}06^{10})} = 6\,833{,}05 \text{ Euro.}$$

Falls die jährlichen Einzahlungen um 6 % erhöht werden, ist $g = q = 1{,}06$. Dann erhält man aus der zweiten Formel aus (71) den ersten Einzahlungsbetrag

$$E = \frac{125\,000}{10 \cdot 1{,}06^{10}} = 6\,979{,}93 \text{ Euro.}$$

1.4.8.2. Geometrisch wachsende nachschüssige Jahreseinzahlungen

Die geometrisch wachsenden jährlichen Einzahlungsbeträge

$$\hat{E};\ \hat{E}\cdot g;\ \hat{E}\cdot g^2;\ \hat{E}\cdot g^3;\ \ldots;\ \hat{E}\cdot g^{n-1} \quad \text{mit} \quad g = 1 + \frac{\gamma}{100},\ \gamma \neq 0$$

sollen nachschüssig, also jeweils zum Jahresende eingezahlt werden.

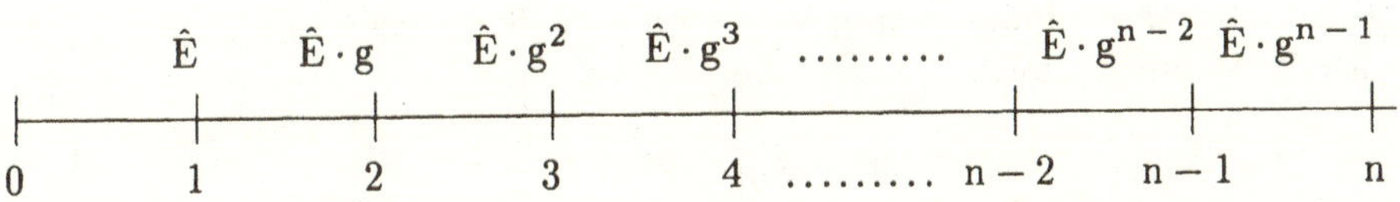

$\hat{K}_n$ sei der Kapitalstand nach n Jahren bei den jeweiligen nachschüssigen Einzahlungen. Im Vergleich zu den vorschüssigen Einzahlungen in Abschnitt 1.4.8.1 ist bei den nachschüssigen Einzahlungen der insgesamt eingezahlte Betrag ein Jahr kürzer auf dem Konto. Mit $E \to \hat{E}$ erhält man $K_n = \hat{K}_n \cdot q$ also $\hat{K}_n = K_n / q$. Damit erhält man aus (70) nach Division durch q den

Kapitalstand nach n Jahren bei nachschüssigen Jahreszahlungen, die geometrisch wachsen (nachschüssiger Rentenendwert)

$$\hat{K}_n = \hat{E} \cdot \frac{g^n - q^n}{g - q} \quad \text{für } g \neq q;$$

$$\hat{K}_n = n \cdot \hat{E} \cdot q^{n-1} \quad \text{für } g = q; \tag{72}$$

Barwert von $\hat{K}_n$ (nachschüssiger Rentenbarwert)

$$\hat{B}_0 = \frac{\hat{K}_n}{q^n}.$$

p = Zinssatz bei jährlicher Verzinsung; $q = 1 + \frac{p}{100}$;
$\hat{E}$ = nachschüssige Einzahlung im 1. Jahr;

g = jährliche Multiplikation des vorangehenden Einzahlungsbetrages;
n = Laufzeit in Jahren;
$\hat{K}_n$ = Kapitalstand nach n Jahren (nachschüssiger Rentenendwert).

Beispiel 44:
Bei einem Jahreszinssatz von 7 % werden zum Ende des 1. Jahres 10 000 Euro eingezahlt. Gesucht ist der Kapitalstand nach 10 Jahren, falls die jährlichen Einzahlungen jeweils a) um 5 %, b) um 7 % erhöht werden.

a) Für $\gamma = 5$ %, $g = 1{,}05$ erhält man aus der ersten Formel von (72) den Kapitalstand nach 10 Jahren

$$\hat{K}_{10} = 10\,000 \cdot \frac{1{,}05^{10} - 1{,}07^{10}}{1{,}05 - 1{,}07} = 169\,128{,}37 \text{ Euro.}$$

b) Für $\gamma = 7$ % erhält man wegen $g = q = 1{,}07$ aus der zweiten Formel in (72) den Kapitalstand

$$\hat{K}_{10} = 10 \cdot 10\,000 \cdot 1{,}07^9 = 183\,845{,}92 \text{ Euro.}$$

Die Gleichung (72) ist geschlossen nur nach $\hat{E}$ auflösbar mit

benötigter Einzahlungsbetrag im ersten Jahr für einen Kapitalstand $\hat{K}_n$ nach n Jahren bei gegebenem g

$$\hat{E} = \frac{\hat{K}_n \cdot (g - q)}{g^n - q^n} \quad \text{für } g \neq q;$$
$$\hat{E} = \frac{\hat{K}_n}{n \cdot q^{n-1}} \quad \text{für } g = q. \tag{73}$$

p = Zinssatz bei jährlicher Verzinsung; $q = 1 + \frac{p}{100}$;
g = jährliche Multiplikation des vorangehenden Einzahlungsbetrages;
n = vorgegebene Laufzeit in Jahren;
$\hat{K}_n$ = geforderter Kapitalstand nach n Jahren;
$\hat{E}$ = dazu benötigte vorschüssige Einzahlung im 1. Jahr.

Beispiel 45:
Bei einem Jahreszinssatz von 6 % möchte jemand durch jährlich nachschüssige Einzahlungen, die jedes Jahr a) um 5 %, b) um 6 % erhöht werden, nach 15 Jahren einen Kapitalstand von 120 000 Euro erzielen. Gesucht sind die jeweiligen Einzahlungsbeträge im ersten Jahr.

a) Mit $g = 1{,}05$, $q = 1{,}06$, $n = 15$ und $\hat{K}_{15} = 120\,000$ erhält man aus der ersten Formel in (73) den Einzahlungsbetrag im ersten Jahr

$$\hat{E} = \frac{120\,000 \cdot (1{,}05 - 1{,}06)}{1{,}05^{15} - 1{,}06^{15}} = 3\,777{,}98 \text{ Euro.}$$

b) Wegen $g = q = 1{,}06$ muss in (73) die zweite Formel benutzt werden mit $\hat{E} = \frac{120\,000}{15 \cdot 1{,}06^{14}} = 3\,538{,}41$ Euro.

1.4.9. Jährlich geometrisch wachsende unterjährige Einzahlungen

In jedem Jahr soll m-mal unterjährig der gleiche Betrag eingezahlt werden. Die unterjährigen Einzahlungsbeträge sollen dabei nach jedem Jahr prozentual gleich erhöht werden (geometrische Erhöhung). Die Verzinsung erfolge anteilmäßig zum Ende eines jeden Jahres.

1.4.9.1. Jährlich geometrisch wachsende vorschüssige unterjährige Einzahlungen

Im ersten Jahr werde m-mal unterjährig der gleiche vorschüssige Betrag U eingezahlt. Der Einzahlungsbetrag werde in jedem Jahr um γ % erhöht, also mit dem Faktor $g = 1 + \frac{\gamma}{100}$ multipliziert. Für $m = 4$ (vierteljährliche unterjährige Einzahlungen) erhält man die Darstellung

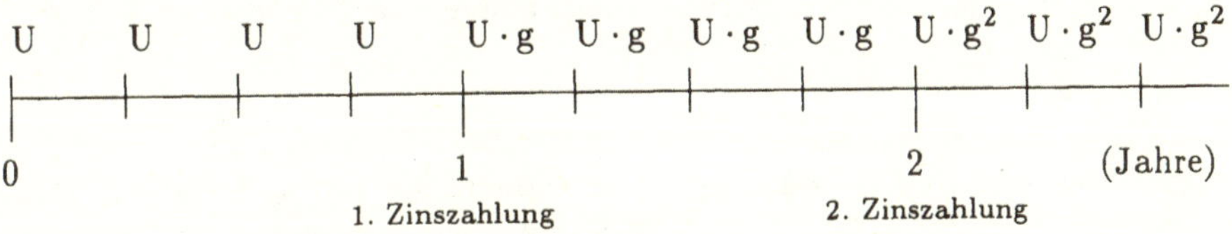

K_n sei der Kapitalstand am Ende des n-ten Jahres (nach der Verzinsung). Nach (39) lautet der Kapitalstand nach einem Jahr

$$K_1 = \left(m + \frac{(m+1) \cdot p}{200}\right) \cdot U. \tag{74}$$

Anstelle der m-maligen vorschüssigen unterjährigen Einzahlungen in den einzelnen Jahren der jeweiligen Höhe

$$U;\ U \cdot g;\ U \cdot g^2;\ U \cdot g^3;\ U \cdot g^4;\ U \cdot g^5;\ldots$$

werden jeweils am Ende des Jahres (nachschüssig) die äquivalenten Jahresbeträge

$$\left(m + \frac{(m+1) \cdot p}{200}\right) \cdot U;\ \left(m + \frac{(m+1) \cdot p}{200}\right) \cdot U \cdot g;\ \ldots$$

eingezahlt. Damit erhält man am Ende der einzelnen Jahre die gleichen Kapitalstände wie bei den jeweiligen m unterjährigen vorschüssigen Einzahlungen. Mit den äquivalenten Jahresbeträgen erhält man das Modell der geometrisch wachsenden Jahreseinzahlungen aus Abschnitt 1.4.8.2 mit

$$\hat{E} = \left(m + \frac{(m+1) \cdot p}{200}\right) \cdot U.$$

Mit $\hat{K}_n \rightarrow K_n$ erhält man damit aus (72) unmittelbar den

Kapitalstand nach n Jahren bei jährlich geometrisch wachsenden vorschüssigen unterjährigen Einzahlungen

$$K_n = \left(m + \frac{(m+1)\cdot p}{200}\right)\cdot U \cdot \frac{g^n - q^n}{g - q} \quad \text{für } g \neq q;$$

$$K_n = \left(m + \frac{(m+1)\cdot p}{200}\right)\cdot U \cdot n \cdot q^{n-1} \quad \text{für } g = q; \tag{75}$$

Barwert von K_n (vorschüssiger Rentenbarwert)

$$B_0 = \frac{K_n}{q^n}.$$

p = Zinssatz bei jährlicher anteilmäßiger Verzinsung; $q = 1 + \frac{p}{100}$;
U = m-malige vorschüssige Einzahlungen im 1. Jahr;
g = jährliche Multiplikation des jeweiligen Einzahlungsbetrages;
n = Laufzeit in Jahren;
K_n = Kapitalstand nach n Jahren (vorschüssiger Rentenendwert).

Beispiel 46:
Bei einem Jahreszinsssatz von 3 % zahlt jemand im ersten Jahr monatlich vorschüssig jeweils 500 Euro ein. Der monatliche Einzahlungsbetrag soll jährlich a) um 10 %, b) um 3 % erhöht werden. Gesucht ist der Kapitalstand nach 10 Jahren.

a) Mit m = 12, U = 500, p = 3, q = 1,03, g = 1,1 und n = 10 erhält man aus der ersten Formel von (75) den gesuchten Kapitalstand nach 10 Jahren

$$K_{10} = \left(12 + \frac{13\cdot 3}{200}\right)\cdot 500 \cdot \frac{1{,}1^{10} - 1{,}03^{10}}{1{,}1 - 1{,}03} = 108\,868{,}78 \text{ Euro.}$$

b) Wegen g = q = 1,03 muss in (75) die zweite Formel benutzt werden mit

$$K_{10} = \left(12 + \frac{13\cdot 3}{200}\right)\cdot 500 \cdot 10 \cdot 1{,}03^9 = 79\,558{,}54 \text{ Euro.}$$

Die Gleichungen (75) sind geschlossen nur nach U auflösbar mit

benötigte vorschüssige unterjährige Zahlungen im ersten Jahr für einen Kapitalstand K_n nach n Jahren bei gegebenem g

$$U = \frac{K_n}{m + \frac{(m+1)\cdot p}{200}} \cdot \frac{g - q}{g^n - q^n} \quad \text{für } g \neq q;$$

$$U = \frac{K_n}{m + \frac{(m+1)\cdot p}{200}} \cdot \frac{1}{n \cdot q^{n-1}} \quad \text{für } g = q. \tag{76}$$

p $=$ Zinssatz bei jährlicher anteilmäßiger Verzinsung; $q = 1 + \frac{p}{100}$;
g $=$ jährliche Multiplikation des unterjährigen Einzahlungsbetrages;
n $=$ Laufzeit in Jahren;
$K_n =$ geforderter Kapitalstand nach n Jahren;
U $=$ dazu benötigte m-malige vorschüssige Einzahlungen im 1. Jahr.

Beispiel 47:
Bei einem Jahreszinssatz von 5 % möchte jemand in jedem Jahr vierteljährlich vorschüssig jeweils den gleichen Betrag einzahlen, wobei der unterjährige Einzahlungsbetrag jedes Jahr a) um 8 %, b) um 5 % erhöht werden soll. Nach 9 Jahren soll ein Kapitalstand von 75 000 Euro erreicht werden. Gesucht ist für beide Fälle der dazu benötigte unterjährige Einzahlungsbetrag im ersten Jahr.

Mit $m = 4$, $p = 5$, $q = 1{,}05$, $n = 9$ und $K_n = 75\,000$ erhält man

a) mit $g = 1{,}08 \neq q$ aus der 1. Formel aus (76) die Lösung

$$U = \frac{75\,000}{4 + \frac{5 \cdot 5}{200}} \cdot \frac{1{,}08 - 1{,}05}{1{,}08^9 - 1{,}05^9} = 1\,218{,}41 \text{ Euro.}$$

b) $g = 1{,}05 = q$ ergibt aus der 2. Formel aus (76) die Lösung

$$U = \frac{75\,000}{4 + \frac{5 \cdot 5}{200}} \cdot \frac{1}{9 \cdot 1{,}05^8} = 1\,367{,}35 \text{ Euro.}$$

Probe: Aus der zweiten Formel von (75) erhält man mit dem berechneten Wert U

$$K_{10} = (4 + \frac{5 \cdot 5}{200}) \cdot 1\,367{,}35 \cdot 9 \cdot 1{,}05^8 = 74\,999{,}88 \text{ Euro.}$$

Die geringe Abweichung vom geforderten Betrag 75 000 ist auf das Runden zurückzuführen.

1.4.9.2. Jährlich geometrisch wachsende nachschüssige unterjährige Einzahlungen

Die m-maligen unterjährigen Einzahlungen sollen nachschüssig stattfinden und jedes Jahr um γ % erhöht werden. Im ersten Jahr werde m-mal unterjährig nachschüssig der Betrag $\hat{U}$ eingezahlt. Für $m = 4$ (verteljährliche Einzahlungen) erhält man die Darstellung

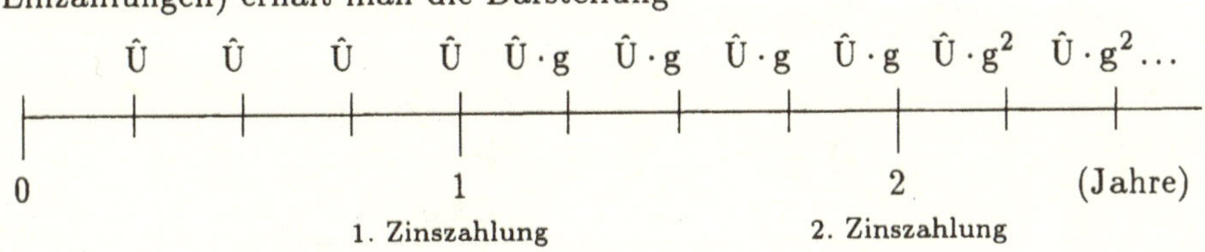

Nach den Ausführungen aus Abschnitt 1.4.5.2 erhält man die Formeln für den Kapitalstand $\hat{K}_n$ nach n Jahren unmittelbar aus (75), indem dort $m+1$ durch $m-1$ und U durch $\hat{U}$ ersetzt wird.

Kapitalstand nach n Jahren bei jährlich geometrisch wachsenden nachschüssigen unterjährigen Einzahlungen

$$\hat{K}_n = \left(m + \frac{(m-1)\cdot p}{200}\right)\cdot \hat{U} \cdot \frac{g^n - q^n}{g - q} \quad \text{für } g \neq q;$$

$$\hat{K}_n = n \cdot \left(m + \frac{(m-1)\cdot p}{200}\right)\cdot \hat{U} \cdot n \cdot q^{n-1} \quad \text{für } g = q; \qquad (77)$$

Barwert von $\hat{K}_n$ (nachschüssiger Rentenbarwert)

$$\hat{B}_0 = \frac{\hat{K}_n}{q^n}.$$

m = Anzahl der unterjährigen nachschüssigen Einzahlungen;
$\hat{U}$ = nachschüssige unterjährige Einzahlungen im 1. Jahr;
p = Zinssatz bei jährlicher anteilmäßiger Verzinsung; $q = 1 + \frac{p}{100}$;
g = jährliche Multiplikation des unterjährigen Einzahlungsbetrages;
$\hat{K}_n$ = Kapitalstand nach n Jahren (nachschüssiger Rentenendwert).

Beispiel 48 (s. Beispiel 46):
In Beispiel 46 sollen bei den gleichen Bedingungen die Einzahlungen jeweils zum Monatsende, also nachschüssig erfolgen. Dann lautet der Kontostand nach 10 Jahren nach (77)

a) $\hat{K}_{10} = \left(12 + \frac{11\cdot 3}{200}\right)\cdot 500 \cdot \frac{1{,}1^{10} - 1{,}03^{10}}{1{,}1 - 1{,}03} = 108\,600{,}96$ Euro.

b) $\hat{K}_{10} = \left(12 + \frac{11\cdot 3}{200}\right)\cdot 500 \cdot 10 \cdot 1{,}03^{9} = 79\,362{,}83$ Euro.

Auflösung nach $\hat{U}$ ergibt aus (77)

benötigte nachschüssige unterjährige Einzahlungen im ersten Jahr für einen Kapitalstand $\hat{K}_n$ nach n Jahren bei gegebenem g

$$\hat{U} = \frac{\hat{K}_n}{m + \frac{(m-1)\cdot p}{200}} \cdot \frac{g - q}{g^n - q^n} \quad \text{für } g \neq q;$$

$$\hat{U} = \frac{\hat{K}_n}{m + \frac{(m-1)\cdot p}{200}} \cdot \frac{1}{n \cdot q^{n-1}} \quad \text{für } g \neq q. \qquad (78)$$

p = Zinssatz bei jährlicher anteilmäßiger Verzinsung; $q = 1 + \frac{p}{100}$;
g = jährliche Multiplikation des unterjährigen Einzahlungsbetrages;
n = Laufzeit in Jahren;
$\hat{K}_n$ = geforderter Kapitalstand nach n Jahren (nachschüssiger Rentenendwert);
$\hat{U}$ = dazu benötigte m-malige nachschüssige Einzahlungen im 1. Jahr.

Beispiel 49:
In Beispiel 47 sollen mit den gleichen Bedingungen die Einzahlungen jeweils am Ende des Quartals, also nachschüssig vorgenommen werden. Dann lautet der vierteljährliche Einzahlungsbetrag

$$\text{a)}\quad \hat{U} = \frac{75\,000}{4 + \frac{3\cdot 5}{200}} \cdot \frac{1{,}08 - 1{,}05}{1{,}08^9 - 1{,}05^9} = 1\,233{,}36 \text{ Euro.}$$

$$\text{b)}\quad \hat{U} = \frac{75\,000}{4 + \frac{3\cdot 5}{200}} \cdot \frac{1}{9 \cdot 1{,}05^8} = 1\,384{,}13 \text{ Euro.}$$

Kapitel 2

Rentenzahlungen aus einen Kapital

2.1. Allgemeine Rentenzahlungen

Ein Kapital K werde jährlich mit p % verzinst. Ohne Kapitalentnahme wächst es in Jahren an auf $K \cdot q^n$ mit $q = 1 + \frac{p}{100}$. Aus diesem Kapital werde jedes Jahr m-mal unterjährig eine Rente ausgezahlt. Dabei versteht man unter einer ***Rente*** Zahlungen, die in regelmäßigen Abständen anfallen. Die Rentenzahlungen können dabei in jedem Jahr konstant sein oder jährlich arithmetisch bzw. geometrisch wachsen (s. Anhang). Sie können vor- oder nachschüssig gezahlt werden. Zur Berechnung des Restkapitals R_n nach n Jahren kann folgendermaßen vorgegangen werden. Zunächst werden nur die Rentenzahlungen betrachtet. Diese sollen fiktiv auf einem getrennten Konto gesondert verwaltet und jeweils zum Jahresende anteilmäßig mit dem nominellen Jahreszinssatz p verzinst werden. Der sich aus den Rentenzahlungen ergebende Kapitalstand nach n Jahren S_n kann je nach Art der Rente aus den Formeln des Abschnitts 1.4 übernommen werden. Subtraktion des Wertes S_n von $K \cdot q^n$ (Kapitalstand ohne Kapitalentnahme) ergibt den nach n Jahren noch zur Verfügung stehenden Kapitalstand (Restkapital).

2.2. Konstante unterjährige Rentenzahlungen

Aus einem Kapital der Höhe K werde m-mal unterjährig der gleiche Rentenbetrag r (vorschüssig) bzw. $\hat{r}$ (nachschüssig) gezahlt. Die Verzinsung erfolge jeweils zum Jahresende anteilmäßig mit dem nominellen Jahreszinssatz p. Dann erhält man das Restkapital R_n bzw. $\hat{R}_n$ nach n Jahren durch Subtraktion des sich aus den Rentenzahlungen ergebenden Kapitalstandes (Rentenendwertes) vom aufgezinsten Kapital $K \cdot q^n$. Mit $U = r$ bzw. $\hat{U} = \hat{r}$ erhält man aus den Formeln (40) bzw. (45) von Kapitel 1 das

Restkapital nach n Jahren bei unterjährigen konstanten Rentenzahlungen

vorschüssig

$$R_n = K \cdot q^n - r \cdot \left(m + \frac{(m+1) \cdot p}{200} \right) \cdot \frac{q^n - 1}{q - 1} \quad \text{für } n = 1, 2, \ldots ;$$

nachschüssig (1)

$$\hat{R}_n = K \cdot q^n - \hat{r} \cdot \left(m + \frac{(m-1) \cdot p}{200} \right) \cdot \frac{q^n - 1}{q - 1} \quad \text{für } n = 1, 2, \ldots .$$

K = Ausgangskapital für die konstanten unterjährigen Rentenzahlungen;
p = Jahreszinssatz bei anteilmäßiger Verzinsung; $q = 1 + \frac{p}{100}$;
m = Anzahl der unterjährigen konstanten Rentenzahlungen;
r = vorschüssige, $\hat{r}$ = nachschüssige unterjährige Rentenzahlung;
R_n bzw. $\hat{R}_n$ = Restkapital nach n Jahren bei vor- bzw. nachschüssigen Rentenzahlungen.

Bei jährlichen Rentenzahlungen muss in den Formeln (1) m = 1 gesetzt werden.

Beispiel 1:
Bei einem Jahreszinssatz von p = 5 % legt jemand 100 000 Euro an, um sich daraus monatlich a) vorschüssig, b) nachschüssig eine konstante Rente von 500 Euro auszahlen zu lassen. Dann beträgt das Restkapital nach 20 Jahren nach (1)

a) bei vorschüssiger Rentenzahlung

$$R_{20} = 100\,000 \cdot 1{,}05^{20} - 500 \cdot \left(12 + \frac{13 \cdot 5}{200}\right) \cdot \frac{1{,}05^{20} - 1}{0{,}05} = 61\,560{,}83 \text{ Euro;}$$

b) bei nachschüssiger Rentenzahlung

$$\hat{R}_{20} = 100\,000 \cdot 1{,}05^{20} - 500 \cdot \left(12 + \frac{11 \cdot 5}{200}\right) \cdot \frac{1{,}05^{20} - 1}{0{,}05} = 62\,387{,}48 \text{ Euro.}$$

Reduzierte Schlussrente bei nicht ganzzahliger Laufzeit
Bei beliebiger Vorgabe der Rentenzahlungen r bzw. $\hat{r}$ und des Ausgangskapitals K kann nicht davon ausgegangen werden, dass konstante Rentenzahlungen für eine ganze Anzahl N von Jahren möglich sind. Mit $R_n = 0$ (vorschüssig) erhält man aus (1) für n die Gleichung

$$K \cdot q^n = r \cdot \left(m + \frac{(m+1) \cdot p}{200}\right) \cdot \frac{q^n - 1}{q - 1}.$$

Multiplikation dieser Gleichung mit q − 1 ergibt

$$(q-1) \cdot K \cdot q^n = r \cdot \left(m + \frac{(m+1) \cdot p}{200}\right) \cdot (q^n - 1) \; \cdot$$

$$\frac{(q-1) \cdot K}{r \cdot \left(m + \frac{(m+1) \cdot p}{200}\right)} \cdot q^n = q^n - 1$$

$$q^n \cdot \left[1 - \frac{(q-1) \cdot K}{r \cdot \left(m + \frac{(m+1) \cdot p}{200}\right)}\right] = 1\,.$$

Mit Hilfe eines beliebigen Logarithmus (s. Anhang) erhält man hieraus

$$n \cdot \lg q + \lg\left(1 - \frac{(q-1)\cdot K}{r\cdot\left(m + \frac{(m+1)\cdot p}{200}\right)}\right) = \lg 1 = 0$$

$$n = -\frac{\lg\left(1 - \frac{(q-1)\cdot K}{r\cdot\left(m + \frac{(m+1)\cdot p}{200}\right)}\right)}{\lg q}.$$

Durch die Zuordnung $r \to \hat{r}$ und $m+1 \to m-1$ erhält man hieraus unmittelbar die Lösung n bei nachschüssigen Rentenzahlungen, also für $\hat{R}_n = 0$. Damit erhält man die

beliebige (nicht ganzjährige) Laufzeit n

bei vorschüssigen Rentenzahlungen

$$n = -\frac{\lg\left(1 - \frac{(q-1)\cdot K}{r\cdot\left(m + \frac{(m+1)\cdot p}{200}\right)}\right)}{\lg q} \quad \text{mit } R_n = 0; \tag{2}$$

bei nachschüssige Rentenzahlungen

$$n = -\frac{\lg\left(1 - \frac{(q-1)\cdot K}{\hat{r}\cdot\left(m + \frac{(m-1)\cdot p}{200}\right)}\right)}{\lg q} \quad \text{mit } \hat{R}_n = 0.$$

K = Ausgangskapital für die unterjährigen Rentenzahlungen;
p = Jahreszinssatz bei anteilmäßiger Verzinsung; $q = 1 + \frac{p}{100}$;
m = Anzahl der unterjährigen konstanten Rentenzahlungen;
r = vorschüssige, $\hat{r}$ = nachschüssige unterjährige Rentenzahlungen;
n = exakte Lösung von $R_n = 0$ bzw. $\hat{R}_n = 0$.

Falls die Lösung n ganzzahlig ist, kann die Rente für genau n Jahre voll gezahlt werden. Danach ist das Kapital aufgebraucht. Dann ist die Lösung N = n die ganzzahlige ***Rentenlaufzeit.*** Wenn n nicht ganzzahlig ist, sei n_0 der ganzzahlige Anteil von n (abgerundet auf die nächst kleinere ganze Zahl). Dann ist das Restkapital R_{n_0} bzw. $\hat{R}_{n_0}$ positiv. Dieser Restbetrag reicht aber nicht mehr aus, um im darauffolgenden Jahr jeweils den gleichen unterjährigen Rentenbetrag wie bisher zu bezahlen. Mit den gleichen Rentenzahlungen wäre dann R_{n_0+1} bzw. $\hat{R}_{n_0+1}$ negativ. Falls das Restkapital R_{n_0} bzw. $\hat{R}_{n_0}$ nicht am Ende des n_0-ten Jahres zusätzlich ausgezahlt wird, kann daraus im nachfolgenden Jahr eine unterjährige ***reduzierte Schlussrente*** r_{n_0+1} bzw. $\hat{r}_{n_0+1}$ gezahlt werden. Mit diesen reduzierten Rentenzahlungen soll das Kapital dann aufgebraucht sein. Ohne Rentenzahlungen wächst das Restkapital R_{n_0} bzw. $\hat{R}_{n_0}$ in darauffolgenden Jahr auf $R_{n_0} \cdot q$ bzw. $\hat{R}_{n_0} \cdot q$ an. Damit erhält man im vor- bzw. nachschüssigen Fall für die reduzierten unterjährigen Schlussrenten die Bedingung

$$R_{n_0} \cdot q - r_{n_0+1} \cdot \left(m + \frac{(m+1)\cdot p}{200}\right) = 0$$

bzw.

$$\hat{R}_{n_0} \cdot q - \hat{r}_{n_0+1} \cdot \left(m + \frac{(m-1)\cdot p}{200}\right) = 0.$$

Falls die Lösung n aus (2) nicht ganzzahlig ist, erhält man die

reduzierte unterjährige Schlussrente im $(n_0 + 1)$ - ten Jahr

vorschüssig

$$r_{n_0+1} = \frac{R_{n_0} \cdot q}{m + \frac{(m+1)\cdot p}{200}};$$

nachschüssig

$$\hat{r}_{n_0+1} = \frac{\hat{R}_{n_0} \cdot q}{m + \frac{(m-1)\cdot p}{200}}. \qquad (3)$$

n_0 = ganzzahliger (abgerundeter) Anteil der Lösung n aus (2).

R_{n_0} und $\hat{R}_{n_0}$ s. (1).

Beispiel 2 (s. Beispiel 1):
In Beispiel 1 ist die Anzahl der Jahre gesucht, in denen die vorschüssige monatliche Rente voll gezahlt werden kann, sowie die reduzierte unterjährige Schlussrente. Aus der ersten Formel aus (2) erhält man die Lösung

$$n = -\frac{\lg\left(1 - \frac{0{,}05 \cdot 100\,000}{500 \cdot \left(12 + \frac{13 \cdot 5}{200}\right)}\right)}{\lg 1{,}05} = 34{,}19 \text{ Jahre.}$$

Für $n_0 = 34$ Jahre (ganzzahlig abgerundet) kann die unterjährige vorschüssige Rente voll gezahlt werden. Nach 34 Jahren beträgt das Restkapital nach (1)

$$R_{34} = 100\,000 \cdot 1{,}05^{34} - 500 \cdot \left(12 + \frac{13 \cdot 5}{200}\right) \cdot \frac{1{,}05^{34} - 1}{0{,}05} = 1\,109{,}66 \text{ Euro.}$$

Falls dieser Betrag nicht am Ende des 34. Jahres zusätzlich ausgezahlt wird, erhält man aus (3) für das nachfolgende 35. Jahr die vorschüssige reduzierte monatliche Schlussrente

$$r_{35} = \frac{1\,109{,}66 \cdot 1{,}05}{12 + \frac{13 \cdot 5}{200}} = 94{,}53 \text{ Euro.}$$

Vorgabe der ganzjährigen (ganzzahligen) Laufzeit N

Die ganzjährige Laufzeit N bis zum vollständigen Verbrauch des Kapitals bei konstanten Rentenzahlungen, also mit $R_N = 0$ bzw. $\hat{R}_N = 0$ (Kapitalverbrauch) sowie der Jahreszinssatz p seien vorgeben. Dann gilt nach (1)

$$K \cdot q^N - r \cdot \left(m + \frac{(m+1) \cdot p}{200} \right) \cdot \frac{q^N - 1}{q - 1} = 0 \text{ (vorschüssig)}$$

bzw. (4)

$$K \cdot q^N - \hat{r} \cdot \left(m + \frac{(m-1) \cdot p}{200} \right) \cdot \frac{q^N - 1}{q - 1} = 0 \text{ (nachschüssig).}$$

In diesem Fall ist die Lösung aus (2) ganzzahlig.

Auflösung nach K bei vorgegebener Laufzeit N

Aus dem vorgegebenen unterjährigen Rentenbetrag r bzw. $\hat{r}$ und der Laufzeit N kann das dazu benötigte Ausgangskapital K berechnet werden. K ist der **Barwert** der N Jahre dauernden Rentenzahlungen. Dabei erhält man aus (4)

benötigtes Kapital K für N Jahre dauernde unterjährige Rentenzahlungen (Barwert der N-jährigen Rentenzahlungen)

bei vorschüssigen Rentenzahlungen

$$K = r \cdot \left(m + \frac{(m+1) \cdot p}{200} \right) \cdot \frac{q^N - 1}{(q-1) \cdot q^N} \quad \text{mit} \quad R_N = 0; \qquad (5)$$

bei nachschüssigen Rentenzahlungen

$$K = \hat{r} \cdot \left(m + \frac{(m-1) \cdot p}{200} \right) \cdot \frac{q^N - 1}{(q-1) \cdot q^N} \quad \text{mit} \quad \hat{R}_N = 0.$$

p = Jahreszinssatz bei anteilmäßiger Verzinsung; $q = 1 + \frac{p}{100}$;
N = vorgegebene ganzjährige Laufzeit der Rentenzahlungen;
m = Anzahl der unterjährigen konstanten Rentenzahlungen;
r = vorgegebene vorschüssige, $\hat{r}$ = nachschüssige unterjährige Rentenzahlung;
K = dazu benötigtes Ausgangskapital (Rentenbarwert).

Beispiel 3:
Bei einem Jahreszinssatz von 6 % möchte jemand 15 Jahre lang nachschüssig jeweils eine monatliche Rente von 1 000 Euro erhalten. Welches Ausgangskapital wird dafür benötigt? Aus der zweiten Formel in (5) erhält man mit $\hat{r} = 1\,000$, $p = 6$ und $N = 15$ das benötigte Kapital (nachschüssiger Rentenbarwert)

$$K = 1\,000 \cdot \left(12 + \frac{11 \cdot 6}{200}\right) \cdot \frac{1{,}06^{15} - 1}{0{,}06 \cdot 1{,}06^{15}} = 119\,752{,}03 \text{ Euro.}$$

Auflösung nach r bzw. $\hat{r}$ bei vorgegebener Laufzeit N
Gegeben seien das Ausgangskapital K, der Zinssatz p und die ganzzahlige Laufzeit N. Dann erhält man mit $R_N = 0$ bzw. $\hat{R}_N = 0$ aus den beiden Gleichungen von (4) die zugehörigen Werte r und $\hat{r}$ als

unterjährige Rentenzahlungen bei vorgegebener Laufzeit N
vorschüssig

$$r = \frac{(q-1) \cdot q^N \cdot K}{(q^N - 1) \cdot \left(m + \frac{(m+1) \cdot p}{200}\right)} \quad \text{für } R_N = 0;$$

nachschüssig (6)

$$\hat{r} = \frac{(q-1) \cdot q^N \cdot K}{(q^N - 1) \cdot \left(m + \frac{(m-1) \cdot p}{200}\right)} \quad \text{für } \hat{R}_N = 0.$$

K = vorgegebenes Ausgangskapital für die unterjährigen Rentenzahlungen;
p = Jahreszinssatz bei anteilmäßiger Verzinsung; $q = 1 + \frac{p}{100}$;
m = Anzahl der unterjährigen konstanten Rentenzahlungen;
N = vorgegebene ganzzahlige Laufzeit;
r = zugehörige vorschüssige, $\hat{r}$ = nachschüssige unterjährige Rente.

Beispiel 4:
Wie groß müssen in Beispiel 1 die vorschüssigen bzw. nachschüssigen monatlichen Rentenzahlungen sein, damit das Kapital zum Ende des 20. Jahres vollständig aufgebraucht ist? Mit N = 20 erhält man aus (6)

a) vorschüssige monatliche Rente

$$r = \frac{0{,}05 \cdot 1{,}05^{20} \cdot 100\,000}{(1{,}05^{20} - 1) \cdot \left(12 + \frac{13 \cdot 5}{200}\right)} = 651{,}06 \text{ Euro.}$$

Probe: Aus (1) erhält man hiermit

$$R_{20} = 100\,000 \cdot 1{,}05^{20} - 651{,}06 \cdot \left(12 + \frac{13 \cdot 5}{200}\right) \cdot \frac{1{,}05^{20} - 1}{0{,}05} = -1{,}84 \text{ Euro.}$$

Der berechnete Wert weicht wegen der vorgenommenen Rundungen vom Wert 0 etwas ab.

b) Nachschüssige monatliche Rente

$$\hat{r} = \frac{0{,}05 \cdot 1{,}05^{20} \cdot 100\,000}{(1{,}05^{20} - 1) \cdot \left(12 + \frac{11 \cdot 5}{200}\right)} = 653{,}71 \text{ Euro.}$$

Die ewige Rente

Falls das Restkapital nach einem Jahr mit dem Ausgangskapital K übereinstimmt, gilt dies auch für das Restkapital am Ende eines beliebigen Jahres. Damit bleibt das Kapital von Jahr zu Jahr vollständig erhalten. In diesem Fall nennt man die Rente eine ***ewige Rente***. Aus

$$R_1 = K \quad \text{bzw.} \quad \hat{R}_1 = K$$

folgt also

$$R_n = K \quad \text{bzw.} \quad \hat{R}_n = K \quad \text{für } n = 2, 3, \ldots .$$

Aus $R_1 = K$ erhält man für $r_{ew.}$ aus (1) mit $n = 1$ die Bestimmungsgleichung

$$K = K \cdot q - r_{ew.} \cdot \left(m + \frac{(m+1) \cdot p}{200}\right)$$

$$r_{ew.} \cdot \left(m + \frac{(m+1) \cdot p}{200}\right) = (q-1) \cdot K = K \cdot \frac{p}{100}$$

$$r_{ew.} = \frac{(q-1) \cdot K}{m + \frac{(m+1) \cdot p}{200}} .$$

Durch die Zuordnung $m + 1 \rightarrow m - 1$ erhält man die ewige nachschüssige unterjährige Rente

$$\hat{r}_{ew.} = \frac{(q-1) \cdot K}{m + \frac{(m-1) \cdot p}{200}} .$$

Damit gilt

ewige unterjährige Rente aus dem Kapital K

vorschüssig

$$r_{ew.} = \frac{(q-1) \cdot K}{m + \frac{(m+1) \cdot p}{200}} \quad \text{mit } R_n = K \quad \text{für alle } n;$$

nachschüssig (7)

$$\hat{r}_{ew.} = \frac{(q-1) \cdot K}{m + \frac{(m-1) \cdot p}{200}} \quad \text{mit } \hat{R}_n = K \quad \text{für alle } n.$$

p = Jahreszinssatz bei anteilmäßiger Verzinsung; $q = 1 + \frac{p}{100}$;
m = Anzahl der unterjährigen konstanten Rentenzahlungen;
K = vorgegebenes Ausgangskapital;
$r_{ew.}$ = ewige vorschüssige, $\hat{r}_{ew.}$ = ewige nachschüssige unterjährige Rente.

Bemerkungen:

1. Für $m = 1$ erhält man für die ewige nachschüssige Rente die Formel

$$\hat{r}_{ew.} = \frac{(q-1) \cdot K}{1+0} = (q-1) \cdot K = \frac{p}{100} \cdot K .$$

Dann stimmt die nachschüssige ewige Rente mit dem jeweils anfallenden Zinsbetrag überein. Für die vorschüssige ewige Jahresrente erhält man

$$r_{ew.} = \frac{(q-1) \cdot K}{1 + \frac{2 \cdot p}{200}} = \frac{\frac{p}{100} \cdot K}{q} .$$

Dadurch, dass die Rente jeweils zum Jahresbeginn gezahlt wird, müssen die Zinsen durch den Aufzinsungsfaktor q dividiert, also abgezinst werden.

Durch die ewige Rente werden allgemein nur die Zinsen ausgezahlt, wobei die Tatsache, dass wegen der Unterjährigkeit die Auszahlungen vorzeitig erfolgen, in beiden Formeln bereits berücksichtigt ist.

2. Im Falle $r = r_{ew.}$ bzw. $\hat{r} = \hat{r}_{ew.}$ erhält man in (2) den Logarithmus der Zahl 0, der nicht erklärt ist. Praktisch wird N beliebig groß, also $N = \infty$.

3. Für $r < r_{ew.}$ kann die Rente beliebig lange gezahlt werden, wobei das Kapital im Laufe der Zeit sogar noch anwächst. In diesem Fall müsste in (2) der Logarithmus von einer negativen Zahl gebildet werden, was gar nicht möglich ist.

Beispiel 5:
Mit einem Jahreszinssatz von 5 % werde ein Kapital von 200 000 Euro für immer angelegt. Gesucht ist die monatliche a) vorschüssige, b) nachschüssige ewige Rente, die aus diesem Kapital gezahlt werden kann. Aus (7) erhält man die ewige vorschüssige monatliche Rente

$$r_{ew.} = \frac{0{,}05 \cdot 200\,000}{12 + \frac{13 \cdot 5}{200}} = 811{,}36 \text{ Euro}$$

und die ewige nachschüssige Monatsrente

$$\hat{r}_{ew.} = \frac{0{,}05 \cdot 200\,000}{12 + \frac{11 \cdot 5}{200}} = 814{,}66 \text{ Euro.}$$

Falls die ewige Rente jeweils zum Jahresende gezahlt werden soll, ergäbe dies den jährlichen Rentenbetrag

$$\hat{R}_{ew.} = K \cdot \frac{p}{100} = 200\,000 \cdot 0{,}05 = 10\,000 \text{ Euro (Jahreszinsen).}$$

Die 12 nachschüssigen ewigen monatlichen Renten in einem Jahr betragen zusammen nur $12 \cdot 814{,}66 = 9\,775{,}92$ Euro. Dieser Gesamtbetrag ist wegen der vorzeitigen unterjährigen Auszahlung der Monatsrenten kleiner als die ewige nachschüssige Jahresrente.

Benötigtes Kapital (Rentenbarwert) K für eine ewige Rente

Das für eine vorgegebene ewige Rente benötigte Kapital K erhält man durch Auflösung von (7) nach K. Dabei ist K der Barwert der ewigen Rente.

Kapital K (Rentenbarwert) für eine ewige unterjährige Rente

vorschüssiger Rentenbarwert

$$K = \frac{\left(m + \frac{(m+1) \cdot p}{200}\right) \cdot r_{ew.}}{q-1};$$

nachschüssiger Rentenbarwert (8)

$$K = \frac{\left(m + \frac{(m-1) \cdot p}{200}\right) \cdot \hat{r}_{ew.}}{q-1}.$$

p = Jahreszinssatz bei anteilmäßiger Verzinsung; $q = 1 + \frac{p}{100}$;
m = Anzahl der unterjährigen konstanten Rentenzahlungen;
r = ewige vorschüssige, $\hat{r}$ = ewige nachschüssige unterjährige Rente;
K = dazu benötigtes Ausgangskapital (Barwert der ewigen Rente).

Beispiel 6:

Jemand möchte ein Kapital anlegen, aus dem eine ewige vierteljährige Rente der Höhe 8 000 Euro a) vorschüssig, b) nachschüssig gezahlt werden soll. Welches Kapital ist dafür bei einem Jahreszinssatz von 6,5 % erforderlich? Mit m = 4 erhält man aus (8) das benötigte Kapital

a) vorschüssig: $$K = \frac{\left(4 + \frac{5 \cdot 6{,}5}{200}\right) \cdot 8\,000}{0{,}065} = 512\,307{,}69 \text{ Euro};$$

b) nachschüssig: $$K = \frac{\left(4 + \frac{3 \cdot 6{,}5}{200}\right) \cdot 8\,000}{0{,}065} = 504\,307{,}69 \text{ Euro}.$$

2.3. Jährlich arithmetisch wachsende unterjährige Rentenzahlungen

Aus dem Kapital K werde in jedem Jahr m-mal unterjährig (vor- bzw. nachschüssig) jeweils die gleiche Rente gezahlt, wobei die Rentenbeträge, beginnend mit r (vorschüssig) bzw. $\hat{r}$ (nachschüssig), jährlich um den gleichen Betrag d (vorschüssig) bzw. $\hat{d}$ (nachschüssig) erhöht werden (vgl. Abschnitt 1.4.7). Das Restkapital R_n bzw. $\hat{R}_n$ nach n Jahren erhält man durch Subtraktion des sich aus den Rentenzahlungen ergebenden Kapitalstands (Rentenendwertes) nach n Jahren vom aufgezinsten Kapital $K \cdot q^n$ ohne Entnahme. Mit $U = r$ bzw. $\hat{U} = \hat{r}$ erhält man aus (60) bzw. (64) von Kapitel 1 das

Restkapital nach n Jahren bei unterjährigen Rentenzahlungen, die jährlich arithmetisch wachsen

bei vorschüssigen Rentenzahlungen

$$R_n = K \cdot q^n - \left(m + \frac{(m+1) \cdot p}{200}\right) \cdot \left[\left(r + \frac{d}{q-1}\right) \cdot \frac{q^n - 1}{q-1} - \frac{n \cdot d}{q-1}\right];$$

bei nachschüssigen Rentenzahlungen (9)

$$\hat{R}_n = K \cdot q^n - \left(m + \frac{(m-1) \cdot p}{200}\right) \cdot \left[\left(\hat{r} + \frac{\hat{d}}{q-1}\right) \cdot \frac{q^n - 1}{q-1} - \frac{n \cdot \hat{d}}{q-1}\right].$$

K = Ausgangskapital für die unterjährigen Rentenzahlungen;
p = Jahreszinssatz bei anteilmäßiger Verzinsung; $q = 1 + \frac{p}{100}$;
n = Anzahl der Jahre;
m = Anzahl der unterjährigen jährlich konstanten Rentenzahlungen;
r = vorschüssige, $\hat{r}$ = nachschüssige unterjährige Rentenzahlung im 1. Jahr;
d bzw. $\hat{d}$ = jährliche Erhöhung der unterjährigen Rentenzahlungen;
R_n bzw. $\hat{R}_n$ = Restkapital nach n Jahren bei vor- bzw. nachschüssigen Rentenzahlungen.

Bemerkung:
Im Falle $d = \hat{d} = 0$ handelt es sich um konstante unterjährige Rentenzahlungen. Hier geht die Formel (9) unmittelbar in (1) über.

Beispiel 7:
Ein Kapital von 150 000 Euro werde bei einem Jahreszinssatz von 6 % angelegt. Daraus soll im ersten Jahr monatlich nachschüssig eine Rente von 800 Euro gezahlt werden. Die Rentenzahlungen sollen jährlich um 200 Euro erhöht werden. Gesucht ist das Restkapital nach 10 Jahren.

Mit $K = 150\,000$, $p = 6$, $\hat{r} = 800$, $\hat{d} = 200$ und $n = 10$ erhält man aus der zweiten Formel von (9) das Restkapital nach 10 Jahren

$$\begin{aligned}\hat{R}_{10} &= 150\,000 \cdot 1{,}06^{10} - \left(12 + \frac{11 \cdot 6}{200}\right) \cdot \left[\left(800 + \frac{200}{0{,}06}\right) \cdot \frac{1{,}06^{10} - 1}{0{,}06} - \frac{10 \cdot 200}{0{,}06}\right] \\ &= 7\,881{,}12 \text{ Euro.}\end{aligned}$$

In 11. Jahr würde jeweils die monatliche Rente von $800 + 10 \cdot 200 = 2\,800$ Euro gezahlt. Dafür reicht das Restkapital $\hat{R}_{10}$ nicht mehr aus. Falls man nach der obigen Formel $\hat{R}_{11}$ berechnen würde, ergäbe dies einen negativen Restwert, da im 11. Jahr durch die Rentenzahlungen das Konto überzogen werden müsste.

Reduzierte Schlussrente bei nicht ganzzahliger Laufzeit

Mit der Vorgabe $R_n = 0$ bzw. $\hat{R}_n = 0$ sind die Gleichungen (9) nach n nicht in einer geschlossenen Form auflösbar. Die maximale Anzahl n_0 der Jahre, in denen die Rente planmäßig (jährlich arithmetisch fortschreitend) gezahlt werden kann, muß iterativ bestimmt werden. Dazu kann von einem Ausgangswert n aus dieser so lange erhöht werden, bis die Restschuld erstmals negativ ist. Dann kann für das entsprechende Jahr der volle Rentenbetrag nicht mehr gezahlt werden. Die vorangehende ganze Zahl n_0 gibt dann die Anzahl der Jahre an, in denen die Rente voll gezahlt werden kann. n_0 ist also die größte ganze Zahl, für die R_{n_0} bzw. $\hat{R}_{n_0}$ noch positiv ist. Das Restkapital am Ende des n_0-ten Jahres kann entweder zum Ende dieses Jahres als zusätzliche Rente ausgezahlt werden. Es kann aber auch zur Zahlung einer ***reduzierten unterjährigen Schlussrente*** r_{n_0+1} bzw. $\hat{r}_{n_0+1}$ im nachfolgenden Jahr verwendet werden. Den jeweiligen reduzierten Betrag erhält man unmittelbar aus (3).

Beispiel 8:

Bei einem Jahreszinssatz von 6 % wird ein Kapital von 500 000 Euro für eine monatlich vorschüssige Rentenzahlung angelegt. Dabei sollen die monatlichen Rentenzahlungen im ersten Jahr jeweils 2 000 Euro betragen und jedes Jahr um 300 Euro erhöht werden. Gesucht ist die Anzahl n_0 der Jahre, in denen die Rente voll bezahlt werden kann, sowie die reduzierte unterjährige Schlussrente für das darauffolgende Jahr.

Mit $p = 6$, $K = 500\,000$, $r = 2\,000$, $d = 300$ und $m = 12$ erhält man aus der ersten Formel (9) den Restwert nach n Jahren

$$\begin{aligned}R_n &= 500\,000 \cdot 1{,}06^n - \left(12 + \frac{13 \cdot 6}{200}\right) \cdot \left[\left(2\,000 + \frac{300}{0{,}06}\right) \cdot \frac{1{,}06^n - 1}{0{,}06} - \frac{300 \cdot n}{0{,}06}\right] \\ &= 500\,000 \cdot 1{,}06^n - 12{,}39 \cdot \left[7\,000 \cdot \frac{1{,}06^n - 1}{0{,}06} - 5\,000 \cdot n\right].\end{aligned}$$

Einsetzen ergibt folgende Werte:

$R_{10} = 371\,753{,}50$ Euro; $R_{20} = -347\,846{,}59$ Euro; $R_{15} = 108\,804{,}23$ Euro; $R_{17} = -47\,366{,}67$ Euro; $R_{16} = 34\,797{,}48$ Euro.

Das Kapital reicht für 16, nicht aber für 17 Jahre aus. Für $n_0 = 16$ Jahre ist eine volle Rentenzahlung möglich. Aus dem Restkapital am Ende des 16. Jahres $R_{16} = 34\,797{,}48$ Euro kann eine reduzierte unterjährige Schlussrente in nachfolgenden (17.) Jahr gezahlt werden. Den reduzierten Betrag erhält man aus (3) als

$$r_{17} = \frac{34\,797{,}48 \cdot 1{,}06}{12 + \frac{13 \cdot 6}{200}} = 2\,977{,}02 \text{ Euro pro Monat (vorschüssig).}$$

Die planmäßige Rentenerhöhung ergäbe in 17. Jahr die Monatsrente $2\,000 + 16 \cdot 300 = 6\,800$ Euro.

Vorgabe der ganzjährigen (ganzzahligen) Laufzeit N

Neben dem Jahreszinsatz p sei die ganzjährige Laufzeit N vorgegeben, also die Anzahl der Jahre, nach denen das Kapital K für die unterjährigen Rentenzahlungen vollständig aufgebraucht ist. Dann muß in (9)

$$R_N = 0 \qquad \text{bzw.} \qquad \hat{R}_N = 0$$

gesetzt werden. Damit bleiben in den Gleichungen von (9) nur die Größen K sowie r und d bzw. $\hat{r}$ und $\hat{d}$ übrig. Falls von diesen drei Größen zwei vorgegeben werden, ist die dritte dadurch eindeutig bestimmt.

Benötigtes Kapital K (Barwert) bei vorgegebener Laufzeit N

Neben der Laufzeit N und dem Jahreszinssatz p sei die unterjährige Anfangsrente r bzw. $\hat{r}$ und die jährliche Rentenerhöhung d bzw. $\hat{d}$ vorgegeben. Dann erhält man das für eine N-jährige Rentenzahlung benötigte Kapital K aus (9). K ist der Barwert der Rente, die N Jahre gezahlt wird.

Benötigtes Kapital K (Barwert) bei vorgegebener Laufzeit N, Anfangsrente und jährlicher Rentenerhöhung

bei vorschüssigen Rentenzahlungen mit $R_N = 0$

$$K = \frac{1}{q^N} \cdot \left(m + \frac{(m+1) \cdot p}{200}\right) \cdot \left[\left(r + \frac{d}{q-1}\right) \cdot \frac{q^N - 1}{q-1} - \frac{N \cdot d}{q-1}\right];$$

bei nachschüssigen Rentenzahlungen mit $\hat{R}_N = 0$ (10)

$$K = \frac{1}{q^N} \cdot \left(m + \frac{(m-1) \cdot p}{200}\right) \cdot \left[\left(\hat{r} + \frac{\hat{d}}{q-1}\right) \cdot \frac{q^N - 1}{q-1} - \frac{N \cdot \hat{d}}{q-1}\right].$$

p = Jahreszinssatz bei anteilmäßiger Verzinsung; $q = 1 + \frac{p}{100}$;
m = Anzahl der jährlich konstanten Rentenzahlungen;

r = vorschüssige, $\hat{r}$ = nachschüssige Rentenzahlungen im 1. Jahr;
N = vorgegebene ganzjährige Rentenlaufzeit;
d bzw. $\hat{d}$ = vorgegebene jährliche Erhöhung der Rentenzahlungen;
K = für die unterjährigen Rentenzahlungen benötigtes Kapital (Barwert der unterjährigen Rentenzahlungen für N Jahre).

Beispiel 9:
Bei einem Jahreszinssatz von 5,5 % verkauft jemand ein Haus. Mit dem Käufer werden für 10 Jahre folgende vorschüssigen Monatszahlungen vereinbart: Im ersten Jahr jeweils 4 000 Euro. Die monatlichen Zahlungen sollen jährlich um 200 Euro steigen. Gesucht ist der Kaufpreis des Hauses.
Der Kaufpreis K ist das für die (Renten)-Zahlungen benötigte Kapital (Barwert). Mit N = 10, p = 5,5, m = 12, q = 1,055, r = 4 000 und d = 200 erhält man aus der ersten Formel von (10) den Kaufpreis (Barwert)

$$K = \frac{1}{1{,}055^{10}} \cdot \left(12 + \frac{13 \cdot 5{,}5}{200}\right) \cdot \left[\left(4\,000 + \frac{200}{0{,}055}\right) \cdot \frac{1{,}055^{10} - 1}{0{,}055} - \frac{10 \cdot 200}{0{,}055}\right]$$
$$= 448{,}227{,}13 \text{ Euro.}$$

Dieser Betrag ist der Kaufpreis des Hauses, der bei Barzahlung zu entrichten wäre.

Zulässige Rentensteigerung bei vorgegebener Laufzeit N und Anfangsrente
Neben der Laufzeit N sei der Jahreszinssatz p, das Ausgangskapital K und die Ausgangsrente r bzw. $\hat{r}$ vorgegeben. Dann kann die Gleichung (10) nach der jährlichen Rentensteigerung d bzw. $\hat{d}$ aufgelöst werden.

Jährliche Erhöhung der unterjährigen Rentenzahlungen bei vorgegebener Laufzeit N und Anfangsrente

bei vorschüssiger Rentenzahlung mit $R_N = 0$

$$d = \frac{q-1}{q^N - 1 - N \cdot (q-1)} \cdot \left[\frac{K \cdot (q-1) \cdot q^N}{m + \frac{(m+1) \cdot p}{200}} - r \cdot (q^N - 1)\right];$$

bei nachschüssiger Rentenzahlung mit $\hat{R}_N = 0$ (11)

$$\hat{d} = \frac{q-1}{q^N - 1 - N \cdot (q-1)} \cdot \left[\frac{K \cdot (q-1) \cdot q^N}{m + \frac{(m-1) \cdot p}{200}} - \hat{r} \cdot (q^N - 1)\right].$$

p = Jahreszinssatz bei anteilmäßiger Verzinsung; $q = 1 + \frac{p}{100}$;
m = Anzahl der unterjährigen konstanten Rentenzahlungen;
K = für die unterjährigen Rentenzahlungen vorhandenes Kapital;

r = vorschüssige, $\hat{r}$ = nachschüssige Rentenzahlungen im 1. Jahr;
N = vorgegebene ganzzahlige Laufzeit der Rente;
d bzw. $\hat{d}$ = mögliche jährliche Erhöhung der unterjährigen Rentenzahlungen.

Beispiel 10:
Bei einem Jahreszinssatz von 6 % verkauft jemand eine Wohnung für 250 000 Euro. Der Käufer vereinbart für 15 Jahre nachschüssige monatliche Zahlungen, die im ersten Jahr jeweils 1 500 Euro betragen. Diese sollen jedes Jahr um den gleichen Betrag erhöht werden. Den jährlichen Erhöhungsbetrag erhält man aus der zweiten Formel von (11) als

$$\hat{d} = \frac{0{,}06}{1{,}06^{15} - 1 - 15 \cdot 0{,}06} \cdot \left[\frac{250\,000 \cdot 0{,}06 \cdot 1{,}06^{15}}{12 + \frac{11 \cdot 6}{200}} - 1\,500 \cdot (1{,}06^{15} - 1) \right]$$
$$= 99{,}16 \text{ Euro.}$$

Probe: Mit den vorgegebenen Werten und dem berechneten Wert erhält man aus der zweiten Formel von (9) den Restwert nach 15 Jahren

$$\hat{R}_{15} = 250\,000 \cdot 1{,}06^{15}$$
$$-\left(12 + \frac{11 \cdot 6}{200}\right) \cdot \left[\left(1\,500 + \frac{99{,}16}{0{,}06}\right) \cdot \frac{1{,}06^{15} - 1}{0{,}06} - \frac{15 \cdot 99{,}16}{0{,}06} \right] = 7{,}90 \text{ Euro.}$$

Die Abweichung ist auf das Runden zurückzuführen. Bei der Berechnung der zulässigen jährlichen Rentenerhöhung machen sich Rundungsfehler stark bemerkbar. Falls zur Berechnung des Restwertes $\hat{R}_{15}$ der nicht gerundete exakte Wert $\hat{r}$ benutzt würde, ergäbe dies den Restwert 0.

Anfangsrente bei vorgegebener Laufzeit N und Rentensteigerung
Falls neben der Laufzeit N und dem Jahreszinssatz p noch die jährliche Rentensteigerung d bzw. $\hat{d}$ vorgegeben ist, erhält man die Anfangsrente aus (10) als

Anfangsrente bei gegebener Laufzeit N und jährlicher Steigerung

bei vorschüssigen Rentenzahlungen mit $R_N = 0$

$$r = \frac{K}{m + \frac{(m+1) \cdot p}{200}} \cdot \frac{(q-1) \cdot q^N}{q^N - 1} - \frac{d}{q-1} + \frac{d \cdot N}{q^N - 1};$$

bei nachschüssigen Rentenzahlungen mit $\hat{R}_N = 0$ (12)

$$\hat{r} = \frac{K}{m + \frac{(m-1) \cdot p}{200}} \cdot \frac{(q-1) \cdot q^N}{q^N - 1} - \frac{\hat{d}}{q-1} + \frac{d \cdot N}{q^N - 1}.$$

p = Jahreszinssatz bei anteilmäßiger Verzinsung; $q = 1 + \frac{p}{100}$;
m = Anzahl der unterjährigen, jährlich konstanten Rentenzahlungen;
K = für die unterjährigen Rentenzahlungen vorhandenes Kapital;
N = vorgegebene ganzzahlige Laufzeit der Rente;
d bzw. $\hat{d}$ = vorgegebene jährliche Erhöhung der unterjährigen Rentenzahlungen;
d bzw. $\hat{d}$ = vorgegebene jährliche Erhöhung der Rentenzahlungen;
r = zugehörige vorschüssige, $\hat{r}$ = zugehörige nachschüssige unterjährige Rentenzahlung im 1. Jahr.

Beispiel 11:
Aus einem Kapital der Höhe 100 000 Euro soll 5 Jahre lang in jedem Jahr jeweils vierteljährlich nachschüssig der gleiche Betrag ausgezahlt werden. Dabei soll der unterjährige Auszahlungsbetrag jährlich um 1 000 Euro erhöht werden. Gesucht ist der Auszahlungsbetrag im 1. Jahr bei einem Jahreszinssatz von 7 %.
Mit K = 100 000, p = 7, q = 1,07, m = 4, $\hat{d}$ = 1 000 und N = 5 erhält man aus der zweiten Formel von (12) den vierteljährlichen Auszahlungsbetrag im 1. Jahr

$$\hat{r} = \frac{100\,000}{4 + \frac{3 \cdot 7}{200}} \cdot \frac{0{,}07 \cdot 1{,}07^5}{1{,}07^5 - 1} - \frac{1\,000}{0{,}07} + \frac{1\,000 \cdot 5}{1{,}07^5 - 1} = 4\,076{,}36 \text{ Euro.}$$

Probe: Aus der zweiten Formel von (9) erhält man hiermit das Restkapital nach 5 Jahren als

$$\hat{R}_5 = 100\,000 \cdot 1{,}07^5 - \left(4 + \frac{3 \cdot 7}{200}\right) \cdot \left[\left(4\,076{,}36 + \frac{1\,000}{0{,}07}\right) \cdot \frac{1{,}07^5 - 1}{0{,}07} - \frac{5 \cdot 1\,000}{0{,}07}\right] = -0{,}06.$$

Die Abweichung ist auf das Runden zurückzuführen.

2.4. Jährlich geometisch wachsende unterjährige Rentenzahlungen.

Aus dem Kapital K werde jährlich m - mal unterjährig (vor- bzw. nachschüssig) jeweils die gleiche Rente gezahlt, wobei die Rentenbeträge, beginnend mit r (vorschüssig) bzw. $\hat{r}$ (nachschüssig), jährlich um den gleichen Prozentsatz γ erhöht werden (vgl. Abschnitt 1.4.9). Das Restkapital R_n bzw. $\hat{R}_n$ nach n Jahren erhält man durch Subtraktion des sich aus den Rentenzahlungen ergebenden Kapitalstands nach n Jahren vom aufgezinsten Kapital $K \cdot q^n$ ohne Entnahme. Mit U = r bzw. $\hat{U} = \hat{r}$ und $g = 1 + \frac{\gamma}{100}$ erhält man mit den Formeln (75) und (77) aus Kapitel 1 das

Restkapital nach n Jahren bei jährlich geometrisch wachsenden unterjährigen Rentenzahlungen

bei vorschüssigen unterjährigen Rentenzahlungen

$$R_n = K \cdot q^n - \left(m + \frac{(m+1) \cdot p}{200}\right) \cdot r \cdot \frac{g^n - q^n}{g - q} \quad \text{für} \quad g \neq q;$$

$$R_n = K \cdot q^n - \left(m + \frac{(m+1) \cdot p}{200}\right) \cdot r \cdot n \cdot q^{n-1} \text{für} \quad g = q; \tag{13}$$

bei nachschüssigen unterjährigen Rentenzahlungen

$$\hat{R}_n = K \cdot q^n - \left(m + \frac{(m-1) \cdot p}{200}\right) \cdot \hat{r} \cdot \frac{g^n - q^n}{g - q} \quad \text{für} \quad g \neq q;$$

$$\hat{R}_n = K \cdot q^n - \left(m + \frac{(m-1) \cdot p}{200}\right) \cdot \hat{r} \cdot n \cdot q^{n-1} \text{ für} \quad g = q.$$

p = Jahreszinssatz bei jährlicher anteilmäßiger Verzinsung; $q = 1 + \frac{p}{100}$;
$g = 1 + \frac{\gamma}{100}$ jährliche Multiplikation des unterjährigen Rentenbetrages;
r bzw. $\hat{r}$ = vor- bzw. nachschüssige unterjährige Rentenzahlungen im ersten Jahr; R_n bzw. $\hat{R}_n$ = Restkapital nach n Jahren.

Beispiel 12:
Bei einem Jahreszinssatz von 7 % soll aus dem Kapital von 250 000 Euro monatlich eine vorschüssige Rente gezahlt werden und zwar im 1. Jahr jeweils 1 500 Euro. Die Rente soll jährlich a) um 10 %, b) um 7 % erhöht werden. Gesucht ist das Restkapital nach 15 Jahren.
Mit $p = 7$, $q = 1{,}07$, $K = 250\,000$, $m = 12$, $r = 1\,000$ und $n = 15$ erhält man aus den ersten Formeln von (13):

a) aus $g = 1{,}1$ folgt wegen $g \neq q$

$$R_{15} = 250\,000 \cdot 1{,}07^{15} - \left(12 + \frac{13 \cdot 7}{200}\right) \cdot 1\,000 \cdot \frac{1{,}1^{15} - 1{,}07^{15}}{1{,}1 - 1{,}07}$$
$$= 100\;961{,}61 \text{ Euro.}$$

b) aus $g = 1{,}07 = q$ folgt

$$R_{15} = 250\,000 \cdot 1{,}07^{15} - \left(12 + \frac{13 \cdot 7}{200}\right) \cdot 1\,000 \cdot 15 \cdot 1{,}07^{14} = 208\,023{,}24 \text{ Euro.}$$

Reduzierte Schlussrente bei nicht ganzzahliger Laufzeit
Es sei n_0 die maximale Anzahl von Jahren, in denen die Rente wie vorgesehen, also planmäßig gezahlt werden kann. Damit ist n_0 die größte ganze Zahl, für die in (13) R_{n_0} bzw. $\hat{R}_{n_0}$ nicht negativ ist, während R_{n_0+1} bzw. $\hat{R}_{n_0+1}$ negativ ist. Dann kann im $(n_0 + 1)$-ten Jahr nur noch eine reduzierte Schlussrente gezahlt werden.

1. Fall: $g \neq q$:
Im diesem Fall sind die entsprechenden Gleichungen aus (13) mit der Vorgabe $R_n = 0$ bzw. $\hat{R}_n = 0$ nicht geschlossen nach n auflösbar. Dann muß das maximale n_0 mit einem positiven Restkapital iterativ bestimmt werden. Dabei wird die Jahreszahl n so lange erhöht bzw. variiert, bis das Restkapital erstmals negativ wird. Im nachfolgenden Jahr kann aus dem Restkapital m-mal eine reduzierte Schlussrente r_{n_0+1} bzw. $\hat{r}_{n_0+1}$ gezahlt werden. Den jeweiligen Betrag erhält man unmittelbar aus (3).

Beispiel 13:
Bei einem Jahreszinssatz von 6,2 % werden 140 000 Euro für nachschüssige monatliche Rentenzahlungen angelegt. Im ersten Jahr sollen monatlich 1 200 Euro gezahlt werden. Die monatlichen Rentenzahlungen werden jährlich um 4 % erhöht. Gesucht ist die Laufzeit der Rente.

Mit $K = 140\,000$; $p = 6{,}2$; $m = 12$ und $\hat{r} = 1\,200$ erhält man aus (13) das Restkapital nach n Jahren in der Form

$$\hat{R}_n = 140\,000 \cdot 1{,}062^n - \left(12 + \frac{11 \cdot 6{,}2}{200}\right) \cdot 1\,200 \cdot \frac{1{,}04^n - 1{,}062^n}{1{,}04 - 1{,}062}$$

$$= 140\,000 \cdot 1{,}062^n - \frac{14\,809{,}2}{0{,}022} \cdot (1{,}062^n - 1{,}04^n).$$

Dabei erhält man die speziellen Werte

$\hat{R}_{10} = 23\,468{,}91$ Euro; $\hat{R}_{11} = 3\,022{,}75$ Euro. Für $n = 12$ wird das Restkapital $\hat{R}_{12}$ erstmals negativ. Damit kann die Rente für $n_0 = 11$ Jahre voll bezahlt werden. Aus (3) erhält man die reduzierte monatliche Schlussrente für das 12. Jahr

$$\hat{r}_{12} = \frac{3\,022{,}75 \cdot 1{,}062}{12 + \frac{11 \cdot 6{,}2}{200}} = 260{,}12 \text{ Euro.}$$

Bei der geometrisch fortschreitenden Rentenerhöhung würde die unterjährige Rente im 12. Jahr $1\,200 \cdot 1{,}04^{11} = 1\,847{,}34$ Euro betragen.

2. Fall $g = q$:
Im Falle $g = q$ können die beiden Formeln aus (13) für $R_n = 0$ bzw. $\hat{R}_n = 0$ geschlosssen nach n aufgelöst werden. Allerdings ist die Lösung n im Allgemeinen nicht ganzzahlig. Der ganzzahlige (abgerundete) Anteil n_0 der Lösung gibt die Anzahl der Jahre an, in denen die Rente voll gezahlt werden kann. In darauffolgenden Jahr kann unterjährig nur noch eine reduzierte unterjährige Schlussrente r_{n_0+1} bzw. $\hat{r}_{n_0+1}$ gezahlt werden. Diese kann direkt aus der Formel (3) berechnet werden.

Im vorschüssigen Fall gilt nach (13) für $R_n = 0$

$$K \cdot q^n = \left(m + \frac{(m+1) \cdot p}{200}\right) \cdot r \cdot n \cdot q^{n-1}.$$

Division dieser Gleichung durch q^{n-1} ergibt die Gleichung

$$K \cdot q = \left(m + \frac{(m+1) \cdot p}{200}\right) \cdot r \cdot n$$

mit der Lösung

$$n = \frac{q \cdot K}{m + \frac{(m+1) \cdot p}{200}} \cdot \frac{1}{r}.$$

Durch die Zuordnung $r \rightarrow \hat{r}$ und $m + 1 \rightarrow m - 1$ erhält man hieraus unmittelbar die Lösung für den nachschüssigen Fall.

Bestimmung der Laufzeit mit reduzierter Schlussrente für g = q

bei vorschüssigen unterjährigen Rentenzahlungen folgt aus $R_n = 0$

$$n = \frac{q \cdot K}{m + \frac{(m+1) \cdot p}{200}} \cdot \frac{1}{r};$$

bei nachschüssigen unterjährigen Rentenzahlungen folgt aus $\hat{R}_n = 0$ (14)

$$n = \frac{q \cdot K}{m + \frac{(m-1) \cdot p}{200}} \cdot \frac{1}{\hat{r}}.$$

Falls n nicht ganzzahlig ist, sei n_0 sei der ganzzahlige Anteil von n. Dann kann für n_0 Jahre die volle Rente gezahlt werden.
Die reduzierte Schlussrente r_{n_0+1} bzw. $\hat{r}_{n_0+1}$ erhält man aus (3).

p = Jahreszinssatz bei jährlicher anteilmäßiger Verzinsung; $q = 1 + \frac{p}{100}$;
g = $1 + \frac{\gamma}{100}$ jährliche Multiplikation des unterjährigen Rentenbetrages;
K = zur Verfügung stehendes Ausgangskapital;
r bzw. $\hat{r}$ = unterjährige vor- bzw. nachschüssige Rentenzahlungen im 1. Jahr.

Beispiel 14:
Bei einem Jahreszinssatz von 5 % hat jemand 200 000 Euro angelegt, aus dem eine monatliche nachschüssige Rente gezahlt werden soll. Die unterjährigen Rentenzahlungen von jeweils 1 250 Euro im ersten Jahr sollen jährlich um 5 % erhöht werden. Gesucht ist die Laufzeit n der Rente.
Wegen $g = q = 1{,}05$ erhält man aus der zweiten Formel von (14) die Lösung

$$n = \frac{1{,}05 \cdot 200\,000}{12 + \frac{11 \cdot 5}{200}} \cdot \frac{1}{1\,250} = 13{,}69 \text{ Jahre.}$$

Nach (13) beträgt das Restkapital nach 13 Jahren

$$\hat{R}_{13} = 200\,000 \cdot 1{,}05^{13} - \left(12 + \frac{11 \cdot 5}{200}\right) \cdot 1\,250 \cdot 13 \cdot 1{,}05^{12} = 18\,912{,}61 \text{ Euro.}$$

Im 14. Jahr kann nach (3) nur noch die reduzierte Schlussrente der jeweiligen Höhe

$$\hat{r}_{14} = \frac{18\,912{,}61 \cdot 1{,}05}{12 + \frac{11 \cdot 5}{200}} = 1\,617{,}78 \text{ Euro gezahlt werden.}$$

Die planmäßige geometrische Steigerung ergäbe im 14. Jahr den unterjährigen Rentenbetrag von

$$1\,250 \cdot 1{,}05^{13} = 2\,357{,}06 \text{ Euro.}$$

Vorgegebene Laufzeit N

Neben dem Jahreszinssatz p und dem jährlichen Rentensteigerungsfaktor g sei die ganzzahlige Laufzeit N vorgegeben, nach der das Kapital für die unterjährigen Rentenzahlungen aufgebraucht ist. Dann treten in (13) mit $R_N = 0$ bzw. $\hat{R}_N = 0$ nur noch Gleichungen in den beiden Variablen K (Ausgangskapital) und r bzw. $\hat{r}$ (Ausgangsrente) auf. Durch eine der beiden Größen ist dann die andere bestimmt.

Benötigtes Kapital K bei vorgegebenen Laufzeit N und Anfangsrente

Falls neben der ganzzahligen Laufzeit N bis auf K alle anderen Größen vorgegeben sind, erhält man mit $R_N = 0$ bzw. $\hat{R}_N = 0$ aus (13) das dazu benötigte Anfangskapital K. Es ist der Barwert der unterjährigen Rentenzahlungen für N Jahre.

Benötigtes Kapital (Barwert) bei vorgegebener Laufzeit N

bei vorschüssigen unterjährigen Rentenzahlungen mit $R_N = 0$

$$K = \left(m + \frac{(m+1) \cdot p}{200}\right) \cdot r \cdot \frac{g^N - q^N}{q^N \cdot (g - q)} \qquad \text{für } g \neq q;$$

$$K = \left(m + \frac{(m+1) \cdot p}{200}\right) \cdot \frac{1}{q} \cdot r \cdot N \qquad \text{für } g = q;$$

bei nachschüssigen unterjährigen Rentenzahlungen mit $\hat{R}_N = 0$ (15)

$$K = \left(m + \frac{(m-1) \cdot p}{200}\right) \cdot \hat{r} \cdot \frac{g^N - q^N}{q^N \cdot (g - q)} \qquad \text{für } g \neq q;$$

$$K = \left(m + \frac{(m-1) \cdot p}{200}\right) \cdot \frac{1}{q} \cdot \hat{r} \cdot N \qquad \text{für } g = q.$$

p = Jahreszinssatz bei jährlicher anteilmäßiger Verzinsung; $q = 1 + \frac{p}{100}$;
g = $1 + \frac{\gamma}{100}$ jährliche Multiplikation des unterjährigen Rentenbetrages;
N = vorgegebene ganzjährige Laufzeit der Rente in Jahren;
r bzw. $\hat{r}$ = vor- bzw. nachschüssige unterjährige Rentenzahlungen im ersten Jahr;
K = dazu benötigtes Kapital (Barwert).

Beispiel 15:
Jemand möchte 20 Jahre lang monatlich nachschüssig eine Rente ausgezahlt bekommen und zwar im 1. Jahr jeweils 1 200 Euro. Die Rente soll jährlich um 5 % steigen. Gesucht ist das hierfür benötigte Kapital bei einem Jahreszinssatz von 6,5 %.

Aus $\hat{r} = 1\,200$, $g = 1{,}05$, $N = 20$, $p = 6{,}5$, $q = 1{,}065$ und $m = 12$ erhält man aus der dritten Formel von (15) das benötigte Kapital

$$K = \left(12 + \frac{11 \cdot 6{,}5}{200}\right) \cdot 1\,200 \cdot \frac{1{,}05^{20} - 1{,}065^{20}}{1{,}065^{20} \cdot (1{,}05 - 1{,}065)} = 244\,186{,}17 \text{ Euro.}$$

Anfangsrente bei vorgegebener Laufzeit N und Ausgangskapital K
Falls neben der Laufzeit N mit $R_N = 0$ bzw. $\hat{R}_N = 0$ auch das Ausgangskapital K vorgegeben ist, erhält man die Anfangsrente aus (15) als

Anfangsrente bei vorgegebener Laufzeit N und Ausgangskapital K

bei vorschüssigen unterjährigen Rentenzahlungen mit $R_N = 0$

$$r = \frac{K}{m + \frac{(m+1) \cdot p}{200}} \cdot \frac{q^N \cdot (g-q)}{g^N - q^N} \quad \text{für } g \neq q;$$

$$r = \frac{q \cdot K}{m + \frac{(m+1) \cdot p}{200}} \cdot \frac{1}{N} \quad \text{für } g = q; \qquad (16)$$

bei nachschüssigen unterjährigen Rentenzahlungen mit $\hat{R}_N = 0$

$$\hat{r} = \frac{K}{m + \frac{(m-1) \cdot p}{200}} \cdot \frac{q^N \cdot (g-q)}{g^N - q^N} \quad \text{für } g \neq q;$$

$$\hat{r} = \frac{q \cdot K}{m + \frac{(m-1) \cdot p}{200}} \cdot \frac{1}{N} \quad \text{für } g = q.$$

p = Jahreszinssatz bei jährlicher anteilmäßiger Verzinsung; $q = 1 + \frac{p}{100}$;
K = zur Verfügung stehendes Ausgangskapital;
g = $1 + \frac{\gamma}{100}$ jährliche Multiplikation des unterjährigen Rentenbetrages;

N = vorgegebene ganzjährige Laufzeit in Jahren;
r bzw. $\hat{r}$ = zulässige m-malige vor- bzw. nachschüssige Rentenzahlungen im 1. Jahr.

Beispiel 16:
Ein Kapital von 180 000 Euro werde zu 6 % angelegt. Daraus möchte jemand 10 Jahre lang eine vierteljährliche nachschüssige Rente beziehen, die jedes Jahr a) um 5 %, b) um 6% steigt. Gesucht ist die vierteljährliche nachschüssige Anfangsrente im 1. Jahr.

Mit m = 4, K = 180 00, p = 6, q = 1,06 und N = 10 erhält man aus den beiden letzten Formeln von (16)

a) $g = 1{,}05 \neq q$:

$$\hat{r} = \frac{180\,000}{4 + \frac{3 \cdot 6}{200}} \cdot \frac{1{,}06^{10} \cdot (1{,}05 - 1{,}06)}{1{,}05^{10} - 1{,}06^{10}} = 4\,866{,}52 \text{ Euro.}$$

b) $g = 1{,}06 = q$:

$$\hat{r} = \frac{1{,}06 \cdot 180\,000}{4 + \frac{3 \cdot 6}{200}} \cdot \frac{1}{10} = 4\,665{,}04 \text{ Euro.}$$

Auflösung nach g bzw. p bei vorgegebener ganzjähriger Laufzeit N
Falls neben der Laufzeit N mit $R_N = 0$ bzw. $\hat{R}_N = 0$ in (13) alle weiteren Werte bis auf g bzw. q vorgegeben werden, kann die Gleichung (13) nicht geschlossen nach g bzw. q aufgelöst werden. Dann muss der entsprechende Wert mit Hilfe von Iterationsverfahren, z. B. durch die Intervallhalbierungsmethode, bestimmt werden. Dabei geht man wie in Abschnitt 1.4.2 in Kapitel 1 vor.

Kapitel 3

Tilgungsrechnung (Rückzahlung von Krediten)

3.1. Grundbegriffe

Eine Schuldsumme der Höhe S werde jährlich mit p % verzinst. Die Rückzahlung erfolge in jedem Jahr durch m unterjährige vor- bzw. nachschüssige Tilgungen (Rückzahlungen). Im Falle $m = 1$ finden jährliche Tilgungen statt. Falls einschließlich der anfallenden Zinsen die Schuld nach genau N Jahren vollständig getilgt ist, heißt N die ***Laufzeit*** des Kredits. Im allgemeinen werden Tilgungen am Ende eines jeden Jahres oder Teiljahres, also nachschüssig erbracht. Nur der nachschüssige Fall soll hier behandelt werden.

Unter einem ***Tilgungsbetrag*** T versteht man denjenigen Betrag, um den sich durch die Zahlung die Restschuld verringert. Zusätzlich zum Tilgungsbetrag müssen noch die anfallenden Zinsen gezahlt werden. Der insgesamt zu zahlende Betrag, also Tilgung und Zinsen zusammen, heißt ***Annuität*** A.

Bei einer ***Ratentilgung*** (s. Abschnitt. 3.2) muss zu jedem Tilgungstermin die gleiche Tilgung erfolgen. Zusätzlich sind noch die anfallenden Zinsen zu zahlen. Da durch die bereits erfolgte Tilgung die Zinszahlungen im Laufe der Zeit abnehmen, werden bei einer Ratentilgung die jeweiligen Annuitäten (Gesamtzahlungen) laufend kleiner.

Bei einer ***Annuitätentilgung*** (Abschnitt 3.3) wird bei jedem Tilgungstermin die gleiche Annuität A für Zinsen und Tilgung gezahlt. Bei fallendem Zinsanteil wird der Tilgungsanteil entsprechend größer.

3.2. Ratentilgung (Ratenkredit oder Tilgungskredit)

Bei einer Ratentilgung wird die Schuld während der gesamten Laufzeit durch gleichbleibende Raten (Tilgungsquoten) zurückgezahlt. Zusätzlich müssen noch die laufenden Zinsen gezahlt werden.

3.2.1. Jährliche Ratentilgung

Von einem Ratenkredit der Höhe S mit einer Laufzeit von N Jahren werde am Ende eines jeden Jahres die gleiche Tilgungsrate

$$T = \frac{S}{N}$$

gezahlt. Dann lautet die Restschuld nach einem Jahr

$$S_1 = S - \frac{S}{N} = S \cdot \left(1 - \frac{1}{N}\right),$$

nach zwei Jahren

$$S_2 = S_1 - \frac{S}{N} = S - 2 \cdot \frac{S}{N} = S \cdot \left(1 - \frac{2}{N}\right).$$

Die Restschuld S_n nach n Jahren ist um den Tilgungsbetrag $T = \frac{S}{N}$ kleiner als die Restschuld S_{n-1} des Vorjahres. Es gilt also

$$S_n = S_{n-1} - \frac{S}{N} \quad \text{für } n = 2, 3, \ldots .$$

Allgemein gilt

$$S_n = S - n \cdot \frac{S}{N} = S \cdot (1 - \frac{n}{N}) \quad \text{für } n = 1, 2, \ldots, N.$$

Die Restschulden $S_1, S_2, \ldots, S_N$ bilden den Anfang einer arithmetischen Folge (s. Anhang) mit der Differenz $d = -T = -\frac{S}{N}$ und $S_N = 0$.

Neben der konstanten Tilgungsrate T müssen noch zusätzlich die anfallenden Zinsen gezahlt werden. Z_n seien die Zinsen für das n-te Jahr. Dann gilt

$$Z_1 = S \cdot \frac{p}{100};$$

$$Z_2 = S_1 \cdot \frac{p}{100} = S \cdot (1 - \frac{1}{N}) \cdot \frac{p}{100};$$

$$Z_3 = S_2 \cdot \frac{p}{100} = S \cdot \left(1 - \frac{2}{N}\right) \cdot \frac{p}{100};$$

$$\ldots\ldots\ldots\ldots\ldots\ldots\ldots\ldots\ldots\ldots$$

$$Z_n = S_{n-1} \cdot \frac{p}{100} = S \cdot \left(1 - \frac{n-1}{N}\right) \cdot \frac{p}{100};$$

$$\ldots\ldots\ldots\ldots\ldots\ldots\ldots\ldots\ldots\ldots$$

$$Z_N = S_{N-1} \cdot \frac{p}{100} = S \cdot \left(1 - \frac{N-1}{N}\right) \cdot \frac{p}{100}.$$

Damit lautet die die Annuität (Gesamtzahlung) im n-ten Jahr

$$A_n = T + Z_n = \frac{S}{N} + S \cdot \left(1 - \frac{n-1}{N}\right) \cdot \frac{p}{100}$$

$$= S \cdot \left[\frac{1}{N} + \left(1 - \frac{n-1}{N}\right) \cdot \frac{p}{100}\right] \quad \text{für } n = 1, 2, \ldots, N.$$

Damit gilt

Restschuld nach n Jahren:	$S_n = S \cdot \left(1 - \frac{n}{N}\right)$ für $n = 1, 2, \ldots N$;	
Zinsen im n-ten Jahr:	$Z_n = S \cdot \left(1 - \frac{n-1}{N}\right) \cdot \frac{p}{100}$;	(1)
Annuität im n-ten Jahr:	$A_n = S \cdot \left[\frac{1}{N} + \left(1 - \frac{n-1}{N}\right) \cdot \frac{p}{100}\right]$.	

S = Ausgangsschuld;
N = Tilgungsdauer in Jahren;
p = Jahreszinssatz.

Die Zinsen, die während der N Tilgungsjahre insgesamt gezahlt werden müssen, erhält man als Summe

$$\begin{aligned}
Z &= Z_1 + Z_2 + \ldots + Z_n \\
&= S \cdot \frac{p}{100} \cdot \left[1 + \left(1 - \frac{1}{N}\right) + \left(1 - \frac{2}{N}\right) + \left(1 - \frac{3}{N}\right) + \ldots + \left(1 - \frac{N-1}{N}\right)\right] \\
&= S \cdot \frac{p}{100} \cdot [N - \frac{1}{N} \cdot \underbrace{(1 + 2 + 3 + \ldots + (N-1))}_{= \frac{(N-1) \cdot N}{2} \text{ (arithm. Reihe)}}] \\
&= S \cdot \frac{p}{100} \cdot \left[N - \frac{1}{N} \cdot \frac{(N-1) \cdot N}{2}\right] = S \cdot \frac{p}{100} \cdot \left[N - \frac{N-1}{2}\right] = S \cdot \frac{p}{100} \cdot \frac{N+1}{2},
\end{aligned}$$

also

anfallende Zinsen während der gesamten Laufzeit N $Z = S \cdot \frac{N+1}{2} \cdot \frac{p}{100}$.	(2)

Bezeichnungen s. (1)

Beispiel 1:
Ein Kredit der Höhe 20 000 Euro muss jährlich mit 8 % verzinst werden. Die Tilgung soll mit 5 gleichen Jahresraten jeweils zum Jahresende erfolgen. Dann beträgt die jährliche Tilgung

$$T = \frac{20\,000}{5} = 4\,000 \text{ Euro.}$$

Dabei erhält man den folgenden Tilgungsplan

Jahr	Tilgung	Zinsen	Annuität	Restschuld
1	4 000	1 600	5 600	16 000
2	4 000	1 280	5 280	12 000
3	4 000	960	4 960	8 000
4	4 000	640	4 640	4 000
5	4 000	320	4 320	–
Summe	20 000	4 800	24 800	

Die gesamten Zinsen erhält man zur Kontrolle aus (2) mit N = 5 als

$Z = 20\,000 \cdot \frac{6}{2} \cdot 0{,}08 = 4\,800$ Euro.

3.2.2. Unterjährige Ratentilgung

Bei einer vorgegebenen ganzjährigen Laufzeit von N Jahren sollen in jedem Jahr m gleiche unterjährige nachschüssige Tilgungen stattfinden. Dann lautet der jeweilige unterjährige Tilgungsbetrag

$$T_u = \frac{S}{m \cdot N}\,.$$

In jedem Jahr wird der gleiche Gesamtbetrag $m \cdot T_u = \frac{S}{N}$ getilgt. Damit lautet die Restschuld nach n Jahren wie in Abschnitt 3.2.1

$$S_n = S \cdot \left(1 - \frac{n}{N}\right) \quad \text{für } n = 1, 2, \ldots, N \quad \text{mit } S_N = 0\,.$$

Die im ersten Jahr anfallenden Zinsen Z_1 können durch folgende Überlegung bestimmt werden. Im ersten unterjährigen Teilabschnitt muss der volle Betrag S verzinst werden. Dies ergibt einen Zinsanteil von $S \cdot \frac{p}{100\,m}$. Wegen der erfolgten Tilgung ist im zweiten unterjährigen Abschnitt nur den Betrag $S - T_u$ anteilmäßig zu verzinsen mit einem Zinsanteil von $(S - T_u) \cdot \frac{p}{100\,m}$. Im dritten Teilabschnitt ist nur der Betrag $S - 2\,T_u$ zu verzinsen, usw. Damit erhält man folgende Zinstabelle

Teiljahr	anteilmäßig zu verzinsen	anteilmäßiger Zinsbetrag
1.	S	$S \cdot \frac{p}{100\,m}$
2.	$S - T_u$	$(S - T_u) \cdot \frac{p}{100\,m}$
3.	$S - 2T_u$	$(S - 2T_u) \cdot \frac{p}{100\,m}$
⋮	⋮	⋮
m tes	$S - (m-1)\,T_u$	$(S - (m-1)\,T_u) \cdot \frac{p}{100\,m}$

Summation der einzelnen Zinsanteile aus der letzten Spalte ergibt die im ersten Jahr anfallendenZinsen

$$Z_1 = \frac{p}{100\,m} \cdot \left[S + (S - T_u) + (S - 2\,T_u) + \ldots + (S - (m-1)\,T_u)\right]$$

$$= \frac{p}{100\,m} \cdot \Big[m \cdot S - T_u \cdot \big(\underbrace{1 + 2 + 3 + \ldots + (m-1)}_{= \frac{(m-1)\cdot m}{2} \text{ (arithm. Reihe)}}\big)\Big]$$

$$= \frac{p}{100\,m} \cdot \left[m \cdot S - T_u \cdot \frac{(m-1)\cdot m}{2}\right] = \frac{p}{100} \cdot \left[S - T_u \cdot \frac{m-1}{2}\right]. \qquad (3)$$

Mit $T_u = \frac{S}{m \cdot N}$ erhält man hieraus

$$Z_1 = \frac{p}{100} \cdot \left[S - \frac{S}{m \cdot N} \cdot \frac{m-1}{2}\right] = \frac{p}{100} \cdot S \cdot \left[1 - \frac{1}{N} \cdot \frac{m-1}{2\,m}\right]. \qquad (4)$$

Das n-te Jahr startet mit einer Restschuld $S_{n-1} = S \cdot \left(1 - \frac{n-1}{N}\right)$. Ersetzt man in (3) die Ausgangsschuld S durch diese Restschuld S_{n-1}, so erhält man daraus die Zinsen im n-ten Jahr

$$Z_n = \frac{p}{100} \cdot \left[S \cdot \left(1 - \frac{n-1}{N}\right) - \frac{S}{m \cdot N} \cdot \frac{m-1}{2}\right]$$

$$= \frac{p}{100} \cdot S \cdot \left[1 - \frac{n-1}{N} - \frac{1}{N} \cdot \frac{m-1}{2\,m}\right]$$

$$= \frac{p}{100} \cdot S \cdot \left[1 - \frac{1}{N} \cdot \left(n - 1 + \frac{m-1}{2\,m}\right)\right]$$

$$= \frac{p}{100} \cdot S \cdot \left[1 - \frac{1}{N} \cdot \left(n + \frac{m - 1 - 2\,m}{2\,m}\right)\right]$$

$$= \frac{p}{100} \cdot S \cdot \left[1 - \frac{1}{N} \cdot \left(n + \frac{-1 - m}{2\,m}\right)\right]$$

$$= \frac{p}{100} \cdot S \cdot \left[1 - \frac{1}{N} \cdot \left(n - \frac{m+1}{2\,m}\right)\right].$$

Damit lauten die

Zinsen für das n-te Jahr bei vorgegebener Laufzeit N

$$Z_n = S \cdot \left[1 - \frac{1}{N} \cdot \left(n - \frac{m+1}{2\,m}\right)\right] \cdot \frac{p}{100} \quad \text{für } n = 1, 2, \ldots, N. \qquad (5)$$

S = Ratenschuld;
N = Laufzeit in Jahren der Ratenschuld für die vollständige Tilgung;

m = Anzahl der nachschüssigen unterjährigen Tilgungen der jeweiligen Höhe $T_u = \frac{S}{m \cdot N}$;
p = Jahreszinssatz mit anteilmäßiger Verzinsung zum Jahresende.

Für die Zinsen gilt folgende Rekursionsformel

$$Z_{n+1} = Z_n - \frac{p}{100} \cdot \frac{S}{N} \quad \text{für } n = 1, 2, \ldots, N-1.$$

Die anfallenden Zinsen werden jedes Jahr um den Betrag $\frac{p}{100} \cdot \frac{S}{N}$ kleiner. Diese Eigenschaft ist plausibel, da sich die Restschuld bei jedem Zinstermin um den Jahrestilgungsbetrag $m \cdot T = \frac{S}{N}$ verringert. Im darauffolgenden Jahr ist $\frac{S}{N}$ weniger zu verzinsen als im Vorjahr.

Die insgesamt zu zahlenden Zinsen lauten

$$\begin{aligned} Z &= Z_1 + Z_2 + \ldots + Z_N \\ &= \frac{p}{100} \cdot S \cdot \left[1 - \frac{1}{N} \cdot \left(1 - \frac{m+1}{2m}\right)\right] + \frac{p}{100} \cdot S \cdot \left[1 - \frac{1}{N} \cdot \left(2 - \frac{m+1}{2m}\right)\right] + \\ &\qquad \ldots + \frac{p}{100} \cdot S \cdot \left[1 - \frac{1}{N} \cdot \left(N - \frac{m+1}{2m}\right)\right]. \end{aligned}$$

Nach Ausklammern des jeweiligen Faktors $\frac{p}{100} \cdot S$ bleibt folgende Summe übrig

$$\begin{aligned} &1 - \frac{1}{N} \cdot \left(1 - \frac{m+1}{2m}\right) + 1 - \frac{1}{N} \cdot \left(2 - \frac{m+1}{2m}\right) + \ldots + 1 - \frac{1}{N} \cdot \left(N - \frac{m+1}{2m}\right) \\ &= N - \frac{1}{N} \cdot \Bigl(\underbrace{1 + 2 + \ldots + N}_{= \frac{N \cdot (N+1)}{2}} - N \cdot \frac{m+1}{2m}\Bigr) \\ &= N - \frac{1}{N} \cdot \left(\frac{N \cdot (N+1)}{2} - N \cdot \frac{m+1}{2m}\right) = N - \frac{N+1}{2} + \frac{m+1}{2m} \\ &= \frac{N-1}{2} + \frac{m+1}{2m}. \end{aligned}$$

Damit betragen die

Gesamtzinsen während der N-jährigen Laufzeit

$$Z = S \cdot \left[\frac{N-1}{2} + \frac{m+1}{2m}\right] \cdot \frac{p}{100}. \tag{6}$$

Bezeichnungen s. (5).

Beispiel 2:
Ein Kredit über 90 000 Euro muss jährlich mit 7 % verzinst werden. Er soll innerhalb von 5 Jahren durch konstante nachschüssige Monatsraten getilgt werden. Dann beträgt die monatliche Tilgungsrate

$$T_u = \frac{90\,000}{12 \cdot 5} = 1500 \text{ Euro.}$$

Jährlich werden damit 18 000 Euro getilgt. Für die Zinsen in den einzelnen Jahren erhält man die Werte

$$Z_1 = 90\,000 \cdot \left[1 - \frac{1}{5} \cdot \frac{11}{24}\right] \cdot 0{,}07 = 5\,722{,}50 \text{ Euro;}$$

$$Z_2 = Z_1 - 0{,}07 \cdot \frac{90\,000}{5} = 5\,722{,}50 - 1\,260 = 4\,462{,}50 \text{ Euro;}$$

$$Z_3 = Z_2 - 1\,260 = 3\,202{,}50 \text{ Euro;}$$

$$Z_4 = Z_3 - 1\,260 = 1\,942{,}50 \text{ Euro;}$$

$$Z_5 = Z_4 - 1\,260 = 682{,}50 \text{ Euro.}$$

Die Zinssumme beträgt 16 012,50 Euro.

Diese Summe erhält man auch als (6) als

$$Z = 90\,000 \cdot \left[\frac{4}{2} + \frac{13}{24}\right] \cdot 0{,}07 = 16\,012{,}50 \text{ Euro.}$$

3.2.3. Tilgungszahlungen mit laufenden Gebühren

Bei manchen Krediten muss der Schuldner dem Geldgeber zusätzlich zu den Tilgungsraten und den Zinszahlungen weitere Gebühren bezahlen. Dabei kann es sich um eine jährlich konstante Gebühr handeln, sie kann aber auch prozentual von der Tilgungsrate oder von der Restschuld aus dem Vorjahr erhoben werden.

3.2.3.1. Konstante Gebühren

In jedem Jahr soll für den Ratenkredit zusätzlich zu den Tilgungen und Zinszahlungen eine einmalige Gebühr G gezahlt werden. Dann hat diese Gebühr, die im Regelfall nur einmal pro Jahr erhoben wird, auf die Zinsberechnung keinen Einfluss. Sie kann daher gesondert untersucht werden.

3.2.3.2. Tilgungsaufgeld

Zusätzlich zur Tilgungsrate T soll bei jeder Tilgung α % der Tilgungsrate als Gebühr entrichtet werden, zusammen mit der Tilgung also

$$T + \frac{\alpha}{100} \cdot T = \left(1 + \frac{\alpha}{100}\right) \cdot T.$$

Bei jährlicher Tilgung erhält man mit der Zinszahlung Z_n im n-ten Jahr die Annuität

$$A_n = \left(1 + \frac{\alpha}{100}\right) \cdot T + Z_n .$$

Da die Gebühren keinen Einfluss auf die Zinsen haben, erhält man bei einer ganzzahligen Laufzeit von N Jahren bei jährlicher Ratentilgung aus (1) die Annuität im n-ten Jahr

$$\begin{aligned} A_n &= \left(1 + \frac{\alpha}{100}\right) \cdot \frac{S}{N} + S \cdot \left(1 - \frac{n-1}{N}\right) \cdot \frac{p}{100} \\ &= \left(1 + \frac{\alpha}{100}\right) \cdot \frac{S}{N} + S \cdot \frac{p}{100} - \frac{S}{N} \cdot \frac{(n-1) \cdot p}{100} \\ &= \left(1 + \frac{\alpha}{100} - \frac{(n-1) \cdot p}{100}\right) \cdot \frac{S}{N} + S \cdot \frac{p}{100} . \end{aligned}$$

Bei m-maliger unterjähriger Tilgung muss anstelle der m-maligen Tilgungen von $T_u = \frac{S}{m \cdot N}$ immer der um die Gebühren erhöhte Betrag

$$\left(1 + \frac{\alpha}{100}\right) \cdot \frac{S}{m \cdot N}$$

gezahlt werden. Die Zinsen am Jahresende bleiben gleich.

3.2.3.3. Prozentuale Gebühren von der Restschuld aus dem Vorjahr

Falls zu Beginn des n-ten Jahres die Restschuld des Ratenkredits S_{n-1} beträgt, soll neben den Zinsen $Z_n = \frac{p}{100} \cdot S_{n-1}$ und der Tilgungsrate T als zusätzliche Gebühr β % von der Restschuld gezahlt werden. Dann betragen die Gebühren im n-ten Jahr

$$G_n = \frac{\beta}{100} \cdot S_{n-1} .$$

Somit lautet die Gesamtannuität im n-ten Jahr

$$\begin{aligned} A_n &= T + Z_n + G_n = T + \frac{p}{100} \cdot S_{n-1} + \frac{\beta}{100} \cdot S_{n-1} \\ &= T + \frac{p + \beta}{100} \cdot S_{n-1} . \end{aligned}$$

Diese Gebühren bedeuten in Wirklichkeit zusätzliche Zinsen. Falls man im Tilgungsplan den Zinssatz p durch den **Ersatzzinssatz** $p^* = p + \beta$ ersetzt, können mit diesem Ersatzzinssatz alle Formeln dieses Abschnitts unmittelbar übernommen werden. Die auf die Restschuld erhobenen Gebühren stellen also eine versteckte Zinserhöhung dar. Anstelle der prozentualen Gebühren könnte sofort der erhöhte Zinssatz $p^* = p + \beta$ festgelegt werden. Bei jährlicher Tilgung ist dann p^* der effektive Zinssatz.

Beispiel 3:
Ein Ratenkredit über 30 000 Euro ist jährlich mit 7 % zu verzinsen und in 10 gleichen nachschüssigen jährlichen Tilgungsraten zurückzuzahlen. Neben den Zinsen muss jeweils 2 % von der Restschuld aus dem Vorjahr als Gebühr gezahlt werden. Damit lautet der effektive Zinssatz $p^* = 9$ %. Bei diesem Zinssatz sind die Gebühren bereits berücksichtigt. Aus (1) erhält man

Zinsen im n-ten Jahr: $Z_n = 30\,000 \cdot \left(1 - \frac{n-1}{10}\right) \cdot 0{,}07$;

Gebühren im n-ten Jahr: $G_n = 30\,000 \cdot \left(1 - \frac{n-1}{10}\right) \cdot 0{,}02$.

Aus (2) erhält man

Gesamtzinsen: $Z = 30\,000 \cdot \frac{11}{2} \cdot 0{,}07 = 11\,550$ Euro;

Gesamtgebühren: $G = 30\,000 \cdot \frac{11}{2} \cdot 0{,}02 = 3\,300$ Euro.

Damit erhält man während der zehnjährigen Gesamtlaufzeit die insgesamt anfallenden Zahlungen (Tilgungen, Zinsen und Gebühren) von

$30\,000 + 11\,550 + 3\,300 = 44\,850$ Euro.

3.3. Annuitätentilgung

Bei einer Annuitätentilgung wird zu jedem Tilgungstermin die gleiche Annuität A für Zinsen und Tilgung gezahlt. Mit dem Tilgungsbetrag T und dem Zinsbetrag Z gilt also

$$T + Z = A.$$

Falls die Zinszahlungen im Laufe der Zeit kleiner werden, erhöhen sich entsprechend die Tilgungsbeträge.

3.3.1. Jährliche konstante Annuitäten

Eine Ausgangsschuld S werde jährlich mit p % verzinst. Jeweils zum Jahresende (nachschüssig) werde die gleiche Annuität A für den Zins- und Tilgungsanteil gezahlt. Mit

$$Z_n = \text{Zinsen;} \quad T_n = \text{Tilgungsbetrag} \quad \text{im n-ten Jahr}$$

gilt dann allgemein

$$A = Z_n + T_n \text{ (konstant)} \quad \text{für} \quad n = 1, 2, \ldots .$$

Am Ende des ersten Jahres wird der Betrag S verzinst, er wächst also an auf $S \cdot q$. Davon wird die Annuität A abgezogen. Damit beträgt die Restschuld nach einem Jahr

$$S_1 = S \cdot q - A.$$

Durch die Verzinsung wächst S_1 im zweiten Jahr an auf den Betrag $S_1 \cdot q = S \cdot q^2 - A \cdot q$. Subtraktion der Annuität A ergibt die Restschuld nach 2 Jahren

$$S_2 = S \cdot q^2 - A \cdot q - A.$$

Allgemein wird im n-ten Jahr die Restschuld S_{n-1} aus dem Vorjahr verzinst. Subtraktion der Annuität A ergibt die Restschuld nach n Jahren als

$$S_n = S_{n-1} \cdot q - A \quad \text{für } n = 2, 3, \ldots .$$

Daraus folgt

$$\begin{aligned} S_n &= S \cdot q^n - A \cdot q^{n-1} - A \cdot q^{n-2} - \ldots - A \cdot q - A \qquad (7) \\ &= S \cdot q^n - A \cdot \underbrace{(q^{n-1} + q^{n-2} + \ldots + q + 1)}_{= \frac{q^n - 1}{q - 1} \text{ (geometrische Reihe)}} \\ &= S \cdot q^n - A \cdot \frac{q^n - 1}{q - 1}. \end{aligned}$$

Diese Formel ist plausibel. Ohne Tilgung wächst die Ausgangsschuld S in n Jahren auf $S \cdot q^n$ an. Die n nachschüssigen Annuitätenzahlungen der jeweiligen Höhe A können auf einem getrennten Konto berechnet werden. Nachschüssig eingezahlt ergeben sie in n Jahren nach der Formel (34) aus Kapitel 1 einen Kapitalwert (Rentenendwert) von $A \cdot \frac{q^n - 1}{q - 1}$. Die Differenz dieser beiden Werte ergibt die Restschuld nach n Jahren. Die Ausgangsschuld S kann als Kapital des Kreditgebers interpretiert werden, aus dem er jährlich nachschüssig die Rente A erhält. Mit $K \to S$, $\hat{r} \to A$, $m = 1$ und $\hat{R}_n \to S_n$ geht dann die 2. Gleichung in (1) aus Kapitel 2 unmittelbar in die obige Gleichung (7) über.

Die Schuldsumme (Darlehen, Kredit) S ist ein Kapital, das der Gläubiger, z. B. eine Bank, dem Schuldner zur Verfügung stellt. Die Annuitätenzahlungen können als nachschüssige Rente betrachtet werden, die aus dem Kapital S vom Schuldner an den Gläubiger zurückgezahlt werden. Daher können **Annuitätenzahlungen als nachschüssige Rentenzahlungen** aus dem Kapital S aufgefasst werden. Somit können sämtliche nachschüssigen Modelle aus Kapitel 2 unmittelbar auf Annuitätentilgungen übertragen werden.
Bei jährlicher Annuitätentilgung muß in Abschnitt 2.2 aus Kapitel 2 folgende Zuordnung vorgenommen werden:

$$K \to S; \quad m \to 1; \quad \hat{r} \to A; \quad \hat{R}_n \to S_n .$$

Falls die Annuität A größer ist als die im ersten Jahr anfallenden Zinsen $S \cdot \frac{p}{100} = S \cdot (q-1)$, werden die Restschulden von Jahr zu Jahr kleiner. Im Falle $A = S \cdot \frac{p}{100}$ werden jedes Jahr nur die Zinsen der Ausgangsschuld gezahlt, ohne dass sich die Schuldsumme ändert. Wenn die Annuität kleiner als $S \cdot \frac{p}{100}$ ist, werden nicht einmal die Zinsen voll bezahlt. Dann werden die Restschulden von Jahr zu Jahr größer.

Im ersten Jahr betragen die Zinsen

$$Z_1 = S \cdot \frac{p}{100} = S \cdot (q-1). \tag{8}$$

Damit lautet der Tilgungsanteil im ersten Jahr

$$T_1 = A - Z_1 = A - S \cdot \frac{p}{100} = A - S \cdot (q-1). \tag{9}$$

In jedem Jahr vergrößert sich der Tilgungsanteil um den durch die vorangehende Tilgung ersparten Zinsanteil. Damit gilt für den Tilgungsanteil im n-ten Jahr die Rekursionsformel

$$T_n = T_{n-1} + T_{n-1} \cdot \frac{p}{100} = T_{n-1} \cdot \left(1 + \frac{p}{100}\right) = T_{n-1} \cdot q. \tag{10}$$

Daraus folgt unmittelbar

$$T_n = T_1 \cdot q^{n-1} \quad \text{für} \quad n = 1, 2, \ldots .$$

Der Tilgungsanteil in n-ten Jahr ist die Differenz der Restschuld nach $n-1$ Jahren und der Restschuld nach n Jahren. Damit gilt

$$T_n = S_{n-1} - S_n \quad \text{mit} \quad S_0 = S \qquad \text{für} \quad n = 1, 2, \ldots .$$

Die Zinsen Z_n im n-ten Jahr erhält man aus $A = Z_n + T_n$.

Zusammenfassung:

Bei jährlicher Annuitätenzahlung A gilt für $n = 1, 2, \ldots$

Restschuld nach n Jahren: $S_n = S \cdot q^n - A \cdot \frac{q^n - 1}{q - 1}$;

Tilgung im n-ten Jahr: $T_n = [A - S \cdot (q-1)] \cdot q^{n-1} = T_1 \cdot q^{n-1}$; (11)

Zinsanteil im n-ten Jahr: $Z_n = A - T_n = A - [A - S \cdot (q-1)] \cdot q^{n-1}$.

S = Ausgangsschuld;
A = jährliche konstante nachschüssige Annuität;
n = Anzahl der Jahre;
p = Jahreszinssatz; $q = 1 + \frac{p}{100}$.

Beispiel 4:
Ein Annuitätendarlehen über 100 000 Euro muss jährlich mit 7 % verzinst werden. Die jährliche nachschüssige Annuität betrage 10 000 Euro. Dann beträgt die Restschuld nach 10 Jahren nach (11)

$$S_{10} = 100\,000 \cdot 1{,}07^{10} - 10\,000 \cdot \frac{1{,}07^{10} - 1}{0{,}07} = 58\,550{,}66 \text{ Euro.}$$

Im 10. Jahr beträgt der Tilgungsanteil nach (11)

$$T_{10} = [\,10\,000 - 100\,000 \cdot 0{,}07\,] \cdot 1{,}07^{9} = 5\,515{,}38 \text{ Euro}$$

und die Zinszahlung

$$Z_{10} = A - T_{10} = 10\,000 - 5\,515{,}38 = 4\,484{,}62 \text{ Euro.}$$

Reduzierte Schlussannuität (Restannuität) bei nicht ganzzahliger Laufzeit
Bei beliebiger Vorgabe der Annuität A ist nicht zu erwarten, dass eine vorgegebene Annuitätenschuld S durch eine ganze Zahl gleicher Annuitätenzahlungen der jeweiligen Höhe A getilgt ist. Dazu müsste nach (11) die Gleichung

$$0 = S_n = S \cdot q^n - A \cdot \frac{q^n - 1}{q - 1} \tag{12}$$

eine ganzzahlige Lösung n besitzen, was im Allgemeinen nicht der Fall ist.

Multiplikation der Gleichung (12) mit $(q-1)$ ergibt

$$(q-1) \cdot S \cdot q^n - A \cdot (q^n - 1) = 0$$

$$(q-1) \cdot S \cdot q^n - A \cdot q^n + A = 0$$

$$q^n \cdot \left[(q-1) \cdot S - A \right] + A = 0$$

$$q^n = \frac{A}{A - (q-1) \cdot S} = \frac{1}{1 - \frac{(q-1) \cdot S}{A}}.$$

Logarithmieren mit einem beliebigen Logarithmus (s. Anhang) ergibt

$$n \cdot \lg q = \lg \left(\frac{1}{1 - \frac{(q-1) \cdot S}{A}} \right) = \underbrace{\lg 1}_{=0} - \lg \left(1 - \frac{(q-1) \cdot S}{A} \right).$$

Hieraus folgt

$$n = - \frac{\lg \left(1 - \frac{(q-1) \cdot S}{A} \right)}{\lg q}. \tag{13}$$

Bei ganzzahliger Lösung ist $n = N$ die Laufzeit. Dann ist S durch N gleiche Annuitäten A vollständig getilgt.

Wenn n nicht ganzzahlig ist, sei n_0 der ganzzahlige Anteil von n. Dann ist die Restschuld S_{n_0} nach n_0 Jahren positiv. Eine weitere Zahlung der vollen Annuität A im darauffolgenden Jahr ergäbe für S_{n_0+1} einen negativen Wert mit einer Überzahlung. Die Restschuld S_{n_0} wächst einschließlich der Zinsen im nachfolgenden Jahr an auf $S_{n_0} \cdot q$. Dann kann diese Restschuld am Ende des $(n_0 + 1)$ - ten Jahres getilgt werden durch die

reduzierte Schlussannuität (***abgerundete Restannuität***)

$$A_{n_0+1} = S_{n_0} \cdot q .$$

Insgesamt muß dann n_0 - mal die volle Annuität A und im darauffolgenden Jahr die reduzierte Schlussannuität (abgerundete Restannuität) A_{n_0+1} gezahlt werden.

Reduzierte Schlussannuität (abgerundete Restannuität) bei nicht ganzzahliger Laufzeit n mit $S_n = 0$

$$n = -\frac{\lg\left(1 - \frac{(q-1)\cdot S}{A}\right)}{\lg q} .$$

1. Fall: n = N sei ganzzahlig. Dann ist N die Laufzeit.

2. Fall: n sei nicht ganzzahlig.
n_0 sei der ganzzahlige (abgerundete) Anteil von n.

Dann wird S getilgt durch n_0 gleiche Annuitäten A und die reduzierte Schlussannuität im $(n_0 + 1)$ ten Jahr

$$A_{n_0+1} = S_{n_0} \cdot q . \qquad (14)$$

S = gegebene Ausgangsschuld;
A = gegebene jährliche konstante nachschüssige Annuität;
p = Jahreszinssatz; $q = 1 + \frac{p}{100}$;
n = allgemeine Lösung von $S_n = 0$;
A_{n_0+1} = reduzierte Schlussannuität (abgerundete Restannuität).

Beispiel 5 (s. Beispiel 4):
In Beispiel 4 erhält man aus (14)

$$n = -\frac{\lg\left(1 - \frac{0{,}07 \cdot 100\,000}{10\,00}\right)}{\lg 1{,}07} = 17{,}79.$$

Nach $n_0 = 17$ Jahren (abgerundet) beträgt die Restschuld nach (11)

$$S_{17} = 100\,000 \cdot 1{,}07^{17} - 10\,000 \cdot \frac{1{,}07^{17} - 1}{0{,}07} = 7\,479{,}35 \text{ Euro}.$$

Am Ende des 18. Jahres lautet einschließlich der anfallenden Zinsen die reduzierte Schlussannuität
$A_{18} = S_{17} \cdot q = 7\,479{,}35 \cdot 1{,}07 = 8\,002{,}93$ Euro.

Vorgabe der ganzjährigen Laufzeit N

Oft wird neben dem Zinssatz p die ganzzahlige Laufzeit N mit $S_N = 0$ vorgegeben. Dann erhält man für die Schuldsumme S und die Annuität A aus (12) mit n = N die Gleichung

$$S \cdot q^N = A \cdot \frac{q^N - 1}{q - 1}.$$

Falls diese Gleichung nach A aufgelöst wird, erhält man aus einer vorgegebenen Kreditsumme S die zugehörige Annuität, mit welcher der Kredit durch N gleiche Annuitäten der Höhe A zurückgezahlt ist. Falls umgekehrt die Annuität A vorgegeben ist, erhält man die Schuldsumme S, die mit dieser Annuität A nach genau N Jahren getilgt ist. Auflösung ergibt

$$A = S \cdot \frac{q^N \cdot (q-1)}{q^N - 1} = S \cdot \frac{q-1}{1 - \frac{1}{q^N}}; \tag{15}$$

$$S = A \cdot \frac{q^N - 1}{q^N \cdot (q-1)} = \frac{A}{q-1} \cdot \left(1 - \frac{1}{q^N}\right). \tag{16}$$

Bei vorgegebener Laufzeit N mit $S_N = 0$ ist die Kreditsumme S der **Barwert** der N nachschüssigen Jahreszahlungen der jeweiligen Annuität A. Die erste nach einem Jahr anfallende Zahlung der Höhe A besitzt den für ein Jahr abgezinsten Barwert A/q, die zweite Zahlung wird für zwei Jahre abgezinst mit dem Barwert A/q^2 usw. Die letzte Zahlung wird für N Jahre abgezinst mit dem Barwert A/q^N. Damit erhält man den Barwert der N Annuitätenzahlungen der jeweiligen Höhe A als Summe der N abgezinsten Annuitätenzahlungen

$$S = B_0 = \frac{A}{q} + \frac{A}{q^2} + \frac{A}{q^3} + \ldots + \frac{A}{q^N} = \frac{A}{q} \cdot \left(1 + \frac{1}{q} + \frac{1}{q^2} + \ldots + \frac{1}{q^{N-1}}\right)$$

$$= \frac{A}{q} \cdot \underbrace{\left(1 + \frac{1}{q} + \left(\frac{1}{q}\right)^2 + \ldots + \left(\frac{1}{q}\right)^{N-1}\right)}_{= \frac{1 - \left(\frac{1}{q}\right)^N}{1 - \frac{1}{q}} \text{ (geometrische Reihe)}}$$

$$= \frac{A}{q} \cdot \frac{1 - \left(\frac{1}{q}\right)^N}{1 - \frac{1}{q}} = A \cdot \frac{1 - \frac{1}{q^N}}{q - 1} = A \cdot \frac{q^N - 1}{q^N \cdot (q-1)}.$$

Falls die Laufzeit N mit $S_N = 0$ ganzzahlig vorgegeben ist, erhält man aus (11) zusammen mit (15) die Restschuld nach n Jahren in der Form

$$S_n = S \cdot q^n - S \cdot \frac{q^N \cdot (q-1)}{q^N - 1} \cdot \frac{q^n - 1}{q - 1} = S \cdot q^n - S \cdot \frac{q^N \cdot (q^n - 1)}{q^N - 1}$$

$$= \frac{S \cdot q^n \cdot (q^N - 1) - S \cdot q^N \cdot (q^n - 1)}{q^N - 1}$$

$$= \frac{S \cdot q^n \cdot q^N - S \cdot q^n - S \cdot q^N \cdot q^n + S \cdot q^N}{q^N - 1}$$

$$= \frac{-S \cdot q^n + S \cdot q^N}{q^N - 1} = S \cdot \frac{q^N - q^n}{q^N - 1} \qquad \text{für } n = 1, 2, \ldots, N.$$

Mit (16) erhält man aus (11) für $n = 1, 2, \ldots, N$ die Tilgungsanteile

$$T_n = \left[A - A \cdot \frac{q^N - 1}{q^N \cdot (q-1)} \cdot (q-1)\right] \cdot q^{n-1} = A \cdot \left[1 - \frac{q^N - 1}{q^N}\right] \cdot q^{n-1}$$

$$= A \cdot \left[\frac{q^N - q^N + 1}{q^N}\right] \cdot q^{n-1} = A \cdot \frac{q^{n-1}}{q^N} = \frac{A}{q^{N-n+1}}.$$

Hiermit erhält man den Zinsanteil im n-ten Jahr

$$Z_n = A - T_n = A - \frac{A}{q^{N-n+1}} = A \cdot \left(1 - \frac{q^{n-1}}{q^N}\right) = A \cdot \left(1 - \frac{1}{q^{N-n+1}}\right).$$

Zusammenfassung

Bei vorgegebener (ganzzahliger) Laufzeit N mit $S_N = 0$
gelten für $n = 1, 2, \ldots, N$ die Darstellungen

$$\begin{aligned} A &= S \cdot \frac{q^N \cdot (q-1)}{q^N - 1} = S \cdot \frac{q-1}{1 - \frac{1}{q^N}}; \\ S &= A \cdot \frac{q^N - 1}{q^N \cdot (q-1)} = \frac{A}{q-1} \cdot \left(1 - \frac{1}{q^N}\right); \\ S_n &= S \cdot \frac{q^N - q^n}{q^N - 1} = \frac{A}{q-1} \cdot \left(1 - \frac{q^n}{q^N}\right) = S_{n-1} - T_n; \\ T_n &= A \cdot \frac{q^{n-1}}{q^N} = \frac{A}{q^{N-n+1}} = S_{n-1} - S_n; \\ Z_n &= A \cdot \left(1 - \frac{q^{n-1}}{q^N}\right) = A \cdot \left(1 - \frac{1}{q^{N-n+1}}\right) = S_{n-1} \cdot (q-1). \end{aligned} \qquad (17)$$

N = vorgegebene ganzzahlige Laufzeit bis zur vollständigen Tilgung;
p = Jahreszinssatz; $q = 1 + \frac{p}{100}$;
A = jährliche konstante nachschüssige Annuität;
S = Ausgangsschuld;
S_n = Restschuld nach n Jahren;
T_n = Tilgungsanteil im n-ten Jahr;
Z_n = Zinsanteil im n-ten Jahr.

Beispiel 6:
Bei einem Jahreszinssatz von 5,85 % soll ein Darlehen von 250 000 Euro durch 20 nachschüssige konstante Jahresannuitäten vollständig getilgt werden. Dann erhält man aus (17) die Jahresannuität

$$A = 250\,000 \cdot \frac{1{,}0585^{20} \cdot 0{,}0585}{1{,}0585^{20} - 1} = 21\,531{,}48 \text{ Euro.}$$

Nach (17) beträgt die Restschuld nach 10 Jahren

$$S_{10} = 250\,000 \cdot \frac{1{,}0585^{20} - 1{,}0585^{10}}{1{,}0585^{20} - 1} = 159\,605{,}87 \text{ Euro.}$$

Im 10. Jahr beträgt der Tilgungsanteil

$$T_{10} = \frac{21\,531{,}48}{1{,}0585^{11}} = 11\,520{,}58 \text{ Euro.}$$

Beispiel 7:
Ein Hausbauer kann für eine Grundschuld 12 Jahre lang nachschüssig jeweils 25 000 Euro zurückzahlen. Welche Grundschuld S kann er erhalten, damit diese bei einem Jahreszinssatz von 6,1 % in 12 Jahren vollständig getilgt ist?

Aus (17) erhält man die Schuldsumme

$$S = \frac{25\,000}{0{,}061} \cdot \left(1 - \frac{1}{1{,}061^{12}}\right) = 208\,451{,}79 \text{ Euro.}$$

Beispiel 8 (vollständiger Tilgungsplan):
Ein Kredit der Höhe 50 000 Euro soll bei einem Jahreszinssatz von 5,5 % durch 5 nachschüssige gleiche Jahresannuitäten vollständig getilgt werden. Mit N = 5 erhält man aus (17) die Annuität

$$A = 50\,000 \cdot \frac{1{,}055^5 \cdot 0{,}055}{1{,}055^5 - 1} = 11\,708{,}82 \text{ Euro.}$$

Hiermit erhält man den vollständigen Tilgungsplan

Jahr	Zinsanteil	Tilgungsanteil	Restschuld
1	2 750,00	8 958,82	41 041,18
2	2 257,26	9 451,56	31 589,62
3	1 737,43	9 971,39	21 618,23
4	1 189,00	10 519,82	11 098,41
5	610,41	11 098,41	–
Summe	8 544,10	50 000,00	

Während der gesamten Laufzeit N wird $N \cdot A$ gezahlt. Der gesamte Tilgungsanteil ist gleich S. Damit erhält man die

Gesamtzinsen während der Laufzeit N mit $S_N = 0$

$$Z = N \cdot A - S. \tag{18}$$

Berechnung der Annuität bei vorgegebener Restschuld nach n_1 Jahren

Bei den meisten Annuitätendarlehen gilt die ***Zinsfestschreibung*** nicht für die gesamte Laufzeit. Die Zinsfestschreibung soll nur für n_1 Jahren gelten. Danach muss das Darlehen entweder abgelöst oder zum marktüblichen Zinssatz verlängert werden. Dann kann die Restschuld nach n_1 Jahren vorgegeben werden. Nach (11) gilt dann

$$S_{n_1} = S \cdot q^{n_1} - A \cdot \frac{q^{n_1} - 1}{q - 1}. \tag{19}$$

Diese Gleichung kann nach der Annuität A oder nach der Kredithöhe S aufgelöst werden.

Bei vorgegebener Restschuld S_{n_1} nach n_1 Jahren gelten die Darstellungen

$$A = (S \cdot q^{n_1} - S_{n_1}) \cdot \frac{q-1}{q^{n_1} - 1}; \tag{20}$$

$$S = A \cdot \frac{q^{n_1} - 1}{q^{n_1} \cdot (q-1)} + \frac{S_{n_1}}{q^{n_1}} = A \cdot \frac{1 - \frac{1}{q^{n_1}}}{q - 1} + \frac{S_{n_1}}{q^{n_1}}.$$

p = Jahreszinssatz; $q = 1 + \frac{p}{100}$;
S_{n_1} = vorgegebene Restschuld nach n_1 Jahren;
A = jährliche konstante nachschüssige Annuität;
S = Ausgangsschuld.

Beispiel 9:
Für ein Annuitätendarlehen der Höhe 200 000 Euro wird für 10 Jahre eine Zinsfestschreibung von 7,1 % vereinbart.

a) Nach 10 Jahren soll durch gleiche Jahresannuitäten die Hälfte getilgt sein. Gesucht ist die zugehörige Annuität A. Mit $n_1 = 10$, $S = 200\,000$, $S_{10} = 100\,000$ Euro erhält man aus (20) die Jahresannuität

$$A = (200\,000 \cdot 1{,}071^{10} - 100\,000) \cdot \frac{0{,}071}{1{,}071^{10} - 1} = 21\,403{,}64 \text{ Euro.}$$

b) Jährlich soll nachschüssig die konstante Annuität 20 000 Euro gezahlt werden. Welche Kreditsumme kann hierfür aufgenommen werden, damit die Restschuld nach 10 Jahren 100 000 Euro beträgt? Aus (20) erhält man die Kreditsumme

$$S = 20\,000 \cdot \frac{1{,}071^{10} - 1}{1{,}071^{10} \cdot 0{,}071} + \frac{100\,000}{1{,}071^{10}} = 190\,186{,}86 \text{ Euro.}$$

3.3.2. Unterjährige konstante Annuitäten bei jährlicher Verzinsung

Zur Tilgung einer Ausgangsschuld der Höhe S soll m-mal unterjährig (nachschüssig) die gleiche konstante Annuität a gezahlt werden. Die Verzinsung erfolge jeweils zum Jahresende anteilmäßig. Interpretiert man S als Kapital, aus dem m-mal unterjährig die nachschüssige Rente a gezahlt wird, so erhält man aus (1) in Kapitel 2 unmittelbar die

Restschuld nach n Jahren

$$S_n = S \cdot q^n - a \cdot \left(m + \frac{(m-1) \cdot p}{200}\right) \cdot \frac{q^n - 1}{q - 1} \quad \text{für } n = 1, 2, \ldots \qquad (21)$$

S = Ausgangsschuld;
p = Jahreszinssatz bei anteilmäßiger Verzinsung; $q = 1 + \frac{p}{100}$;
m = Anzahl der unterjährigen konstanten Annuitätenzahlungen;
a = unterjährige nachschüssige Annuität;
S_n = Restschuld nach n Jahren.

Konforme Jahresannuität (jährliche Ersatzannuität)
Den m unterjährigen Annuitätenzahlungen der Höhe a entspricht nach (44) aus Kapitel 1 mit $\hat{U} \to a$ die

konforme (***äquivalente***) nachschüssige ***Jahresannuität***

$$A = a \cdot \left(m + \frac{(m-1) \cdot p}{200}\right). \qquad (22)$$

Mit dieser jährlichen Ersatzannuität A erhält man am Ende der einzelnen Jahre immer die gleiche Restschuld wie bei den unterjährigen Annuitätenzahlungen. Daher können mit der äquivalenten Jahresannuität A alle Formeln aus Abschnitt 3.3.1 unmittelbar übernommen werden.

Beispiel 10:
Ein Annuitätendarlehen der Höhe 130 000 Euro werde jährlich anteilmäßig mit 7 % verzinst. Es soll innerhalb von 10 Jahren durch gleiche nachschüssige Monatsannuitäten getilgt werden.

Aus (17) erhält man mit N = 10 die konforme Jahresannuität

$$A = 130\,000 \cdot \frac{1{,}07^{10} \cdot 0{,}07}{1{,}07^{10} - 1} = 18\,508{,}08 \text{ Euro.}$$

Die Monatsannuität erhält man aus (22) als

$$a = \frac{18\,508{,}08}{12 + \frac{11 \cdot 7}{200}} = 1\,494{,}48 \text{ Euro.}$$

Beispiel 11:
Bei einem Jahreszinssatz von 7,4 % vereinbart jemand zur Rückzahlung eines Hypothekendarlehens der Höhe 90 000 Euro jeweils eine vierteljährliche nachschüssige Annuitätenzahlung von 2 500 Euro.

a) Die Restschuld nach 10 Jahren beträgt nach (21)

$$S_{10} = 90\,000 \cdot 1{,}074^{10} - 2\,500 \cdot \left(4 + \frac{3 \cdot 7{,}4}{200}\right) \cdot \frac{1{,}074^{10} - 1}{0{,}074} = 39\,064{,}66 \text{ Euro.}$$

b) Gesucht ist die Laufzeit sowie die reduzierte vierteljährige Schlussannuität. Nach (22) lautet die (äquivalente) Jahresannuität

$$A = 2\,500 \cdot \left(4 + \frac{3 \cdot 7{,}4}{200}\right) = 10\,277{,}50 \text{ Euro.}$$

Mit dieser jährlichen Ersatzannuität erhält man aus (14)

$$n = -\frac{\lg\left(1 - \frac{0{,}074 \cdot 90\,000}{10\,277{,}50}\right)}{\lg 1{,}074} = 14{,}63 \text{ Jahre.}$$

Der ganzzahlige Anteil ist $n_0 = 14$. Damit muß 14 Jahre lang die volle vierteljährliche Annuität $a = 2\,500$ Euro gezahlt werden. Mit der Ersatzannuität 10 277,50 erhält man aus (11) die Restschuld nach 14 Jahren

$$S_{14} = 90\,000 \cdot 1{,}074^{14} - 10\,277{,}50 \cdot \frac{1{,}074^{14} - 1}{0{,}074} = 6\,073{,}31 \text{ Euro.}$$

Dies ergibt für das 15. Jahr eine reduzierte konforme Jahresschlussannuität

$$A_{15} = 6\,073{,}31 \cdot 1{,}074 = 6\,522{,}73 \text{ Euro.}$$

Dieser Ersatzannuität entspricht nach (22) die reduzierte vierteljährliche Schlussannuität

$$a_{15} = \frac{6\,522{,}73}{4 + \frac{3 \cdot 7{,}4}{200}} = 1\,586{,}65 \text{ Euro.}$$

3.3.3. Arithmetisch wachsende Jahresannuitäten

Am Ende des ersten Jahres soll die Annuität A gezahlt werden. Die Annuität soll jährlich um den gleichen Betrag D erhöht werden. Dann lautet die Annuität im n-ten Jahr

$$A_n = A + (n-1) \cdot D \qquad \text{für} \quad n = 1, 2, \ldots \,.$$

Hier erhält man das in Abschnitt 2.3, Kapitel 2 behandelte Modell der jährlichen Rentenzahlungen aus einem Ausgangskapital. Mit der Zuordnung

$$m = 1; \quad K \to S; \quad \hat{r} \to A; \quad \hat{d} \to D; \quad \hat{R}_n \to S_n$$

erhält man aus der zweiten Formel in (9) aus Kapitel 2 unmittelbar die Formel für die Restschuld nach n Jahren

$$S_n = S \cdot q^n - \left(A + \frac{D}{q-1}\right) \cdot \frac{q^n - 1}{q-1} + \frac{n \cdot D}{q-1}. \tag{23}$$

Bestimmung des Tilgungs- und Zinsanteils im n-ten Jahr

Am Ende des ersten Jahres betragen die Zinsen $Z_1 = S \cdot \frac{p}{100} = S \cdot (q-1)$. Damit lautet der Tilgungsanteil im ersten Jahr

$$T_1 = A - S \cdot (q-1). \tag{24}$$

Im zweiten Jahr beträgt die Annuität $A + D$. Dann unterscheidet sich der Tilgungsanteil T_2 von T_1 um die Erhöhung D der Annuität und um den durch die vorangehende Tilgung T_1 eingesparten Zinsbetrag $T_1 \cdot \frac{p}{100}$. Damit gilt

$$T_2 = T_1 + T_1 \cdot \frac{p}{100} + D = T_1 \cdot \left(1 + \frac{p}{100}\right) + D = T_1 \cdot q + D.$$

Entsprechend gilt

$$T_3 = T_2 \cdot q + D = T_1 \cdot q^2 + D \cdot q + D\,.$$

$$T_4 = T_3 \cdot q + D = T_1 \cdot q^3 + D \cdot q^2 + D \cdot q + D\,.$$

Allgemein gilt

$$T_n = T_{n-1} \cdot q + D \qquad \text{für} \quad n = 2, 3, \ldots \,.$$

Daraus folgt rekursiv

$$T_n = T_1 \cdot q^{n-1} + D \cdot [\underbrace{q^{n-2} + q^{n-3} + \ldots + q + 1}_{= \frac{q^{n-1}-1}{q-1} \text{ (geometrische Reihe)}}]$$

$$= T_1 \cdot q^{n-1} + D \cdot \frac{q^{n-1}-1}{q-1}$$

$$= [A - S \cdot (q-1)] \cdot q^{n-1} + D \cdot \frac{q^{n-1}-1}{q-1}.$$

Da die Annuität im $n-$ ten Jahr $A + (n-1) \cdot D$ ist, beträgt der Zinsanteil im n-ten Jahr

$$Z_n = A + (n-1) \cdot D - T_n .$$

Bei **arithmetisch wachsenden** Jahresannuitäten

$$A_n = A + (n-1) \cdot D$$

gilt für $n = 1, 2, \ldots$

Restschuld nach n Jahren

$$S_n = S \cdot q^n - \left(A + \frac{D}{q-1}\right) \cdot \frac{q^n - 1}{q-1} + \frac{n \cdot D}{q-1};$$

Tilgungsanteil im n-ten Jahr (25)

$$T_n = [A - S \cdot (q-1)] \cdot q^{n-1} + D \cdot \frac{q^{n-1}-1}{q-1};$$

Zinsanteil im n-ten Jahr

$$Z_n = A + (n-1) \cdot D - T_n = S_{n-1} \cdot \frac{p}{100} = S_{n-1} \cdot (q-1).$$

S = Ausgangsschuld;
p = Jahreszinssatz; $q = 1 + \frac{p}{100}$;
A = Annuität im ersten Jahr;
D = jährliche Erhöhung der Annuität.

Reduzierte Schlussannuität bei nicht ganzzahliger Laufzeit
Die Gleichung $S_n = 0$ ist nicht geschlossen nach n auflösbar. Die größte ganze Zahl n_0 mit positiver Restschuld S_{n_0} muß wie in Abschnitt 2.3 iterativ bestimmt werden. Dann erhält man für das nachfolgende $(n_0 + 1)$-te Jahr die

reduzierte Schlussannuität

$$A_{n_0+1} = S_{n_0} \cdot q .$$

Beispiel 12:
Eine Annuitätenschuld der Höhe 140 000 Euro wird jährlich mit 6,2 % verzinst. Sie soll durch arithmetisch steigende Jahresannnuitäten zurückgezahlt werden. Im ersten Jahr betrage die Annuität 12 000. Die Annuität werde jährlich um 150 Euro erhöht.

a) Gesucht ist die Restschuld nach 10 Jahren. Aus (25) erhält man mit $A = 12\,000$ und $D = 150$ die Restschuld nach 10 Jahren

$$\begin{aligned} S_{10} &= 140\,000 \cdot 1{,}062^{10} - \left(12\,000 + \frac{150}{0{,}062}\right) \cdot \frac{1{,}062^{10} - 1}{0{,}062} + \frac{10 \cdot 150}{0{,}062} \\ &= 87\,829{,}99 \text{ Euro.} \end{aligned}$$

b) Gesucht ist die Laufzeit und die reduzierte Schlussannuität. Für $n = 18$ lautet die Restschuld: $S_{18} = 2\,772{,}65$ Euro. Damit ist im 19. Jahr keine volle Annuitätenzahlung notwendig, sondern nur noch die reduzierte Schlussannuität

$$A_{19} = S_{18} \cdot q = 2\,772{,}65 \cdot 1{,}062 = 2\,944{,}55 \text{ Euro.}$$

Vorgabe der ganzzahligen Laufzeit N
Falls neben dem Jahreszinssatz die ganzzahlige Laufzeit N mit $S_N = 0$ vorgegeben, erhält man aus (25) die Gleichung

$$S \cdot q^N = \left(A + \frac{D}{q-1}\right) \cdot \frac{q^N - 1}{q-1} + \frac{N \cdot D}{q-1}.$$

Dies ist eine Gleichung in den drei Variablen S, A und D. Von diesen Werten können 2 vorgegeben werden. Dann ist die dritte dadurch bestimmt. Aus den zweiten Gleichungen von (10), (11) und (12) aus Kapitel 2 erhält man mit $m = 1$ und den Zuordnungen $K \to S$; $\hat{d} \to D$; $\hat{r} \to A$ unmittelbar die folgenden Größen.

Bei vorgegebener ganzzahliger Laufzeit N mit $S_N = 0$ gilt mit den Jahresannuitäten $A_n = A + (n-1) \cdot D$

$$S = \frac{1}{q^N} \cdot \left[\left(A + \frac{D}{q-1}\right) \cdot \frac{q^N - 1}{q-1} - \frac{N \cdot D}{q-1}\right];$$

$$D = \frac{q-1}{q^N - 1 - N \cdot (q-1)} \cdot \left[\left[S \cdot (q-1) - A\right] \cdot q^N + A\right]; \tag{26}$$

$$A = S \cdot \frac{(q-1) \cdot q^N}{q^N - 1} - \frac{D}{q-1} + \frac{N \cdot D}{q^N - 1}.$$

S = Ausgangsschuld;
p = Jahreszinssatz; $q = 1 + \frac{p}{100}$;
A = Annuität im ersten Jahr;
D = jährliche Erhöhung der Jahresannuität.

Beispiel 13:
Ein Annuitätendarlehen der Höhe 50 000 Euro werde jährlich mit 5 % verzinst. Es soll in N = 5 Jahren getilgt sein, wobei im ersten Jahr die Annuität A = 10 000 Euro gezahlt wird.
a) Um welchen konstanten Betrag D muß die Annuität jährlich erhöht werden, damit die Tilgung nach fünf Jahren erfolgt ist? Aus (26) erhält man mit N = 5 den jährlichen Erhöhungsbetrag

$$D = \frac{0{,}05}{1{,}05^5 - 1 - 5 \cdot 0{,}05} \cdot \left[(50\,000 \cdot 0{,}05 - 10\,000) \cdot 1{,}05^5 + 10\,000\right]$$
$$= 814{,}05 \text{ Euro.}$$

b) Gesucht ist die Restschuld nach 4 Jahren. Die Restschuld S_4 kann aus (25) berechnet werden. Die Restschuld ist der für 1 Jahr abgezinste Barwert der letzten Annuität $A_5 = 10\,000 + 4 \cdot 814{,}05 = 13\,256{,}20$ Euro. Damit erhält man unmittelbar

$$S_4 = \frac{13\,256{,}20}{1{,}05} = 12\,624{,}95 \text{ Euro.}$$

3.3.4. Jährlich arithmetisch wachsende unterjährige Annuitäten

Zur Tilgung der Ausgangsschuld der Höhe S soll in jedem Jahr m-mal unterjährig (nachschüssig) jeweils die gleiche unterjährige Annuität gezahlt werden. Im ersten Jahr sei die unterjährige Annuität gleich a. Jährlich soll die unterjährige Annuität jeweils um den gleichen Betrag d erhöht werden. Damit lauten im n-ten Jahr die m unterjährigen (nachschüssigen) Annuitätenzahlungen

$$a_n = a + (n-1) \cdot d \quad \text{für } n = 1, 2, \ldots .$$

Konforme (äquivalente) Jahresannuitäten (Ersatzannuitäten)
Den m unterjährigen Annuitätenzahlungen a im ersten Jahr entspricht nach Gleichung (44) aus Kapitel 1 die ***konforme*** **(äquivalente)** nachschüssige ***Jahresannuität***

$$A = a \cdot \left(m + \frac{(m-1) \cdot p}{200}\right). \tag{27}$$

Den jährlichen Erhöhungen der unterjährigen Annuitäten um d entspricht die ***konforme (äquivalente) jährliche Erhöhung***

$$D = d \cdot \left(m + \frac{(m-1) \cdot p}{200}\right). \tag{28}$$

Mit den auf das Jahr umgerechneten ***Ersatzannuitäten***

$$A_n = A + (n-1) \cdot D \quad \text{für } n = 1, 2, \ldots$$

können unmittelbar die Formeln aus 3.3.3 übernommen werden.

Beispiel 14:
Ein Annuitätendarlehen der Höhe 80 000 Euro muss jährlich anteilmäßig mit 6 % verzinst werden. Die Rückzahlung soll durch (nachschüssige) jährlich konstante Monatsannuitäten erfolgen.

a) Im ersten Jahr sollen monatlich 1 200 Euro gezahlt werden. Die Monatsannuitäten sollen jährlich um 100 Euro erhöht werden. Gesucht ist die Restschuld nach 5 Jahren. Die konforme Jahresannuität im ersten Jahr lautet nach (27)

$$A = 1\,200 \cdot \left(12 + \frac{11 \cdot 6}{200}\right) = 14\,796 \text{ Euro}$$

und die konforme jährliche Erhöhung der Ersatzannuität nach (28)

$$D = 100 \cdot \left(12 + \frac{11 \cdot 6}{200}\right) = 1\,233 \text{ Euro.}$$

Mit diesen gleichwertigen Ersatzwerten erhält man aus (25) die Restschuld nach 5 Jahren

$$\begin{aligned} S_5 &= 80\,000 \cdot 1{,}06^5 - \left(14\,796 + \frac{1\,233}{0{,}06}\right) \cdot \frac{1{,}06^5 - 1}{0{,}06} + \frac{5 \cdot 1\,233}{0{,}06} \\ &= 10\,559{,}36 \text{ Euro}. \end{aligned}$$

b) Welche monatliche Annuität muss im ersten Jahr bei jährlicher Annuitätenerhöhung um 100 Euro gezahlt werden, damit das Darlehen nach genau 5 Jahren getilgt ist? Mit $D = 1\,233$ erhält man aus (26) die konforme Jahresannuität im ersten Jahr

$$A = \frac{80\,000 \cdot 0{,}06 \cdot 1{,}06^5}{1{,}06^5 - 1} - \frac{1\,233}{0{,}06} + \frac{5 \cdot 1\,233}{1{,}06^5 - 1} = 16\,699{,}19 \text{ Euro.}$$

Hieraus erhält man nach (27) die Monatsannuität im ersten Jahr

$$a = \frac{16\,699{,}19}{12 + \frac{11 \cdot 6}{200}} = 1\,351{,}92 \text{ Euro.}$$

3.3.5. Geometrisch wachsende Jahresannuitäten

Ein Annuitätendarlehen der Höhe S werde jährlich mit p % verzinst. Die nachschüssigen Jahresannuitäten sollen, beginnend mit der Annuität A im ersten Jahr, jährlich um γ % erhöht werden. Dann bilden die Jahresannuitäten A_n eine geometrische Folge mit dem Faktor $g = 1 + \frac{\gamma}{100}$ (s. Anhang). Die Annuität im n-ten Jahr lautet

$$A_n = A \cdot g^{n-1} \quad \text{mit} \quad g = 1 + \frac{\gamma}{100} \quad \text{für} \quad n = 1, 2, \ldots .$$

Dieses Modell erhält man aus den jährlichen, geometrisch wachsenden Rentenzahlungen, die aus einem Ausgangskapital getätigt werden. Es wird in Abschnitt 2.4, Kapitel 2 behandelt. Für den nachschüssigen Fall erhält man mit der Zuordnung

$$m = 1; \quad K \to S; \quad r \to A; \quad \hat{R}_n \to S_n$$

aus (13) im Kapitel 2 unmittelbar die

Restschuld nach n Jahren:

$$\begin{aligned} S_n &= S \cdot q^n - A \cdot \frac{g^n - q^n}{g - q} \quad \text{für } g \neq q; \\ S_n &= S \cdot q^n - A \cdot n \cdot q^{n-1} \quad \text{für } g = q. \end{aligned} \tag{29}$$

Im n-ten Jahr ist der Tilgungsanteil T_n gleich der Differenz der Restschuld S_{n-1} nach $n-1$ Jahren und der Restschuld S_n nach n Jahren, also

$$T_n = S_{n-1} - S_n \quad \text{mit} \quad S_0 = S \quad \text{für} \quad n = 1, 2, \ldots .$$

Da im n-ten Jahr die Restschuld S_{n-1} aus dem Vorjahr verzinst werden muss, gilt

$$Z_n = S_{n-1} \cdot \frac{p}{100} = S_{n-1} \cdot (q-1) \quad \text{mit} \quad S_0 = S.$$

Aus

$$T_n + Z_n = A_n$$

erhält man

$$Z_n = A_n - T_n .$$

Bei **geometrisch wachsenden Jahresannuitäten**

$$A_n = A \cdot g^{n-1} \text{ mit } g = 1 + \frac{\gamma}{100} \quad \text{gilt für } n = 1, 2, \ldots$$

Restschuld nach n Jahren

$$\begin{aligned} S_n &= S \cdot q^n - A \cdot \frac{g^n - q^n}{g - q} \quad \text{für } g \neq q; \\ S_n &= S \cdot q^n - A \cdot n \cdot q^{n-1} \quad \text{für } g = q. \end{aligned} \tag{30}$$

Zinsanteil im n-ten Jahr

$$Z_n = S_{n-1} \cdot \frac{p}{100} = S_{n-1} \cdot (q-1) \text{ mit } S_0 = S.$$

Tilgungsanteil im n-ten Jahr

$$T_n = A_n - Z_n = A \cdot g^{n-1} - Z_n .$$

p = Jahreszinssatz; $q = 1 + \frac{p}{100}$;
A = Jahresannuität im ersten Jahr;
$g = 1 + \frac{\gamma}{100}$ jährliche Multiplikation der Jahresannuität.

Reduzierte Schlussannuität bei nicht ganzzahliger Laufzeit

1. Fall: $g \neq q$: Für $g \neq q$ ist die Gleichung $S_n = 0$ aus (30) nicht geschlossen nach n auflösbar. Daher muß die maximale ganze Zahl n_0 mit noch positiver Restschuld S_{n_0} iterativ bestimmt werden.

2. Fall: $g = q$: In diesem Fall erhält man aus der entsprechenden Gleichung aus (30)

$$S \cdot q^n - A \cdot n \cdot q^{n-1} = 0$$

nach Division durch q^{n-1} für n die Gleichung

$$S \cdot q - A \cdot n = 0$$

mit der Lösung

$$n = \frac{S \cdot q}{A}.$$

Mit dem ganzzahligen (abgerundeten) Anteil n_0 von n muss dann n_0 Jahre lang die planmäßige, jährlich geometrisch erhöhte Annuität voll gezahlt werden.

Für beide Fälle erhält man für das nachfolgende Jahr die

reduzierte Schlussannuität (Restannuität)

$$A_{n_0+1} = S_{n_0} \cdot q. \tag{31}$$

Dabei ist n_0 der ganzzahlige (abgerundete) Anteil der Lösung n aus $S_n = 0$.

Beispiel 15 (vollständiger Tilgungsplan):
Ein Annuitätendarlehen der Höhe 50 000 Euro werde jährlich mit 8 % verzinst. Im ersten Jahr soll die Annuität 10 000 Euro gezahlt werden. Die Jahresannuität soll jährlich um 10 % erhöht werden. Mit $g = 1{,}1$ und $q = 1{,}08$ erhält man den folgenden Tilgunsplan. Dabei wurde die reduzierte Schlussannuität im 6. Jahr nach (31) berechnet.

Jahr	Annuität	Zinsanteil	Tilgung	Restschuld
1	10 000,00	4 000,00	6 000,00	44 000,00
2	11 000,00	3 520,00	7 480,00	36 520,00
3	12 100,00	2 921,60	9 178,40	27 341,60
4	13 310,00	2 187,33	11 122,67	16 218,93
5	14 641,00	1 297,51	13 343,49	2 875,44
6	3 105,48	230,04	2 875,44	0

Für n = 5 sollen zur Probe die S_5 direkt aus (30) berechnet werden. Wegen $g \neq q$ erhält man die Restschuld nach 5 Jahren

$$S_5 = 50\,000 \cdot 1{,}08^5 - 10\,000 \cdot \frac{1{,}1^5 - 1{,}08^5}{1{,}1 - 1{,}08} = 2\,875{,}44 \text{ Euro.}$$

Beispiel 16:
Ein Annuitätendarlehen der Höhe 200 000 Euro soll jährlich mit 7,5 % verzinst werden. Als Jahresannuitäten werden folgende Beträge vereinbart: Im ersten Jahr 15 000 Euro. Die Annuität soll jährlich um 7,5 % erhöht werden. Gesucht ist die Laufzeit und die reduzierte Schlussannuität.

Wegen $g = q$ erhält man die Laufzeit

$$n = \frac{S \cdot q}{A} = \frac{200\,000 \cdot 1{,}075}{15\,000} = 14{,}33 \text{ Jahre.}$$

Der ganzzahlige Anteil von n ist $n_0 = 14$. Damit muß 14 Jahre lang die geometrisch erhöhte Annuität gezahlt werden. Die Restschuld nach 14 Jahren lautet nach (30)

$$S_{14} = 200\,000 \cdot 1{,}075^{14} - 15\,000 \cdot 14 \cdot 1{,}075^{13} = 12\,802{,}07 \text{ Euro.}$$

Die reduzierte Schlussannuität im 15. Jahr beträgt

$$A_{15} = S_{14} \cdot q = 12\,802{,}07 \cdot 1{,}075 = 13\,762{,}23 \text{ Euro.}$$

Vorgabe der ganzzahligen Laufzeit N
Neben g und q sei die ganzzahlige Laufzeit N mit $S_N = 0$ vorgegeben. Mit $S_N = 0$ erhält man dann Gleichungen in S und A. Mit m = 1 und den Zuordnungen $K \to S$ und $\hat{r} \to A$ erhält man aus (15) und (16) in Kapitel 2 unmittelbar die Lösungen.

Bei **vorgegebener ganzzahliger Laufzeit N mit $S_N = 0$** gilt mit den geometrisch wachsenden Jahresannuitäten

$$\begin{aligned} A_n &= A \cdot g^{n-1} && \text{für } n = 1, 2, \ldots, N \\ S &= A \cdot \frac{g^N - q^N}{q^N \cdot (g - q)} && \text{für } g \neq q; \\ S &= \frac{N \cdot A}{q} && \text{für } g = q; \\ A &= S \cdot \frac{q^N \cdot (g - q)}{g^N - q^N} && \text{für } g \neq q; \\ A &= \frac{q \cdot S}{N} && \text{für } g = q. \end{aligned} \qquad (32)$$

p = Jahreszinssatz; $q = 1 + \frac{p}{100}$;

g = $1+\frac{\gamma}{100}$ jährliche Multiplikation der Annuität;
N = vorgegebene ganzzahlige Laufzeit in Jahren;
S = Ausgangsschuld;
A = Annuität im ersten Jahr.

Beispiel 17:
Ein Annuitätendarlehen der Höhe 90 000 Euro soll jährlich mit 6,1 % verzinst werden. Es soll in genau 9 Jahren getilgt werden, wobei die Jahresannuität jährlich um 5 % erhöht wird. Gesucht ist die Annuität im ersten Jahr.
Wegen $g = 1{,}05 \neq q = 1{,}061$ erhält man aus (32) die Annuität im 1. Jahr

$$A = 90\,000 \cdot \frac{1{,}061^9 \cdot (1{,}05 - 1{,}061)}{1{,}05^9 - 1{,}061^9} = 11\,057{,}64 \text{ Euro.}$$

3.3.6. Jährlich geometrisch wachsende unterjährige Annuitäten

Zur Tilgung der Ausgangsschuld der Höhe S soll in jedem Jahr m - mal unterjährig (nachschüssig) jeweils die gleiche unterjährige Annuität gezahlt werden. Im ersten Jahr sei die unterjährige Annuität gleich a. Jährlich sollen die unterjährigen Annuitäten jeweils um γ % erhöht werden. Dies bedeutet nach jedem Jahr die Multiplikation mit $g = 1+\frac{\gamma}{100}$. Dann lauten die m unterjährigen Annuitäten im n - ten Jahr

$$a_n = a \cdot g^{n-1} \quad \text{für } n = 1,2,\dots .$$

Wie in Abschnitt 3.3.4 benutzt man

Konforme (äquivalente) Jahresannuitäten (Ersatzannuitäten)
Den m unterjährigen Annuitätenzahlungen a im ersten Jahr entspricht nach Gleichung (44) aus Kapitel 1 die ***konforme*** **(äquivalente)** nachschüssige ***Jahresannuität***

$$A = a \cdot \left(m + \frac{(m-1) \cdot p}{200} \right). \tag{33}$$

Diese Ersatzannuität muß jährlich mit dem gleichen Faktor g multipliziert werden. Mit den auf das Jahr umgerechneten Ersatzannuitäten

$$A_n = A \cdot q^{n-1} \quad \text{für } n = 1,2,\dots$$

können die Formeln aus 3.3.5 unmittelbar übernommen werden.

Beispiel 18:
Ein jährlich mit 5 % zu verzinsendes Annuitätendarlehen soll innerhalb von 10 Jahren in jedem Jahr durch gleiche (nachschüssige) Monatsannuitäten, die jährlich um 5 % erhöht werden, getilgt werden. Im ersten Jahr

kann monatlich 1 000 Euro gezahlt werden. Welche Kreditsumme kann hierfür zur Verfügung gestellt werden?
Die konforme Jahresannuität im ersten Jahr lautet nach (33)

$$A = 1\,000 \cdot \left(12 + \frac{11 \cdot 5}{200}\right) = 12\,275 \text{ Euro.}$$

Mit $g = q = 1{,}05$ erhält man aus (32) die Kreditsumme

$$S = \frac{10 \cdot 12\,275}{1{,}05} = 116\,904{,}76 \text{ Euro.}$$

3.3.7. Unterjährige Annuitätenzahlungen bei unterjähriger Verzinsung

Ein Kredit soll m-mal unterjährig mit jeweils $\frac{p_{nom.}}{m}$ % mit Zinseszins verzinst werden. Ferner soll zu jedem Zinstermin die nachschüssige Annuität $\hat{a}$ gezahlt werden. Dann gilt für den effektiven Zinssatz $p_{eff.}$

$$1 + \frac{p_{eff.}}{100} = \left(1 + \frac{p_{nom.}}{100\,m}\right)^m .$$

Wählt man anstelle der Jahre die Teiljahre als Zinsperioden, so erhält man aus (11) die

Restschuld nach $\frac{k}{m}$ Jahren

$$S_{\frac{k}{m}} = S \cdot q^k - \hat{a} \cdot \frac{q^k - 1}{q - 1} \quad \text{für } k = 1, 2, \ldots \quad \text{mit } q = 1 + \frac{p_{nom.}}{100\,m} . \qquad (34)$$

Beispiel 19:
Ein Kredit von 75 000 Euro werde vierteljährlich mit 1,5 % mit Zinseszins verzinst. Dann erhält man den effektiven Jahreszinssatz $p_{eff.}$ aus

$$1 + \frac{p_{eff.}}{100} = 1{,}015^4; \quad p_{eff.} = 100 \cdot (1{,}015^4 - 1) = 6{,}136355 .$$

Vierteljährlich werde die gleiche Annuität 2 000 gezahlt.

a) Die Restschuld nach 10 Jahren erhält man mit $m = 4$ und $k = 40$ aus (34) als

$$S_{10} = S_{\frac{40}{4}} = 75\,000 \cdot 1{,}015^{40} - 2\,000 \cdot \frac{1{,}015^{40} - 1}{0{,}015} = 27\,515{,}59 \text{ Euro.}$$

b) Bei einer jährlichen anteilmäßigen Verzinsung mit $p = 6$ % und einer vierteljährlichen Annuitätenzahlung 2 000 Euro erhält man aus (21) die Restschuld nach 10 Jahren

$$\hat{S}_{10} = 75\,000 \cdot 1{,}06^{10} - 2\,000 \cdot \left(4 + \frac{3 \cdot 6}{200}\right) \cdot \frac{1{,}06^{10} - 1}{0{,}06} = 26\,494{,}67 \text{ Euro.}$$

Diese Restschuld ist kleiner als in a). Der Grund dafür ist der niedrigere effektive Zinssatz, so dass entsprechend mehr getilgt werden kann.

Ein Annuitätendarlehen werde m - mal unterjährig jeweils mit $\frac{p_{nom}}{m}$ % verzinst. Die Annuitätenzahlungen sollen jeweils zu den Zinszeitpunkten, also auch m - mal unterjährig erfolgen.
Falls man Abschnitt 3.3.1 nicht in Jahren, sondern in den unterjährigen Zeiträumen rechnet (m = Anzahl der unterjährigen Zeiträume pro Jahr), so können alle Formeln des Abschnittes 3.3.1. mit

$$q = 1 + \frac{p_{nom}}{100\,m}$$

übernommen werden (vgl. (34)).

3.3.8. Annuitätenzahlungen mit Tilgungsaufgeld

Bei einem Annuitätendarlehen mit jährlicher Annuitätenzahlung soll bei jeder Tilgung eine Gebühr von α Prozent des Tilgungsbetrages gezahlt werden. Im n - ten Jahr wird neben der Annuität $A = Z_n + T_n$ die Gebühr

$$G_n = \frac{\alpha}{100} \cdot T_n$$

fällig, wobei T_n der Tilgungsanteil ist. Diese Gebühren können zusätzlich erhoben werden oder aber bereits in der festgelegten Gesamtannuität enthalten sein.

3.3.8.1. Jährliche Annuitätenzahlungen mit zusätzlichem Tilgungsaufgeld

Bei einer jährlichen Annuitätenzahlung beträgt die Gebühr im n - ten Jahr nach (11)

$$G_n = \frac{\alpha}{100} \cdot T_n = \frac{\alpha}{100} \cdot \left[A - S \cdot (q-1)\right] \cdot q^{n-1} \text{ für } n = 1, 2, \ldots \,. \tag{35}$$

Bei vorgegebener Laufzeit N mit $S_N = 0$ erhält man die im n - ten Jahr anfallende Gebühr nach (17) in der Form

$$G_n = \frac{\alpha}{100} \cdot \frac{A}{q^{N-n+1}} \text{ bei vorgegebener Laufzeit N.} \tag{36}$$

Bis zur vollständigen Tilgung fallen insgesamt $\frac{\alpha}{100} \cdot S$ an Gebühren an.

Beispiel 20 (vollständiger Tilgungsplan):
Ein Annuitätendarlehen von 60 000 Euro mit einem Jahreszinssatz von 6,5 % soll durch 6 gleiche Jahresannuitäten getilgt werden. Bei jeder Tilgung werde ein zusätzliches Tilgungsaufgeld von 4 % erhoben.

Aus (17) erhält man die Annuität ohne Tilgungsaufschlag

$$A = 60\,000 \cdot \frac{1{,}065^6 \cdot 0{,}065}{1{,}065^6 - 1} = 12\,394{,}10 \text{ Euro.}$$

Mit dieser Annuität erhält man den Tilgungsplan

Jahr	Zinsanteil	Tilgung	Aufgeld	Gesamtbelastung	Restschuld
1	3 900,00	8 494,10	339,76	12 733,86	51 505,90
2	3 347,88	9 046,22	361,85	12 755,95	42 459,68
3	2 759,88	9 634,22	385,37	12 779,47	32 825,46
4	2 133,65	10 260,45	410,42	12 804,52	22 565,01
5	1 466,73	10 927,37	437,09	12 831,19	11 637,64
6	756,45	11 637,65	465,51	12 859,61	– 0,01
Summe	14 364,59	60 000,01	2 400,00	76 764,60	

Die geringe Abweichung ist auf das Runden zurückzuführen.

3.3.8.2. Unterjährige Annuitätenzahlungen mit zusätzlichem Tilgungsaufgeld

Bei unterjährigen Annuitätenzahlungen wird anstelle der m unterjährigen Annuitätenzahlungen jährlich nachschüssig die

konforme (äquivalente) Jahresannuität (Ersatzannuität)

$$A = a \cdot \left(m + \frac{(m-1)\cdot p}{200}\right)$$

benutzt. Damit kann das Problem auf die jährlichen Annuitätenzahlungen in Abschnitt 3.3.8.1 zurückgeführt werden.

3.3.8.3. Jährliche Annuitätenzahlungen mit eingeschlossenem Tilgungsaufgeld

Ohne Tilgungsaufgeld sei

$$A = Z_n + T_n$$

die jährliche Annuität (s. Abschnitt 3.3.1). Vom Tilgungsbetrag sollen α % als Gebühren entrichtet werden, die bereits in der erhöhten Annuität A^* enthalten sein soll. Für die Annuität A^* im n - ten Jahr gilt damit die Darstellung

$$A^* = Z_n + T_n + \frac{\alpha}{100}\cdot T_n = Z_n + \left(1 + \frac{\alpha}{100}\right)\cdot T_n\,. \tag{37}$$

Zunächst soll ohne Vorgabe der Laufzeit die (erhöhte) Annuität A^* vorgegeben werden. Mit den für das erste Jahr anfallenden Zinsen $Z_1 = S\cdot\frac{p}{100}$ gilt für $n = 1$

$$A^* = S\cdot\frac{p}{100} + \left(1 + \frac{\alpha}{100}\right)\cdot T_1\,. \tag{38}$$

Hieraus erhält man den Tilgungsanteil im ersten Jahr

$$T_1 = \frac{A^* - S \cdot \frac{p}{100}}{1 + \frac{\alpha}{100}} = \frac{A^* - S \cdot (q-1)}{1 + \frac{\alpha}{100}}. \tag{39}$$

Die Tilgung mit dem zugehörigen Aufgeld im n-ten Jahr $\left(1 + \frac{\alpha}{100}\right) \cdot T_n$ unterscheidet sich vom entsprechenden Betrag $\left(1 + \frac{\alpha}{100}\right) \cdot T_{n-1}$ des Vorjahres um die durch die vorige Tilgung T_{n-1} ersparten Zinsen. Damit gilt

$$\begin{aligned}\left(1 + \frac{\alpha}{100}\right) \cdot T_n &= \left(1 + \frac{\alpha}{100}\right) \cdot T_{n-1} + \frac{p}{100} \cdot T_{n-1} \\ &= \left(1 + \frac{\alpha}{100} + \frac{p}{100}\right) \cdot T_{n-1} \quad \text{für} \quad n = 1, 2, \ldots .\end{aligned}$$

Hieraus folgt

$$T_n = \frac{1 + \frac{\alpha}{100} + \frac{p}{100}}{1 + \frac{\alpha}{100}} \cdot T_{n-1} = \left(1 + \frac{p}{100 \cdot (1 + \frac{\alpha}{100})}\right) \cdot T_{n-1}.$$

Mit

$$q^* = 1 + \frac{p}{100 \cdot \left(1 + \frac{\alpha}{100}\right)} \tag{40}$$

erhält man hieraus zusammen mit (39)

$$T_n = T_1 \cdot {q^*}^{n-1} = \frac{A^* - S \cdot \frac{p}{100}}{1 + \frac{\alpha}{100}} \cdot {q^*}^{n-1} \quad \text{für} \quad n = 1, 2, \ldots . \tag{41}$$

Der gesamte Tilgungsbetrag innerhalb von n Jahren lautet

$$\begin{aligned}B_n &= T_1 + T_2 + \ldots + T_n = T_1 \cdot \Big(\underbrace{1 + q^* + {q^*}^2 + \ldots + {q^*}^{n-1}}_{= \frac{{q^*}^n - 1}{q^* - 1} \text{ (geometrische Reihe)}} \Big) \\ &= T_1 \cdot \frac{{q^*}^n - 1}{q^* - 1} = \frac{A^* - S \cdot \frac{p}{100}}{1 + \frac{\alpha}{100}} \cdot \frac{{q^*}^n - 1}{q^* - 1}.\end{aligned}$$

Damit erhält man für die Restschuld nach n Jahren die Darstellung

$$\begin{aligned}S_n = S - B_n &= S - \frac{A^* - S \cdot \frac{p}{100}}{1 + \frac{\alpha}{100}} \cdot \frac{{q^*}^n - 1}{q^* - 1} \\ &= S - \frac{A^*}{1 + \frac{\alpha}{100}} \cdot \frac{{q^*}^n - 1}{q^* - 1} + S \cdot \frac{p}{100 \cdot \left(1 + \frac{\alpha}{100}\right)} \cdot \frac{{q^*}^n - 1}{q^* - 1}.\end{aligned}$$

Wegen (40) gilt

$$\frac{p}{100\cdot\left(1+\frac{\alpha}{100}\right)} = q^* - 1\,. \tag{42}$$

Damit gilt

$$\begin{aligned} S_n &= S - \frac{A^*}{1+\frac{\alpha}{100}}\cdot\frac{{q^*}^n - 1}{q^* - 1} + S\cdot\left({q^*}^n - 1\right) \\ &= S\cdot{q^*}^n - \frac{A^*}{1+\frac{\alpha}{100}}\cdot\frac{{q^*}^n - 1}{q^* - 1} \\ &= \frac{S\cdot\left(1+\frac{\alpha}{100}\right)}{1+\frac{\alpha}{100}}\cdot{q^*}^n - \frac{A^*}{1+\frac{\alpha}{100}}\cdot\frac{{q^*}^n - 1}{q^* - 1}\,. \end{aligned}$$

Hieraus erhält man die Restschuld nach n Jahren

$$S_n = \frac{1}{1+\frac{\alpha}{100}}\cdot\left[S\cdot\left(1+\frac{\alpha}{100}\right)\cdot{q^*}^n - A^*\cdot\frac{{q^*}^n - 1}{q^* - 1}\right]. \tag{43}$$

Im n-ten Jahr muss die Restschuld S_{n-1} aus dem Vorjahr verzinst werden. Zusammen mit (40) erhält man hieraus für $n = 1, 2, \ldots$ die Zinsen im n-ten Jahr

$$\begin{aligned} Z_n &= \frac{p}{100}\cdot S_{n-1} \\ &= \frac{p}{100}\cdot\frac{1}{1+\frac{\alpha}{100}}\cdot\left[S\cdot\left(1+\frac{\alpha}{100}\right)\cdot{q^*}^{n-1} - A^*\cdot\frac{{q^*}^{n-1} - 1}{q^* - 1}\right] \\ &= (q^* - 1)\cdot\left[S\cdot\left(1+\frac{\alpha}{100}\right)\cdot{q^*}^{n-1} - A^*\cdot\frac{{q^*}^{n-1} - 1}{q^* - 1}\right] \\ &= S\cdot\underbrace{\left(1+\frac{\alpha}{100}\right)\cdot(q^* - 1)}_{=\frac{p}{100}\text{ nach (40)}}\cdot{q^*}^{n-1} - A^*\cdot\left({q^*}^{n-1} - 1\right) \\ &= S\cdot\frac{p}{100}\cdot{q^*}^{n-1} - A^*\cdot\left({q^*}^{n-1} - 1\right). \end{aligned} \tag{44}$$

Tilgung, Tilgungsaufgeld und Zinsen müssen zusammen A^* ergeben. Summation liefert zur Probe

$$T_n + \frac{\alpha}{100}\cdot T_n + Z_n = T_n\cdot\left(1+\frac{\alpha}{100}\right) + Z_n$$

$$= \left[A^* - S\cdot\tfrac{p}{100}\right]\cdot {q^*}^{n-1} + S\cdot\tfrac{p}{100}\cdot {q^*}^{n-1} - A^*\cdot\left({q^*}^{n-1} - 1\right)$$

$$= A^*\cdot {q^*}^{n-1} - S\cdot\tfrac{p}{100}\cdot {q^*}^{n-1} + S\cdot\tfrac{p}{100}\cdot {q^*}^{n-1} - A^*\cdot {q^*}^{n-1} + A^* = A^*.$$

Zusammenfassung:

Bei jährlichen Annuitätenzahlungen der Höhe A^* mit eingeschlossenem Tilgungsaufgeld von α % gilt mit

$$q^* = 1 + \frac{p}{100\cdot\left(1+\frac{\alpha}{100}\right)}:$$

Restschuld nach n Jahren

$$S_n = \frac{1}{1+\frac{\alpha}{100}}\cdot\left[S\cdot\left(1+\tfrac{\alpha}{100}\right)\cdot {q^*}^n - A^*\cdot\frac{{q^*}^n - 1}{q^* - 1}\right]; \qquad (45)$$

Tilgungsanteil im n-ten Jahr

$$T_n = \frac{A^* - S\cdot\frac{p}{100}}{1+\frac{\alpha}{100}}\cdot {q^*}^{n-1} = T_1\cdot {q^*}^{n-1};$$

Zinsanteil im n-ten Jahr

$$Z_n = S\cdot\tfrac{p}{100}\cdot {q^*}^{n-1} - A^*\cdot\left({q^*}^{n-1} - 1\right).$$

p = Jahreszinssatz; $q = 1 + \frac{p}{100}$;
S = Ausgangsschuld;
A^* = jährliche konstante nachschüssige Annuität für Zins, Tilgung und eingeschlossenem Tilgungsaufgeld von α %.

Beispiel 21:

Ein Annuitätendarlehen über 150 000 Euro muss jährlich mit 5,5 % verzinst werden. Als zusätzliche Gebühr wird jeweils 10 Prozent des jeweiligen Tilgungsbetrages berechnet. Jährlich werde insgesamt 20 000 Euro für Zins-, Tilgung und Tilgungsaufgeld gezahlt.

Mit $q^* = 1 + \frac{5{,}5}{100\cdot 1{,}1} = 1{,}05$ und $A^* = 20\,000$ erhält man aus (45) die Restschuld nach 10 Jahren

$$S_{10} = \frac{1}{1{,}1}\cdot\left[150\,000\cdot 1{,}1\cdot 1{,}05^{10} - 20\,000\cdot\frac{1{,}05^{10}-1}{0{,}05}\right] = 15\,645{,}24 \text{ Euro.}$$

Für das 10. Jahr erhält man den Zinsanteil

$$Z_{10} = 150\,000\cdot 0{,}055\cdot 1{,}05^9 - 20\,000\cdot(1{,}05^9 - 1) = 1\,771{,}89 \text{ Euro,}$$

den Tilgungsanteil

$$T_{10} = \frac{20\,000 - 150\,000 \cdot 0{,}055}{1{,}1} \cdot 1{,}05^9 = 16\,571{,}01 \text{ Euro}$$

und das Tilgungsaufgeld

$G_{10} = 0{,}1 \cdot T_{10} = 1\,657{,}10$ Euro.

Dabei gilt $Z_{10} + T_{10} + G_{10} = 20\,000$ Euro.

Im ersten Jahr lautet die Tilgung

$$T_1 = \frac{20\,000 - 150\,000 \cdot 0{,}055}{1{,}1} = 10\,681{,}82 \text{ Euro}$$

und das Tilgungsaufgeld

$G_1 = 1\,068{,}18$ Euro.

Reduzierten Schlussannuität (abgerundete Restannuität) bei beliebiger Laufzeit

Aus (45) erhält man für $S_n = 0$ nach Multiplikation mit $1 + \frac{\alpha}{100}$ für die Laufzeit n die Bestimmungsgleichung

$$S \cdot \left(1 + \frac{\alpha}{100}\right) \cdot q^{*^n} - A^* \cdot \frac{q^{*^n} - 1}{q^* - 1} = 0. \tag{46}$$

Diese Gleichung unterscheidet sich von der Gleichung (12) bei jährlicher Annuitätenzahlung ohne Aufgeld nur dadurch, dass die Annuität A durch A^*, die Schuldsumme S durch die sogenannte

Ersatzschuld

$$S^* = S \cdot \left(1 + \frac{\alpha}{100}\right) \tag{47}$$

und q durch q^* ersetzt wird. Damit erhält man aus (13) die Lösung

$$n = - \frac{\lg\left(1 - \frac{(q^* - 1) \cdot S \cdot (1 + \frac{\alpha}{100})}{A^*}\right)}{\lg q^*}.$$

Falls die Lösung n ganzzahlig ist, ist N = n die ganzjährige Laufzeit. Dann fällt keine Schlussannuität an. Bei nicht ganzzahliger Lösung n sei n_0 der ganzzahlige (abgerundete) Anteil von n. S_{n_0} sei die zugehörige Restschuld. Diese Restschuld muß im letzten Jahr getilgt und verzinst werden. Damit erhält man zum Ende des $(n_0 + 1)$-ten Jahres folgende Restzahlungen

Tilgung: $T_{n_0+1} = S_{n_0}$; Tilgungsaufgeld: $G_{n_0+1} = \frac{\alpha}{100} \cdot S_{n_0}$;

Zinsen: $\frac{p}{100} \cdot S_{n_0}$.

Addition dieser drei Größen ergibt die

reduzierte Schlussannuität

$$A^*_{n_0+1} = S_{n_0} \cdot \left(1 + \frac{p}{100} + \frac{\alpha}{100}\right). \tag{48}$$

Zusammenfassung

Reduzierte Schlussannuität (abgerundete Restannuität) bei beliebiger Laufzeit n mit $S_n = 0$

$$n = -\frac{\lg\left(1 - \frac{(q^* - 1) \cdot S \cdot (1 + \frac{\alpha}{100})}{A^*}\right)}{\lg q^*}$$

mit

$$q^* = 1 + \frac{p}{100 \cdot (1 + \frac{\alpha}{100})}.$$

1. Fall: n = N sei ganzzahlig. Dann ist N die Laufzeit. (49)

2. Fall: n sei nicht ganzzahlig.
n_0 sei der ganzzahlige (abgerundete) Anteil von n.

Dann wird S einschließlich des Tilgungsaufgeldes getilgt durch n_0 gleiche Annuitäten A^* und die reduzierte Schlussannuität

$$A^*_{n_0+1} = S_{n_0} \cdot \left(1 + \frac{p}{100} + \frac{\alpha}{100}\right).$$

Bezeichnungen s. (45)

Beispiel 22 (vgl. Beispiel 21):
In Beispiel 21 erhält man mit den dort angegebenen Werten aus (49)

$$n = -\frac{\lg\left(1 - \frac{0{,}05 \cdot 150\,000 \cdot 1{,}1}{20\,000}\right)}{\lg 1{,}05} = 10{,}90 \text{ Jahre.}$$

10 Jahre lang muß für Zins, Tilgung und Tilgungsaufgeld die gleiche Annuität der Höhe 20 000 Euro gezahlt werden. Die Restschuld nach 10 Jahren wurde bereits in Beispiel 21 berechnet als $S_{10} = 15\,645{,}24$ Euro. Damit wird zum Ende des 11. Jahres die reduzierte Schlussannuität

$$A^*_{11} = 15\,645{,}24 \cdot (1 + 0{,}05 + 0{,}1) = 17\,992{,}03 \text{ Euro}$$

fällig.

Ersatzschuld und Ersatzzinssatz (Ersatzmodell)
Die Bestimmungsgleichung für n mit $S_n = 0$ lautet nach (46)

$$S \cdot \left(1 + \frac{\alpha}{100}\right) \cdot {q^*}^n - A^* \cdot \frac{{q^*}^n - 1}{q^* - 1} = 0.$$

Mit der **Ersatzschuld**

$$S^* = S \cdot \left(1 + \frac{\alpha}{100}\right)$$

geht die obige Gleichung über in

$$S^* \cdot {q^*}^n - A^* \cdot \frac{{q^*}^n - 1}{q^* - 1} = 0. \tag{50}$$

Dies ist die Bestimmungsgleichung der Laufzeit eines Kredits der Höhe S^* mit dem Aufzinsungsfaktor

$$q^* = 1 + \frac{p}{100 \cdot \left(1 + \frac{\alpha}{100}\right)}.$$

Anstelle der Ausgangsschuld S ist diese **Ersatzschuld** S^* mit dem ***wirksamen Ersatzzinssatz***

$$p^* = \frac{p}{1 + \frac{\alpha}{100}}$$

zu verzinsen. Dann erhält man mit diesem Ersatzmodell aus (14) unmittelbar die Laufzeit n. Umgekehrt können mit diesem Ersatzmodell bei vorgegebener ganzzahliger Laufzeit N mit $S^*_N = 0$ aus der vorgegebenen Annuität A^* die dazugehörige Ausgangsschuld S^* (daraus S) bzw. die für eine Ausgangsschuld S erforderliche Annuität A^*, die bereits den Tilgungsaufschlag enthält, berechnet werden.

Vorgegebene ganzzahlige Laufzeit N mit $S_N = 0$

Bei dem Annuitätendarlehen mit eingeschlossenem Tilgungsaufgeld von α % sei die ganzzahlige Laufzeit N mit $S_N = 0$ vorgegeben. Dann erhält man für das Ersatzmodell mit der Ersatzschuld

$$S^* = S \cdot \left(1 + \frac{\alpha}{100}\right) \tag{51}$$

und dem Ersatzzinssatz

$$p^* = \frac{p}{1 + \frac{\alpha}{100}}; \quad q^* = 1 + \frac{p^*}{100} = 1 + \frac{p}{100 \cdot \left(1 + \frac{\alpha}{100}\right)} \tag{52}$$

aus (17) unmittelbar:

$$A^* = S^* \cdot \frac{{q^*}^N \cdot (q^* - 1)}{{q^*}^N - 1} = S \cdot \left(1 + \frac{\alpha}{100}\right) \cdot \frac{{q^*}^N \cdot (q^* - 1)}{{q^*}^N - 1};$$

$$S^* = A^* \cdot \frac{{q^*}^N - 1}{{q^*}^N \cdot (q^* - 1)}; \quad S = \frac{S^*}{1 + \frac{\alpha}{100}} = \frac{A^*}{1 + \frac{\alpha}{100}} \cdot \frac{{q^*}^N - 1}{{q^*}^N \cdot (q^* - 1)};$$

$$S^*_n = S^* \cdot \frac{{q^*}^N - {q^*}^n}{{q^*}^N - 1} = S \cdot \left(1 + \frac{\alpha}{100}\right) \cdot \frac{{q^*}^N - {q^*}^n}{{q^*}^N - 1}.$$

Mit (51) erhält man

$$S_n = \frac{1}{1+\frac{\alpha}{100}} \cdot S_n^* = S \cdot \frac{{q^*}^N - {q^*}^n}{{q^*}^N - 1}.$$

Daraus folgt

$$Z_n = \frac{p}{100} \cdot S_{n-1} = S \cdot \frac{p}{100} \cdot \frac{{q^*}^N - {q^*}^{n-1}}{{q^*}^N - 1}. \tag{53}$$

Aus

$$\left(1+\frac{\alpha}{100}\right) \cdot T_n = A^* - Z_n$$

erhält man zusammen mit (42), (52) und (53)

$$T_n = \frac{A^*}{1+\frac{\alpha}{100}} - \frac{Z_n}{1+\frac{\alpha}{100}} = \frac{A^*}{1+\frac{\alpha}{100}} - \frac{S \cdot \frac{p}{100}}{1+\frac{\alpha}{100}} \cdot \frac{{q^*}^N - {q^*}^{n-1}}{{q^*}^N - 1}$$

$$= \frac{A^*}{1+\frac{\alpha}{100}} - S \cdot (q^* - 1) \cdot \frac{{q^*}^N - {q^*}^{n-1}}{{q^*}^N - 1}.$$

Zusammenfassung

Bei **vorgegebener ganzzahliger Laufzeit N mit $S_N = 0$**

gilt mit $q^* = 1 + \frac{p}{100 \cdot \left(1+\frac{\alpha}{100}\right)}$

$$A^* = S \cdot \left(1+\frac{\alpha}{100}\right) \cdot \frac{{q^*}^N \cdot (q^* - 1)}{{q^*}^N - 1};$$

$$S = \frac{A^*}{1+\frac{\alpha}{100}} \cdot \frac{{q^*}^N - 1}{{q^*}^N \cdot (q^* - 1)}; \tag{54}$$

$$S_n = S \cdot \frac{{q^*}^N - {q^*}^n}{{q^*}^N - 1} \quad \text{für} \quad n = 1, 2, \ldots, N;$$

$$Z_n = S \cdot \frac{p}{100} \cdot \frac{{q^*}^N - {q^*}^{n-1}}{{q^*}^N - 1} \quad \text{für} \quad n = 1, 2, \ldots, N;$$

$$T_n = \frac{A^* - Z_n}{1+\frac{\alpha}{100}} = \frac{A^*}{1+\frac{\alpha}{100}} - S \cdot (q^* - 1) \cdot \frac{{q^*}^N - {q^*}^{n-1}}{{q^*}^N - 1}.$$

N $=$ vorgegebene ganzzahlige Laufzeit mit $S_N = 0$;
S $=$ Ausgangsschuld;
p $=$ Jahreszinssatz;
A^* $=$ jährliche konstante nachschüssige Annuität für Zins, Tilgung und eingeschlossenem Tilgungsaufgeld von α %;
S_n $=$ Restschuld nach n Jahren;
Z_n $=$ Zinsanteil im n-ten Jahr;
T_n $=$ Tilgungsanteil im n-ten Jahr;
$\frac{\alpha}{100} \cdot T_n$ $=$ in A^* enthaltenes Tilgungsaufgeld im n-ten Jahr.

Beispiel 23:
Zur Rückzahlung einer Annuitätenschuld kann jemand 10 Jahre lang jeweils nachschüssig 15 000 Euro aufbringen. Eine Bank verlangt bei einer Laufzeit von 10 Jahren 5,4 % Zinsen sowie 2 % Tilgungsaufgeld.

a) Wie groß kann der Kreditbetrag S sein, dass dieser bei einer jährlichen Annuität von 15 000 Euro für Zins, Tilgung und Tilgungsaufgeld nach 10 Jahren vollständig getilgt ist?

Mit $p = 5{,}4$, $\alpha = 2$ und $N = 10$ erhält man aus (54)

$q^* = 1 + \frac{5{,}4}{100 \cdot 1{,}02} = 1{,}052941176$. Der Ersatzzinssatz beträgt damit

$p^* = 100 \cdot (q^* - 1) = 5{,}2941176$ %.

$$S = \frac{15\,000}{1{,}02} \cdot \frac{1{,}052941176^{10} - 1}{1{,}052941176^{10} \cdot 0{,}052941176} = 111\,950{,}34 \text{ Euro.}$$

b) Im nachfolgenden vollständigen Tilgungsplan erhält man aus den berechneten Zinsen Z_n die Tilgung aus der Formel

$$T_n = \frac{A^* - Z_n}{1 + \frac{\alpha}{100}} = \frac{15\,000 - Z_n}{1{,}02}.$$

Jahr	Anfangsschuld	Zinsen Z_n	Tilgung T_n	Aufgeld	Restschuld
1	111 950,34	6 045,32	8 779,10	175,58	103 171,24
2	103 171,24	5 571,25	9 243,87	184,88	93 927,37
3	93 927,37	5 072,08	9 733,25	194,67	84 194,12
4	84 194,12	4 546,48	10 248,55	204,97	73 945,57
5	73 945,57	3 993,06	10 791,12	215,82	63 154,45
6	63 154,45	3 410,34	11 362,41	227,25	51 792,04
7	51 792,04	2 799,77	11 963,95	239,28	39 828,09
8	39 828,09	2 150,72	12 597,33	251,95	27 230,76
9	27 230,76	1 470,46	13 264,25	265,29	13 966,51
10	13 966,51	754,19	13 966,48	279,33	0,03

Auf Grund von Rundungsfehlern weicht die Restschuld nach 10 Jahren geringfügig vom Wert 0 ab.

Aus (54) erhält man direkt die folgenden Werte

Restschuld nach 5 Jahren

$$S_5 = 111\,950{,}34 \cdot \frac{1{,}052941176^{10} - 1{,}052941176^5}{1{,}052941176^{10} - 1} = 63\,154{,}44 \text{ Euro};$$

Zinsen im 8. Jahr

$$Z_8 = 111\,950{,}34 \cdot 0{,}054 \cdot \frac{1{,}052941176^{10} - 1{,}052941176^7}{1{,}052941176^{10} - 1} = 2\,150{,}71 \text{ Euro.}$$

3.3.8.4. Unterjährliche Annuitätenzahlungen mit eingeschlossenem Tilgungsaufgeld

Ein Annuitätendarlehen der Höhe S wird jährlich mit p % verzinst. Zusätzlich zu den Tilgungen muß jeweils α % des Tilgungsbetrages an Gebühren gezahlt werden. m-mal unterjährig werde die gleiche (erhöhte) Annuität a^* für Zinsen, Tilgungen und Tilgungsaufgeld gezahlt. Mit der konformen Jahresannuität

$$A^* = a \cdot \left(m + \frac{(m-1) \cdot p}{200} \right)$$

kann dieses Modell auf Abschnitt 3.3.8.3 der jährlichen Annuitätenzahlungen zurückgeführt werden.

3.3.9. Annuitätentilgung mit Restschuldgebühr

Bei einem Annuitätendarlehen soll bei jeder Zinsberechnung β % von der Restschuld aus dem Vorjahr als Gebühren berechnet werden. Diese können zusätzlich erhoben werden oder in der Annuität bereits enthalten sein.

3.3.9.1. Jährliche Annuitätentilgung mit zusätzlicher Restschuldgebühr

Am Ende des n-ten Jahres soll zusätzlich zur Annuitätenzahlung noch β % von der Restschuld des Vorjahres S_{n-1}, also

$$G_n = \frac{\beta}{100} \cdot S_{n-1} \tag{55}$$

gezahlt werden. Da die Gebühren zusätzlich erhoben werden, haben sie auf die Restschuldberechnung und die Laufzeit keinen Einfluss. Ohne festgesetzte Laufzeit erhält man aus (11)

$$G_n = \frac{\beta}{100} \cdot \left[S \cdot q^{n-1} - A \cdot \frac{q^{n-1} - 1}{q - 1} \right] \quad \text{für } n = 1, 2, \ldots \,. \tag{56}$$

Bei vorgegebener ganzzahliger Laufzeit N mit $S_N = 0$ erhält man aus (17)

$$G_n = \frac{\beta}{100} \cdot \frac{A}{q-1} \cdot \left(1 - \frac{q^{n-1}}{q^N}\right) \quad \text{für } n = 1, 2, \ldots, N. \tag{57}$$

Summation ergibt bei vorgegebener ganzjähriger Laufzeit N die Gesamtgebühren

$$\begin{aligned} G &= G_1 + G_2 + + \ldots + G_N \\ &= \frac{\beta}{100} \cdot \frac{A}{q-1} \cdot \left[1 - \frac{1}{q^N} + 1 - \frac{q}{q^N} + 1 - \frac{q^2}{q^N} + \ldots + 1 - \frac{q^{N-1}}{q^N}\right] \\ &= \frac{\beta}{100} \cdot \frac{A}{q-1} \cdot \left[N - \frac{1}{q^N} \cdot \Big(\underbrace{1 + q + q^2 + \ldots + q^{N-1}}_{= \frac{q^N - 1}{q-1} \text{ (geometr. Reihe)}}\Big)\right] \\ &= \frac{\beta}{100} \cdot \frac{A}{q-1} \cdot \left[N - \frac{1}{q^N} \cdot \frac{q^N - 1}{q-1}\right] = \frac{\beta}{100} \cdot \frac{A}{q-1} \cdot \left[N - \frac{q^N - 1}{q^N \cdot (q-1)}\right]. \end{aligned}$$

Zusammenfassung

Bei vorgegebener ganzzahliger Laufzeit N mit $S_N = 0$ gilt

zusätzliche Restschuldgebühr im n-ten Jahr

$$G_n = \frac{\beta}{100} \cdot \frac{A}{q-1} \cdot \left(1 - \frac{q^{n-1}}{q^N}\right) \quad \text{für } n = 1, 2, \ldots, N;$$

Gesamtgebühren

$$G = \frac{\beta}{100} \cdot \frac{A}{q-1} \cdot \left[N - \frac{q^N - 1}{q^N \cdot (q-1)}\right]. \tag{58}$$

A = Jahresannuität ohne Gebühren;
q = $1 + \frac{p}{100}$; p = Jahreszinssatz;
G_n = Gebühren im n-ten Jahr mit β % von der Restschuld des Vorjahres;
G = während der gesamten Laufzeit insgesamt anfallende Gebühren.

3.3.9.2. Jährliche Annuitätentilgung mit eingeschlossener Restschuldgebühr

Falls die Gebühren von β % von der Restschuld des Vorjahres bereits in der Annuität A enthalten sind, gilt mit den Tilgungen T_n und den fälligen Zinszahlungen im n-ten Jahr

$$A^* = T_n + Z_n + G_n = T_n + S_{n-1} \cdot \frac{p+\beta}{100} \quad \text{für } n = 1, 2, \ldots \,. \tag{59}$$

Dabei ist p der Jahreszinssatz und S_{n-1} die Restschuld aus dem Vorjahr, die am Ende des n - ten Jahres zu verzinsen ist.

Für den Schuldner ist es belanglos, ob Kosten durch Zinsen oder Gebühren entstehen. Daher ist es naheliegend, die Gebühren den Zinsen zuzuschlagen und die Annuitätentilgung mit dem ***Ersatzzinssatz***

$$\tilde{p} = p + \beta$$

durchzuführen. Mit diesem Ersatzzinssatz $\tilde{p}$ kann die Annuität berechnet werden. Falls im n - ten Jahr die Ersatzzinsen $\tilde{Z}_n$ anfallen, erhält man hieraus für das n - te Jahr die tatsächlichen Zinsen

$$Z_n = \frac{p}{p+\beta} \cdot \tilde{Z}_n$$

und die in der Annuität bereits enthaltenen Gebühren

$$G_n = \frac{\beta}{p+\beta} \cdot \tilde{Z}_n \,.$$

Beispiel 24:
Ein Annuitätendarlehen der Höhe 40 000 Euro muss jährlich mit 6 % verzinst werden. Dazu kommt in jedem Jahr eine Gebühr von 2 % aus der Restschuld des Vorjahres. Gesucht ist die konstante Jahresannuität für Zins, Tilgung und Restschuldgebühr, mit der das Darlehen nach genau 5 Jahren getilgt ist. Mit dem Ersatzzinssatz $\tilde{p} = 8$, $q = 1{,}08$ und $N = 5$ erhält man aus (17) die Jahresannuität

$$A^* = 40\,000 \cdot \frac{1{,}08^5 \cdot 0{,}08}{1{,}08^5 - 1} = 10\,018{,}26 \text{ Euro.}$$

Aus der Restschuld S_{n-1} des Vorjahres erhält man für das n - te Jahr den Zinsbetrag $Z_n = 0{,}06 \cdot S_{n-1}$ und die Restschuldgebühr $G_n = 0{,}02 \cdot S_{n-1}$. Den Tilgungsbetrag G_n erhält man aus

$$A^* = 10\,018{,}26 = Z_n + G_n + T_n \,.$$

Damit erhält man den vollständigen Tilgungs- und Gebührenplan

Jahr	Zinsen	Gebühren	Tilgung	Restschuld
1	2 400,00	800,00	6 818,26	33 181,74
2	1 990,90	663,63	7 363,73	25 818,01
3	1 549,08	516,36	7 952,82	17 865,19
4	1 071,91	357,30	8 589,05	9 276,14
5	556,57	185,52	9 276,17	0,03 (Rundung)

3.4. Kredite mit Auszahlungsgebühren (Disagio, Damnum)

Bei vielen Krediten wird bei der Auszahlung γ % der Schuldsumme als sogenannte ***Auszahlungsgebühr*** **(*Disagio* oder *Damnum*)** abgezogen. Dann muss der Schuldner die volle Schuldsumme S verzinsen und tilgen, obwohl ihm nur $(100-\gamma)$ % davon zur Verfügung gestellt wird. Das Disagio kann aus steuerlichen Gründen interessant sein, vor allem wenn es im Jahr der Kreditauszahlung (oder Teilauszahlung) voll oder teilweise steuerlich absetzbar ist. Dies ist z. Zt. bei der Finanzierung von Mietwohnungen der Fall. Bei einem zu verzinsenden und zu tilgenden Kreditbetrag $\hat{S}$ beträgt die Auszahlung nach Abzug der Auszahlungsgebühr von γ %

$$S = \hat{S} \cdot \left(1 - \frac{\gamma}{100}\right). \tag{60}$$

Wenn jemand den Auszahlungsbetrag S benötigt, muss er den Kreditbetrag

$$\hat{S} = \frac{S}{1 - \frac{\gamma}{100}} \tag{61}$$

vereinbaren. Dieser muß voll verzinst und getilgt werden. Das Disagio ist selbstverständlich nur dann sinnvoll, wenn der Zinssatz p_γ für $\hat{S}$ entsprechend kleiner ist als bei einer vollen Auszahlung der Kreditsumme.

3.4.1. Disagio bei Ratenkrediten

Bei einem Ratenkredit soll abzüglich des Disagios die Kredithöhe S ausgezahlt werden. Bei einer Auszahlungsgebühr von γ % muss dann der höhere Betrag

$$\hat{S} = \frac{S}{1 - \frac{\gamma}{100}}$$

verzinst und getilgt werden, obwohl dem Schuldner nur der geringere Betrag S ausgezahlt wird. Bei einer Laufzeit von N Jahren beträgt die jährliche Tilgung $T = \hat{S}/N$. Falls $\hat{S}$ mit p_γ % verzinst wird, lauten die Zinsen im n-ten Jahr nach (1)

$$Z_n = \hat{S} \cdot \left(1 - \frac{n-1}{N}\right) \cdot \frac{p_\gamma}{100} \qquad \text{für } n = 1, 2, \ldots, N.$$

Die Gesamtzinsen betragen nach (2)

$$Z = \hat{S} \cdot \frac{N+1}{2} \cdot \frac{p_\gamma}{100} = \frac{S}{1 - \frac{\gamma}{100}} \cdot \frac{N+1}{2} \cdot \frac{p_\gamma}{100}.$$

Zusammen mit der gesamten Tilgung $\hat{S}$ muss während der Laufzeit

$$\hat{S} + Z = \frac{S}{1 - \frac{\gamma}{100}} \cdot \left(1 + \frac{N+1}{2} \cdot \frac{p_\gamma}{100}\right)$$

gezahlt werden.

Ohne Auszahlungsgebühren sei der Zinssatz für den Kredit S gleich p. Dann muss insgesamt

$$S \cdot \left(1 + \frac{N+1}{2} \cdot \frac{p}{100}\right)$$

zurückgezahlt werden. Beide Rückzahlungssummen sind nur dann gleich, wenn gilt

$$\frac{S}{1 - \frac{\gamma}{100}} \cdot \left(1 + \frac{N+1}{2} \cdot \frac{p_\gamma}{100}\right) = S \cdot \left(1 + \frac{N+1}{2} \cdot \frac{p}{100}\right).$$

Multiplikation dieser Gleichung mit $\frac{1 - \frac{\gamma}{100}}{S}$ ergibt

$$\begin{aligned} 1 + \frac{N+1}{2} \cdot \frac{p_\gamma}{100} &= \left(1 - \frac{\gamma}{100}\right) \cdot \left(1 + \frac{N+1}{2} \cdot \frac{p}{100}\right) \\ &= 1 + \frac{N+1}{2} \cdot \frac{p}{100} - \frac{\gamma}{100} \cdot \left(1 + \frac{N+1}{2} \cdot \frac{p}{100}\right) \end{aligned}$$

$$\begin{aligned} \frac{N+1}{2} \cdot \frac{p_\gamma}{100} &= \frac{N+1}{2} \cdot \frac{p}{100} - \frac{\gamma}{100} \cdot \left(1 + \frac{N+1}{2} \cdot \frac{p}{100}\right) \\ &= \frac{p}{100} \cdot \frac{N+1}{2} \cdot \left(1 - \frac{\gamma}{100}\right) - \frac{\gamma}{100}. \end{aligned}$$

Multiplikation dieser Gleichung mit $\frac{200}{N+1}$ ergibt

$$p_\gamma = p \cdot \left(1 - \frac{\gamma}{100}\right) - \frac{\gamma}{100} \cdot \frac{2}{N+1}. \tag{62}$$

3.4.2. Disagio und Zinsfestschreibung (Zinsbindung) bei Annuitäten

Bei einem Annuitätendarlehen soll die Kreditsumme $\hat{S}$ jährlich mit $\hat{p}$ % verzinst werden. Bei γ % Auszahlungsgebühren wird nur der Betrag $S = \hat{S} \cdot (1 - \frac{\gamma}{100})$ ausgezahlt. Die Jahresannuität zur Tilgung von $\hat{S}$ betrage $\hat{A}$. Nach (11) beträgt die Restschuld nach n Jahren

$$\hat{S}_n = \hat{S} \cdot \hat{q}^n - \hat{A} \cdot \frac{\hat{q}^n - 1}{\hat{q} - 1} \quad \text{mit} \quad \hat{q} = 1 + \frac{\hat{p}}{100} \quad \text{für } n = 1, 2, \ldots \,. \tag{63}$$

Ohne Auszahlungsgebühr betrage der Jahreszinssatz p. Bei gleicher Annuitätenzahlung $\hat{A}$ lautet dann die Restschuld nach n Jahren

$$S_n = S \cdot q^n - \hat{A} \cdot \frac{q^n - 1}{q - 1} = \hat{S} \cdot \left(1 - \frac{\gamma}{100}\right) \cdot q^n - \hat{A} \cdot \frac{q^n - 1}{q - 1}$$

$$\text{mit } q = 1 + \frac{p}{100} \quad \text{für } n = 1, 2, \ldots .$$

Die Zinsfestschreibung (Zinsbindung) gelte nur für k_0 Jahre. Im Falle $\hat{S}_{k_0} = S_{k_0}$ erhält man für beide Modelle bei gleichen Jahreszahlungen zum Ende der Zinsfestschreibung die gleiche Restschuld, also für

$$\hat{S} \cdot \hat{q}^{k_0} - \hat{A} \cdot \frac{\hat{q}^{k_0} - 1}{\hat{q} - 1} = \hat{S} \cdot \left(1 - \frac{\gamma}{100}\right) \cdot q^{k_0} - \hat{A} \cdot \frac{q^{k_0} - 1}{q - 1} . \tag{64}$$

Bei der Zinsfestschreibung für genau k_0 Jahre kann p als zugehöriger effektiver Jahreszinssatz aufgefasst werden.

Falls in der Gleichung (64) alle Größen bis auf $q = 1 + \frac{p}{100}$ vorgegeben sind, kann diese Gleichung nicht geschlossen nach q aufgelöst werden. Zur Bestimmung von q benötigt man numerische Verfahren, z. B. das Intervallhalbierungsverfahren (s. Abschnitt 1.4.2).

Beispiel 25:
Zum Erwerb einer Wohnung benötigt jemand einen Kredit in Höhe von 190 000 Euro. Bei einem Disagio von 5 % muß dafür die Kredisumme

$$\hat{S} = \frac{190\,000}{0{,}95} = 200\,000 \text{ Euro}$$

getilgt und verzinst werden. Der ausgezahlte Betrag werde vierteljährlich mit 1,5 % mit Zisneszins verzinst, wobei die Zinsfestschreibung für 15 Jahre gelte. Vierteljährlich werden 5 000 Euro zurückgezahlt. Gesucht ist die Restschuld nach 15 Jahren. Wegen der vierteljährlichen Verzinsung mit Zinseszins muss hier in Quartalen gerechnet werden. Die Restschuld nach 60 Quartalen (= 15 Jahren) erhält man aus (63) als

$$\hat{S}_{60} = 200\,000 \cdot 1{,}015^{60} - 5\,000 \cdot \frac{1{,}015^{60} - 1}{0{,}015} = 7\,570{,}70 \text{ Euro.}$$

Hieraus erhält man

$$\hat{S}_{61} = \hat{S}_{60} \cdot 1{,}015 - 5\,000 = 2\,684{,}26 \text{ Euro.}$$

Damit wird zum Ende des 2. Quartals im 16. Jahr die reduzierte Schlussannuität

$$A_{62} = \hat{S}_{61} \cdot 1{,}015 = 2\,724{,}52 \text{ Euro}$$

fällig.

Kapitel 4

Kurs- und Renditerechnung (Effektivzinsberechnung)

4.1. Grundbegriffe

Für verschiedene Kapitalvorgänge wird als **Bewertung** (**Wert**) der Barwert der Kapitalvorgänge festgelegt, also der auf den jeweiligen Zeitpunkt bezüglich des realen Zinssatzes abgezinste (diskontierte) Wert. Der Wert ist der Preis, der für den Erwerb der gesamten Kapitalzahlungen zu erbringen ist. Er hängt neben der Höhe und Laufzeit der Kapitalzahlungen vor allem vom marktüblichen realen (effektiven) Jahreszinssatz ab. Ein festverzinsliches Wertpapier wird im Allgemeinen mit einem nominalen Zinssatz verzinst. Im Gegensatz zum sich laufend ändernden realen Zinssatz wird für den nominalen Zinssatz kein krummer Wert gewählt. Falls bei der Ausgabe eines festverzinslichen Wertpapiers der reale Zinssatz 6,095 ist, wird als nominaler Zinssatz in der Regel $p = 6$ gewählt. Die Verzinsung erfolgt dann mit dem nominalen Zinssatz. Dies muss bei der Festsetzung des Ausgabekurses und bei der Berechnung der späteren Kurse berücksichtigt werden. Falls jemand bei einem Annuitätendarlehen bei einer vertraglich festgelegten Zinsfestschreibungsfrist keine außerplanmäßige Tilgungsmöglichkeit vereinbart hat, kann das Darlehen bei einem starken Rückgang des realen Zinssatzes nicht ohne weiteres vom Schuldner gekündigt werden. Auch die Banken haben bei einer Zinserhöhung kein Kündigungsrecht. Beide Parteien sind an den Vertrag gebunden. Eine vorzeitige Vertragsauflösung wird im Allgemeinen nur über eine Ausgleichszahlung toleriert.

Die ***Bewertung (Wert)*** einer Kapitalanlage ist der **Barwert** bezüglich des realen (effektiven) Zinssatzes aller für die Zukunft vereinbarten Kapitalzahlungen.

Bezeichnungen:
Ein ***Nominalkapital*** K_{nom} sei mit dem **nominalen Jahreszinssatz** $p = p_{nom}$ ausgestattet. Bezüglich des Nominalkapitals werde während der vereinbarten Laufzeit jährlich p % Zinsen gezahlt. Zusätzlich müssen noch die vereinbarten Tilgungsraten erbracht werden. Dabei wird das mit dem Zinssatz p zu verzinsende Kapital durch die Tilgungen kleiner. $q = 1 + \frac{p}{100}$ sei der Aufzinsungsfaktor bezüglich des Nominalzinssatzes p.

Zum vorliegenden Zeitpunkt sei der marktübliche **reale Jahreszinssatz** $p' = p_{real}$. Der reale (effektive) Zinssatz ist die ***Rendite*** der Anlage. $q' = 1 + \frac{p'}{100}$ ist der Aufzinsungsfaktor bezüglich des Realzinssatzes p'.

Während das Nominalkapital K_{nom} mit dem Nominalzinssatz p ausgestattet ist, wird das ***Realkapital*** K_{real} mit dem marktüblichen ***Realzinssatz*** p' verzinst. Das Realkapital wird so bestimmt, dass bei dessen Verzinsung mit dem realen Zinssatz p' für die gesamte Laufzeit die gleiche Effektivverzinsung erreicht wie bei der Verzinsung des Nominalkapitals K_{nom} mit dem nominalen Zinssatz p.

Der ***Kurs*** C gibt an, wieviel Prozent von einem mit dem nominalen Jahreszinssatz p ausgestattenen Nominalkapital K_{nom} gezahlt werden muss, damit das gezahlte Kapital

$$K_{real} = \frac{C}{100} \cdot K_{nom} \tag{1}$$

während der gesamten Laufzeit mit dem realen Zinssatz $p' = p_{real}$ die gleiche Effektivverzinsung ergibt wie die Verzinsung des Nominalkapitals K_{nom} mit dem nominalen Zinssatz $p = p_{nom}$.

Damit gilt

Kurs in Prozent für den Erwerb eines Realkapitals

$$C = 100 \cdot \frac{K_{real}}{K_{nom}}. \tag{2}$$

K_{nom} = mit dem nominalen Jahreszinssatz p ausgestattetes Nominalkapital;

K_{real} = Realkapital = Preis, der für den Erwerb des Nominalkapitals K_{nom} beim realen Jahreszinssatz p' gezahlt werden muss.

Nur für $p' = p$ ist der Kurs C genau 100 Prozent. Dann stimmt das Nominalkapital mit dem Realkapital überein, also $K_{real} = K_{nom}$ für $p' = p$.

Im Falle $p' > p$ ist stets $K_{real} < K_{nom}$ und somit $C < 100$. Für $p' < p$ gilt $K_{real} > K_{nom}$, also $C > 100$.

Für das Nominalkapital $K_{nom} = 100$ Euro, erhält man aus (1) unmittelbar das

Realkapital des Nominalkapitals $K_{nom} = 100$

$$K_{real} = C. \tag{3}$$

Der Kurs gibt also den Betrag an, der für den Erwerb eines mit dem nominalen Jahreszinssatz p zu verzinsenden Nominalkapitals $K_{nom} = 100$ Euro unter Berücksichtigung des realen Jahreszinssates p' gezahlt werden muss.

Der bei der Ausgabe festgelegte Kurs heißt ***Begebungs-*** oder ***Ausgabekurs***. Er wird im Allgemeinen mit C_0 bezeichnet. Der Ausgabekurs ist oft von 100 verschieden. Falls z. B. bei der Ausgabe einer Anleihe der reale (effektive) Zinssatz gleich 6,11 % ist, wird zum besseren Vergleich verschiedener Anleihen als nominaler Zinssatz $p = 6$ gewählt. Da die Rendite auf dem Kapitalmarkt aber höher ist, muss der Ausgabekurs C_0 unter 100 [%] liegen.

Bei festverzinslichen Wertpapieren wird der Kurs prinzipiell auf ein Wertpapier im Nennwert von 100 Euro bezogen. Bei einem Kurs von $C = 98$ muss für den Erwerb eines Wertpapiers im Nennwert von 100 Euro nur 98 Euro gezahlt werden, obwohl zum Ende der Laufzeit 100 Euro zurückgezahlt werden. Der Grund für einen Kurs unter pari liegt darin, dass das Kapital 100 während der Laufzeit mit einem nominalen Zinssatz verzinst wird, der unter dem realen Zinssatz liegt. Der Kurs hängt neben der Ausstattung des Wertpapiers vom realen Zinssatz ab, der sich laufend ändern kann.

Bei Aktien dagegen bezieht sich der Nennwert auf Stücke von 1 Euro oder mehrere Euro. Der Kurs bei Aktien hängt im wesentlichen vom Angebot und Nachfrage ab. Er wird so festgesetzt, dass bei vorgegebenen limitierten Kauf- bzw. Verkaufsaufträgen beim festgesetzten Kurs am meisten Stücke umgesetzt werden (s. Kapitel 5, Abschnitt 5.1).

Unter ***Kursrechnung*** versteht man die Berechnung des Kurses (Kaufpreises) einer Kapitalanlage. Zur Kursberechnung benötigt man den realen (effektiven) Zinssatz p', also die Rendite der Kapitalanlage. Falls der Kurs C vorgegeben ist, wird mit Hilfe der ***Renditerechnung*** die Rendite, also der effektive (reale) Zinssatz bestimmt. Die angegebenen Formeln sind meistens nicht geschlossen nach dem realen (effektiven) Zinssatz p' auflösbar. Zu dessen Bestimmung benötigt man dann numerische Verfahren, z. B. die Intervallhalbierungsmethode (s. Kapitel 1, Abschnitt 1.4.2).

4.2. Kurs und Rendite einer Nullkupon - Anleihe (Zerobond)

Eine ***Nullkupon - Anleihe*** oder ein ***Zerobond*** ist ein festverzinsliches Wertpapier, das nach Ende der Laufzeit zum Nominalwert (in der Regel zu 100 Euro) zurückgezahlt wird. Während der gesamten Laufzeit werden keine Zinsen gezahlt. Zinsen und Zinseszinsen werden dem Kapital zugeschlagen. Es handelt sich also um ein ***abgezinstes Wertpapier***.

Bei der Ausgabe einer Nullkupon - Anleihe ist die Laufzeit n im Allgemeinen ganzzahlig. Bei einem späteren Verkauf oder Kauf ist die Laufzeit meistens nicht mehr ganzzahlig. Allgemein sei $n + x$ die restliche Laufzeit in Jahren. Dabei sei n der ganzzahlige und x der restliche Anteil mit $0 \leq x < 1$.

4.2.1. Kurs einer Nullkupon - Anleihe bei ganzjähriger Laufzeit

Die (restliche) Laufzeit n der Nullkupon - Anleihe sei ganzzahlig. Dies ist in der Regel bei der Ausgabe der Anleihe der Fall. Die Kursberechnung bei einer beliebigen Laufzeit erfolgt in Abschnitt 4.2.2. Der Kurs C (n) bei einer Laufzeit von n Jahren ist der Barwert des nach n Jahren anfallenden Betrages $K_{nom} = 100$ Euro bezüglich des realen Zinssatzes p′. Falls das Kapital C (n) n Jahre lang jeweils mit dem realen Zinssatz p′ verzinst wird, muss der Endwert gleich 100 sein. Damit erhält man die Bestimmungsgleichung für C (n)

$$C(n) \cdot \left(1 + \frac{p'}{100}\right)^n = 100.$$

Hieraus folgt

Kurs einer Nullkupon - Anleihe bei ganzjähriger Laufzeit n

$$C(n) = \frac{100}{\left(1 + \frac{p'}{100}\right)^n} \; [\%]. \tag{4}$$

p′ = realer (effektiver) Jahreszinssatz (Rendite);
n = ganzzahlige Restlaufzeit in Jahren.

Für den Erwerb des Betrags K_{nom}, der nach n Jahren voll zurückgezahlt wird, muss bei einem realen Jahreszinsatz p′ der Betrag $K_{real} = \frac{C}{100} \cdot K_{nom}$ gezahlt werden.

Beispiel 1:

a) Eine Nullkupon - Anleihe mit einer Laufzeit von 20 Jahren werde bei einem realen Jahreszinssatz von 6,15 % ausgegeben. Dann lautet der Begebungskurs

$$C_0 = C(20) = \frac{100}{1{,}0615^{20}} = 30{,}310984 \text{ Euro.}$$

Der Erwerber muss also 30,31 Euro zahlen, um nach 20 Jahren 100 Euro zu erhalten.

b) Nach 5 Jahren betrage der reale Jahreszinssatz 5,6 %. Dann lautet der Kurs wegen der restlichen Laufzeit von 15 Jahren

$$C(5) = \frac{100}{1{,}056^{15}} = 44{,}161237.$$

c) Jemand, der zum Ausgabzeitpunkt die Anleihe gekauft hat, verkaufe diese nach 5 Jahren zum Marktkurs C (5). Gesucht ist der durchschnittliche effektive Zinssatz, also die Rendite, die der Käufer während der 5

Jahre mit der Anleihe erzielt (s. Kapitel 1, Abschnitt 1.3.3). Mit dem mittleren Zinssatz $\hat{p}$ wächst das Kapital 30,310984 Euro einschließlich Zinseszinsen in 5 Jahren an auf 44,161237 Euro. Damit gilt

$$30{,}310984 \cdot \left(1 + \frac{\hat{p}}{100}\right)^5 = 44{,}161237.$$

Hieraus erhält man

$$1 + \frac{\hat{p}}{100} = \sqrt[5]{\frac{44{,}161237}{30{,}310984}};$$

$$\hat{p} = 100 \cdot \left[\left(\frac{44{,}161237}{30{,}310984}\right)^{\frac{1}{5}} - 1\right] = 7{,}817247\,\%.$$

Die Rendite ist größer als zum Zeitpunkt der Ausgabe der Anleihe. Der Grund dafür ist der inwischen erfolgte Zinsrückgang, der eine zusätzliche Kurserhöhung zur Folge hatte.

Allgemein erhält man bei ganzzahliger Laufzeit n aus (4)

$$\left(1 + \frac{p'}{100}\right)^n = \frac{100}{C(n)}.$$

Mit Hilfe der n-ten Wurzel (s. Anhang) erhält man hieraus

$$1 + \frac{p'}{100} = \sqrt[n]{\frac{100}{C(n)}} = \left(\frac{100}{C(n)}\right)^{\frac{1}{n}}$$

$$p' = 100 \cdot \left[\sqrt[n]{\frac{100}{C(n)}} - 1\right] = 100 \cdot \left[\left(\frac{100}{C(n)}\right)^{\frac{1}{n}} - 1\right].$$

Bestimmung des realen (effektiven) Zinssatzes (Rendite)
Bei ganzzahliger Laufzeit n der Nullkupon-Anleihe mit dem Kurs C(n) lautet der reale Zinssatz (Rendite)

$$p' = 100 \cdot \left[\sqrt[n]{\frac{100}{C(n)}} - 1\right] = 100 \cdot \left[\left(\frac{100}{C(n)}\right)^{\frac{1}{n}} - 1\right]. \tag{5}$$

C(n) = Kurs der Nullkupon-Anleihe;
n = ganzzahlige Restlaufzeit in Jahren;
p′ = realer (effektiver) Jahreszinssatz (Rendite).

Beispiel 2:
Eine Nullkupon-Anleihe besitze bei einer Laufzeit von 6 Jahren einen Kurs von 68,21. Gesucht ist der reale (effektive) Zinssatz, also die Rendite der Kapitalanlage. Mit n = 6, C(6) = 68,21 erhält man aus (5) den realen Zinssatz

$$p' = 100 \cdot \left[\left(\frac{100}{68{,}21} \right)^{\frac{1}{6}} - 1 \right] = 6{,}583994\ \%.$$

4.2.2. Kurs einer Nullkupon - Anleihe bei beliebiger Laufzeit

Die (restliche) Laufzeit der Anleihe besitze die Darstellung $n + x$ mit $0 \leq x < 1$. Dann erfolgt für n Jahre die volle Verzinsung mit dem Jahreszinssatz p'. Das restliche Teiljahr der Länge x wird anteilmäßig mit $x \cdot p'$ % verzinst. Dann gilt für den Barwert $C(n + x)$ der 100 Euro - Anleihe bei einer Laufzeit von $n + x$ Jahren die Bestimmungsgleichung

$$C(n+x) \cdot \left(1 + \frac{p'}{100}\right)^n \cdot \left(1 + \frac{p'}{100} \cdot x\right) = 100.$$

Hieraus erhält man den

Kurs bei beliebiger Laufzeit $n + x$ mit $0 \leq x < 1$ und ganzzahligem n

$$C(n+x) = \frac{100}{\left(1 + \frac{p'}{100}\right)^n \cdot \left(1 + \frac{p'}{100} \cdot x\right)}. \qquad (6)$$

$n + x$ = beliebige Restlaufzeit in Jahren mit $0 \leq x < 1$; n ganzzahlig;
p' = realer (effektiver) Jahreszinssatz (Rendite);
$C(n + x)$ = Kurs der Nullkupon - Anleihe.

Beispiel 3:
Eine Nullkupon - Anleihe besitze eine Restlaufzeit von 4 Jahren, 8 Monaten und 10 Tagen. Gesucht ist der Kurs bei einem realen Jahreszinssatz von 5,8 %. Die Anzahl der ganzen Jahre lautet $n = 4$. Das Jahr wird mit 360 Tagen und ein Monat mit 30 Tagen veranschlagt. Daher besitzt das restliche Teiljahr die Länge

$$x = \frac{8 \cdot 30 + 10}{360} = \frac{250}{360} = \frac{25}{36}.$$

Mit $p' = 5{,}8$ erhält man aus (6) den Kurs

$$C\left(4 + \tfrac{25}{36}\right) = \frac{100}{1{,}058^4 \cdot \left(1 + \frac{25}{36} \cdot 0{,}058\right)} = 76{,}719896.$$

Für $x \neq 0$ ist Gleichung (6) nicht geschlossen nach p' auflösbar. Einen Näherungswert für p' erhält man jedoch aus der Darstellung

$$C(n+x) \approx \frac{100}{\left(1 + \frac{p'}{100}\right)^{n+x}}$$

$$\left(1+\frac{p'}{100}\right)^{n+x} \approx \frac{100}{C(n+x)} .$$

Wurzelziehen (s. Anhang) ergibt einen Näherungslösung für p'.

Bestimmung des realen (effektiven) Zinssatzes (Rendite)
Bei beliebiger Laufzeit $n+x$ mit $0 \leq x < 1$ gilt die Näherung

$$p' \approx 100 \cdot \left[\left(\frac{100}{C(n+x)}\right)^{\frac{1}{n+x}} - 1\right]. \tag{7}$$

$n+x$ = beliebige Restlaufzeit in Jahren; n ganzzahlig;
$C(n+x)$ = Kurs der Nullkupon - Anleihe;
p' = realer (effektiver) Jahreszinssatz (Rendite).

Aus diesem Näherungswert kann der exakte Wert p' iterativ bestimmt werden, z. B. mit Hilfe der Intervallhalbierungsmethode.

Beispiel 4 (s. Beispiel 3):
Eine Nullkupon - Anleihe mit der Restlaufzeit $4+\frac{25}{36}$ Jahre besitze den Kurs $C = 76{,}719896$. Gesucht ist (näherungsweise) die Rendite. Aus (7) erhält man den Näherungswert

$$p' \approx 100 \cdot \left[\left(\frac{100}{76{,}719896}\right)^{\frac{1}{4+\frac{25}{36}}} - 1\right] = 5{,}807545\ \%.$$

Der Näherungswert stimmt mit dem in Beispiel 3 vorgegebenen realen Zinssatz $p' = 5{,}8$ sehr gut überein.

4.3. Kurs und Rendite einer Zinsanleihe (Zinsschuld) mit eventuellem Tilgungsaufgeld (festverzinsliches Wertpapier)

Falls für eine Schuld während der Laufzeit nur regelmäßig fest vereinbarte Zinsen gezahlt werden, und die gesamte Tilgung einschließlich eines eventuellen Tilgungsaufgeldes von α % der Schuldsumme am Ende der Laufzeit erfolgt, nennt man die Schuld ***Zinsanleihe*** oder ***Zinsschuld***. Mit $\alpha = 0$ erhält man eine Zinsanleihe ohne Tilgungsaufgeld. Bei der Kursberechnung gehen wir immer vom Nominalkapital $K_{nom} = 100$ Euro aus, das mit dem nominalen Jahreszinssatz p verzinst wird. Früher wurden festverzinsliche Wertpapiere in effektiven Stücken ausgegeben. Neben der verbrieften Urkunde erhielt der Inhaber des Wertpapiers sogenannte ***Kupons***. Gegen Einreichung der jeweiligen Kupons wurden zu den Zinsterminen die Zinsen gezahlt. Daher nennt man einen Zinstermin auch ***Kupontermin***. Heute gibt es nur noch verbriefte Globalurkunden. Bei jährlicher Zinszahlung ist der Betrag eines Kupons einer zum Nominalzinssatz p ausgegebenen 100 Euro-Anleihe gleich p. Bei m-maligen unterjährigen Kuponzahlungen gibt es für die 100 Euro-Anleihe jährlich m-mal (unterjährig) jeweils $\frac{p}{m}$ Euro Zinsen.

Für die an der Börse gehandelten Zinsschulden gibt es die folgenden gleichwertigen Bezeichnungen: **festverzinsliches Wertpapier, Anleihe, Kuponanleihe, Bond, Obligation** oder **Renditepapier.**

Der Kurs einer Zinsschuld ist nach Abschnitt 4.1 der Realwert K_{real} (bezüglich des realen Jahreszinssatzes p') des Nominalwertes $K_{nom} = 100$ Euro, das während der Laufzeit mit dem nominalen Zinssatz p verzinst und zum Ende der Laufzeit, eventuell mit einem vereinbarten Tilgungsaufschlag zurückgezahlt wird. Zum allgemeinen Nominalkapital K_{nom} gehört dann bei einem Kurs C das Realkapital

$$K_{real} = \frac{C}{100} \cdot K_{nom} \,.$$

4.3.1. Zinsanleihen mit jährlicher Zinszahlung

Eine Zinsanleihe soll jährlich nachschüssig mit p % verzinst werden. Für eine 100 Euro-Anleihe werden dann jährlich p Euro ausgezahlt. Die Rückzahlung erfolge zum Ende der Laufzeit. Zusätzlich zum Tilgungsbetrag werden α % davon als **Tilgungsaufschlag** zurückgezahlt. Der Inhaber einer 100 Euro-Anleihe erhält somit am Ende der Laufzeit zusätzlich zur letzten Zinszahlung insgesamt $100 + \alpha$ Euro ausgezahlt. Im Falle $\alpha = 0$ erfolgt die Tilgung zu pari, also ohne Tilgungsaufschlag. α kann auch negativ sein. Dann spricht man von einem **Tilgungsabschlag.**

4.3.1.1. Kurs der Zinsanleihe bei einer ganzjährigen Laufzeit n

Zum Zeitpunkt der Kursfestsetzung soll die restliche Laufzeit n ganzzahlig sein. Diese Situation liegt bei der Ausgabe der Anleihe und unmittelbar nach jeder Zinszahlung vor. Für die 100 Euro-Anleihe gibt es dann n Zinszahlungen der jeweiligen Höhe p. Nach n Jahren wird neben den Zinsen einschließlich des Tilgungsaufgeldes noch $100 + \alpha$ Euro gezahlt. Die einzelnen Zahlungen können auf dem Zahlenstrahl dargestellt werden:

	p	p	p	p	$p + 100 + \alpha$	(Zahlungen)
0	1	2	3	$n-1$	n	(Zeit in Jahren)

Zum realen (effektiven) Zinssatz (Rendite) p' gehöre der Aufzinsungsfaktor

$$q' = 1 + \frac{p'}{100} \,.$$

Der Kurs $C(n)$ ist das Realkapital K_{real} des Nominalkapitals $K_{nom} = 100$ Euro, also der Barwert (auf den Zeitpunkt $t = 0$ abgezinster Wert) aller vereinbarter Zahlungen. Die einzelnen Zinszahlungen müssen jeweils einmal, zweimal, dreimal usw. bis schließlich n-mal abgezinst werden. Tilgung und Tilgungsaufgeld $100 + \alpha$ sind für n Jahre abzuzinsen. Damit erhält man den von der ganzjährigen Laufzeit n abhängigen Kurs

$$C(n) = K_{real} = \underbrace{\frac{p}{q'} + \frac{p}{(q')^2} + \ldots + \frac{p}{(q')^n}}_{\text{Barwert der Zinsen}} + \underbrace{\frac{100+\alpha}{(q')^n}}_{\text{Barwert von Tilgung und Aufgeld}}$$

$$= \frac{p}{q'} \cdot \underbrace{\left(1 + \frac{1}{q'} + \frac{1}{(q')^2} + \ldots + \frac{1}{(q')^{n-1}}\right)}_{= \frac{1 - \frac{1}{(q')^n}}{1 - \frac{1}{q'}} \text{ (geometrische Reihe)}} + \frac{100+\alpha}{(q')^n}$$

$$= \frac{p}{q'} \cdot \frac{1 - \frac{1}{(q')^n}}{1 - \frac{1}{q'}} + \frac{100+\alpha}{(q')^n}$$

$$= p \cdot \frac{1 - \frac{1}{(q')^n}}{q' - 1} + \frac{100+\alpha}{(q')^n}$$

$$= \frac{p}{q'-1} - \frac{p}{q'-1} \cdot \frac{1}{(q')^n} + \frac{100+\alpha}{(q')^n}.$$

Mit $q' - 1 = \frac{p'}{100}$ erhält man hieraus unmittelbar den

Kurs einer Anleihe bei einer ganzjährigen Laufzeit n

$$C(n) = 100 \cdot \left(1 + \frac{\alpha}{100} - \frac{p}{p'}\right) \cdot \frac{1}{(q')^n} + 100 \cdot \frac{p}{p'}. \tag{8}$$

n = ganzzahlige Laufzeit der Anleihe in Jahren;
p = nominaler Jahreszinssatz, mit der die Anleihe verzinst wird;
p' = realer (effektiver) Jahreszinssatz; $q' = 1 + \frac{p'}{100}$;
α = Tilgunsgaufschlag bei der Rückzahlung nach n Jahren;
$C(n)$ = Kurs der Anleihe.

Das Realkapital $C(n)$ wächst durch die Verzinsung mit dem realen Zinssatz p' in einem Jahr an auf

$$C(n) \cdot \left(1 + \frac{p'}{100}\right) = C(n) \cdot q'.$$

Zieht man davon den nach einem Jahr anfallenden Zinsbetrag p ab, so erhält man den Kurs nach einem Jahr, also den Kurs mit einer Laufzeit von $n-1$ Jahren. Damit gilt allgemein

$$C(n) \cdot q' - p = C(n-1). \tag{9}$$

Diese Identität kann auch unmittelbar aus der Darstellung (8) hergeleitet werden.

Beispiel 5:
Für eine Zinsanleihe werde 10 Jahre lang jeweils 6 % Zinsen gezahlt. Nach 10 Jahren werde sie zu pari, also ohne Tilgungsaufschlag, zurückgezahlt.

a) Bei einer Rendite von 6,12 % erhält man aus (8) mit $\alpha = 0$ den Kurs

$$C(10) = 100 \cdot \left(1 - \frac{6}{6{,}12}\right) \cdot \frac{1}{1{,}0612^{10}} + 100 \cdot \frac{6}{6{,}12} = 99{,}121789.$$

b) Bei einer Rendite von 5,8 % lautet der Kurs

$$C(10) = 100 \cdot \left(1 - \frac{6}{5{,}8}\right) \cdot \frac{1}{1{,}058^{10}} + 100 \cdot \frac{6}{5{,}8} = 101{,}486067.$$

c) Eine Rendite von 7 % ergibt den Kurs

$$C(10) = 100 \cdot \left(1 - \frac{6}{7}\right) \cdot \frac{1}{1{,}07^{10}} + 100 \cdot \frac{6}{7} = 92{,}976418.$$

Wenn der nominale Zinssatz mit dem realen übereinstimmt, also für $p' = p$, ist der Kurs $C(n)$ der Anleihe nur dann gleich 100, wenn kein Tilgungsaufgeld vereinbart ist, also für $\alpha = 0$.

Der Tilgungsauf- bzw. -abschlag (für negatives α) kann auch so festgelegt werden, dass der Ausgabekurs C_0 der Anleihe bei n Jahren Laufzeit genau 100 ist. Mit dem geforderten Ausgabekurs $C_0(n) = 100$ erhält man aus (8) die Bedingung

$$100 = 100 \cdot \left(1 + \frac{\alpha}{100} - \frac{p}{p'}\right) \cdot \frac{1}{(q')^n} + 100 \cdot \frac{p}{p'}$$

$$1 = \left(1 + \frac{\alpha}{100} - \frac{p}{p'}\right) \cdot \frac{1}{(q')^n} + \frac{p}{p'}$$

$$1 + \frac{\alpha}{100} - \frac{p}{p'} = (q')^n \cdot \left(1 - \frac{p}{p'}\right)$$

$$\frac{\alpha}{100} = -1 + \frac{p}{p'} + (q')^n \cdot \left(1 - \frac{p}{p'}\right) = \left[(q')^n - 1\right] \cdot \left(1 - \frac{p}{p'}\right).$$

Damit erhält man den

Tilgungsaufschlag (-abschlag) α für einen Ausgabekurs $C_0(n) = 100$ bei einer ganzzahligen Laufzeit von n Jahren

$$\alpha = 100 \cdot \left[(q')^n - 1\right] \cdot \left(1 - \frac{p}{p'}\right). \tag{10}$$

n = ganzjährige Laufzeit der Anleihe;
p = nominaler Jahreszinssatz, mit der die Anleihe verzinst wird;
p′ = realer (effektiver) Jahreszinssatz; $q' = 1 + \frac{p'}{100}$;
α = benötigter Tilgunsgaufschlag bei der Rückzahlung nach n Jahren, damit der Ausgabekurs $C_0(n)$ gleich 100 ist.

Im Falle $p = p'$ ist $\alpha = 0$, für $p < p'$ ist α positiv, für $p > p'$ wird α negativ.

Beispiel 6:
Für eine Anleihe mit einer Laufzeit von 15 Jahren werden jährlich 7 % Zinsen gezahlt. Diese Anleihe werde mit einem Kurs von 100 % ausgegeben. Gesucht ist die Höhe des Tilgungsaufschlages, so dass während der gesamten Laufzeit eine Rendite von 7,5 % erzielt wird. Aus (10) erhält man mit $p = 7$ und $p' = 7{,}5$

$$\alpha = 100 \cdot (1{,}075^{15} - 1) \cdot \left(1 - \frac{7}{7{,}5}\right) = 13{,}059182\ \%.$$

Nach 15 Jahren muss zusätzlich zur Rückzahlung ein Tilgungsaufschlag von 13,059182 % erfolgen. Dann beträgt die Rendite 7,5 %.

Berechnung der Redite
Bei gegebenem Kurs $C(n)$ erhält man aus (8) für den realen (effektiven) Zinssatz p' die Bestimmungsgleichung

$$C(n) = 100 \cdot \left(1 + \frac{\alpha}{100} - \frac{p}{p'}\right) \cdot \frac{1}{\left(1 + \frac{p'}{100}\right)^n} + 100 \cdot \frac{p}{p'}. \tag{11}$$

Diese Gleichung ist nicht geschlossen nach p' auflösbar. p' kann jedoch iterativ beliebig genau bestimmt werden, z. B. durch die Intervallhalbierungsmethode (s. Kapitel 1, Abschnitt 1.4.2). Einen Näherungswert für p' erhält man jedoch mit Hilfe der Approximation

$$\left(1 + \frac{p'}{100}\right)^n \approx 1 + n \cdot \frac{p'}{100}.$$

Hiermit erhält man aus (11)

$$C(n) \approx 100 \cdot \left(1 + \frac{\alpha}{100} - \frac{p}{p'}\right) \cdot \frac{1}{1 + n \cdot \frac{p'}{100}} + 100 \cdot \frac{p}{p'} .$$

Multiplikation mit $1 + n \cdot \frac{p'}{100}$ ergibt

$$C(n) \cdot \left(1 + n \cdot \frac{p'}{100}\right) \approx 100 \cdot \left(1 + \frac{\alpha}{100} - \frac{p}{p'}\right) + 100 \cdot \frac{p}{p'} \cdot \left(1 + n \cdot \frac{p'}{100}\right)$$

$$C(n) + n \cdot C(n) \cdot \frac{p'}{100} \approx 100 + \alpha - 100 \cdot \frac{p}{p'} + 100 \cdot \frac{p}{p'} + n \cdot p$$

$$C(n) + n \cdot C(n) \cdot \frac{p'}{100} \approx 100 + \alpha + n \cdot p$$

$$n \cdot C(n) \cdot \frac{p'}{100} \approx 100 + \alpha + n \cdot p - C(n)$$

$$\frac{C(n)}{100} \cdot p' \approx p + \frac{100 + \alpha - C(n)}{n}$$

$$p' \approx \frac{100}{C(n)} \cdot \left[p + \frac{100 + \alpha - C(n)}{n} \right].$$

Damit erhält man einen

Näherungswert für den effektiven (realen) Zinssatz (Rendite) bei gegebenem Kurs C (n) (n ganzzahlig)

$$p' \approx \frac{100}{C(n)} \cdot \left[p + \frac{100 + \alpha - C(n)}{n} \right]. \qquad (12)$$

n = ganzzahlige Laufzeit der Anleihe in Jahren;
p = nominaler Jahreszinssatz, mit der die Anleihe verzinst wird;
α = Tilgungsgaufschlag bei der Rückzahlung nach n Jahren;
C (n) = Kurs der Anleihe;
p' = realer (effektiver) Jahreszinssatz; $q' = 1 + \frac{p'}{100}$.

Dieser Näherungswert kann als Startwert für Interationsverfahren benutzt werden.

Beispiel 7 (s. Beispiel 5c):
Bei einer Laufzeit von $n = 10$ Jahren betrage der Kurs $C(10) = 92{,}976418$ bei einem nominellen Zinssatz $p = 6$. Die Anleihe sei ohne Tilgungsaufschlag ausgestattet. Mit $\alpha = 0$ erhält man aus (12) für den effektiven Zinssatz den Näherungswert

$$p' \approx \frac{100}{92{,}976418} \cdot \left[6 + \frac{100 - 92{,}976418}{10} \right] = 7{,}208665\ \%.$$

Dieser Wert weicht vom tatsächlichen Wert $p' = 7$ ab.

4.3.1.2. Kurs der Zinsanleihe bei beliebiger Laufzeit

Die Kursfestsetzung soll nach einem Teiljahr der Länge x nach der letzten Zinszahlung (Kupontermin) erfolgen mit $0 \leq x < 1$. Dann lässt sich die Laufzeit darstellen durch $n - x$, wobei n ganzzahlig ist.

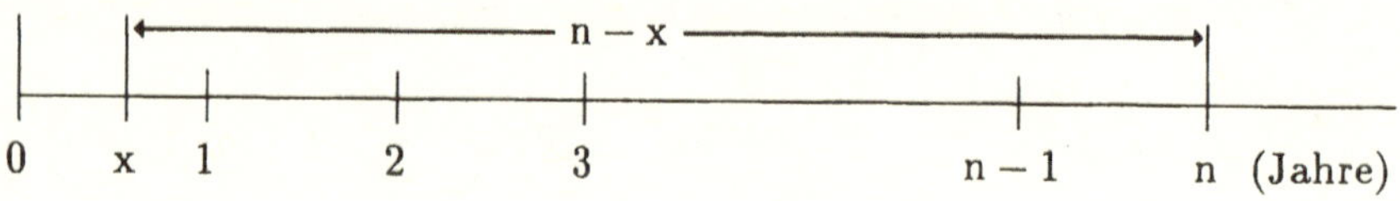

Für $x = 0$ ist der Kurs $C(n)$ in (8) angegeben. Das Teiljahr der Länge x wird anteilmäßig mit dem realen Zinssatz $x \cdot p'$ verzinst. Dann wächst das Realkapital $C(n)$ der 100 Euro-Anleihe bis zum Zeitpunkt x an auf

$$C(n) \cdot \left(1 + \frac{p'}{100} \cdot x\right) = C(n) + C(n) \cdot \frac{p'}{100} \cdot x .$$

Dieser Wert stellt den Kurs zum Zeitpunkt x dar, also den Kurs bei einer Restlaufzeit von $n - x$ Jahren. Diesen bezeichnet man mit $C(n-x)$. Damit lautet der

Kurs bei einer Laufzeit von $n - x$ Jahren mit $0 \leq x < 1$ und ganzzahligem n

$$C(n-x) = C(n) \cdot \left(1 + \frac{p'}{100} \cdot x\right) = C(n) + C(n) \cdot \frac{p'}{100} \cdot x$$

$$= \left[100 \cdot \left(1 + \frac{\alpha}{100} - \frac{p}{p'}\right) \cdot \frac{1}{(q')^n} + 100 \cdot \frac{p}{p'}\right] \cdot \left(1 + \frac{p'}{100} \cdot x\right). \qquad (13)$$

Dabei ist $C(n)$ der Kurs bei einer Laufzeit von n Jahren aus (8) mit ganzzahligem n.

$n - x$ = Laufzeit der Anleihe in Jahren mit $0 \leq x < 1$;
p = nominaler Jahreszinssatz, mit der die Anleihe verzinst wird;
p' = realer (effektiver) Jahreszinssatz; $q' = 1 + \frac{p}{100}$;
α = Tilgunsgaufschlag bei der Rückzahlung nach $n - x$ Jahren;
$C(n-x)$ = Kurs der Anleihe.

Bei einer Übereinstimmung von Nominal- und Realszinssatz und ohne Tilgungsaufgeld ist der Kurs nur bei einer ganzjährigen Laufzeit gleich 100.

Falls x kleiner als Eins ist, aber in der Nähe von 1 liegt, gilt wegen

$$1 + \frac{p'}{100} \cdot x \approx 1 + \frac{p'}{100} = q'$$

$$C(n-x) \approx \left[100 \cdot \left(1 + \frac{\alpha}{100} - \frac{p}{p'}\right) \cdot \frac{1}{(q')^n} + 100 \cdot \frac{p}{p'}\right] \cdot q' \tag{14}$$

$$= 100 \cdot \left(1 + \frac{\alpha}{100} - \frac{p}{p'}\right) \cdot \frac{1}{(q')^{n-1}} + 100 \cdot \frac{p}{p'} \cdot q'$$

für $x < 1$, $x \approx 1$.

Nach der auf den Kauf folgenden ersten Zinszahlung beträgt die Restlaufzeit $n-1$ Jahre. Dann lautet nach (8) der Kurs zu diesem Zeitpunkt

$$C(n-1) = 100 \cdot \left(1 + \frac{\alpha}{100} - \frac{p}{p'}\right) \cdot \frac{1}{(q')^{n-1}} + 100 \cdot \frac{p}{p'}.$$

Subtraktion dieser beiden Kurse unmittelbar vor und nach der ersten Zinszahlung ergibt mit $q' - 1 = \frac{p'}{100}$ die Differenz der Kurse

$$C(n-x) - C(n-1) \tag{15}$$

$$\approx 100 \cdot \frac{p}{p'} \cdot q' - 100 \cdot \frac{p}{p'} = 100 \cdot \frac{p}{p'} \cdot (q' - 1) = p \quad \text{für } x < 1,\ x \approx 1.$$

Der nach (14) berechnete Kurs ermäßigt sich bei jeder Zinszahlung um den für die 100 Euro-Anleihe ausgezahlten Zinsbetrag p.

Beispiel 8:
Eine Zinsanleihe mit dem nominellen Zinssatz $p = 6$ besitze eine Restlaufzeit von 8 Jahren und 4 Monaten, also von $9 - \frac{2}{3}$ Jahren. Ohne Tilgungsaufschlag erhält man mit $n = 9$ und $x = \frac{2}{3}$ aus (8) und (13) die Kurse

$$C(9) = 100 \cdot \left(1 - \frac{6}{6{,}5}\right) \cdot \frac{1}{1{,}065^9} + 100 \cdot \frac{6}{6{,}5} = 96{,}671948.$$

$$C(9 - \tfrac{2}{3}) = C(9) \cdot (1 + 0{,}065 \cdot \tfrac{2}{3}) = 100{,}861066.$$

Aus einem vorgegebenen Kurs $C(n-x)$ kann die **Rendite** p' aus der Formel (13) nur mit Hilfe von Iterationsverfahren, z. B. mit der Intervallhalbierungsmethode, bestimmt werden.

4.3.1.3. Börsennotierte Nettokurse einer Zinsanleihe - Stückzinsen

Bei den in Abschnitt 4.3.2 berechneten Kursen $C(n-x)$ erfolgt nach (15) bei jedem Kupon (Zins-)-Termin ein Kursabschlag der Zinshöhe p. Bei der Notierung dieser Kurse wäre die Börsennotiz nicht überschaubar. Vor allem wären dann Kurse verschiedener Anleihen mit verschiedenen Kuponterminen nicht unmittelbar vergleichbar. Daher ist es sinnvoll, sogenannte

Nettokurse einzuführen, bei denen zu den Zeitpunkten der Zinszahlungen kein Kursabschlag erfolgt.

Stückzinsen

Damit zwischen den einzelnen Kuponterminen festverzinslicher Wertpapiere ein börsennotierter Handel möglich ist, muss eindeutig festgelegt werden, wie der Anspruch der nächsten Zinszahlung zwischen Käufer und Verkäufer der Anleihe aufgeteilt wird. Durch die Verrechnung der sogenannten ***Stückzinsen*** hat diese Aufteilung auf den Nettokurs keinen Einfluss.

Falls der Käufer an den Verkäufer zusätzlich zum Nettokurs die anteiligen Stückzinsen zahlt, stehen dem Käufer die nächsten Zinszahlungen in voller Höhe zu. In diesem Fall handelt es sich um ***positive Stückzinsen***. Falls die letzte Jahreszinszahlung vor einem Teiljahr der Länge x erfolgt ist, lauten die Stückzinsen für eine 100 Euro-Anleihe anteilmäßig $x \cdot p$.

Wenn der Kupon schon vor dem Coupontermin und vor dem Verkauf der Anleihe abgetrennt ist, wird der Betrag dem früheren Besitzer zum Fälligkeitstermin gutgeschrieben. Dann muss der Verkäufer dem Käufer für die restlichen Tage ***negative Stückzinsen*** zahlen.

Wir wollen uns nur auf positive Stückzinsen beschränken. Der letzte jährliche Zinsabschlag sei x Teiljahre vor der Kursfestsetzung erfolgt mit $0 \leq x < 1$. Bei einer Restlaufzeit von $n - x$ Jahren wird der Nettokurs mit $C_{netto}(n-x)$ bezeichnet. Nettokurs plus (positive) Stückzinsen $x \cdot p$ für die 100 Euro-Anleihe ergeben den in (13) angegebenen Kurs, also

$$C(n-x) = C_{netto}(n-x) + p \cdot x.$$

Hieraus erhält man mit (8) und (13) den Nettokurs

$$\begin{aligned} C_{netto}(n-x) &= C(n-x) - p \cdot x \\ &= C(n) + C(n) \cdot \frac{p'}{100} \cdot x - p \cdot x \\ &= C(n) + \left[C(n) \cdot \frac{p'}{100} - p\right] \cdot x. \end{aligned}$$

Nettokurs bei einer Laufzeit von $n - x$ Jahren mit $0 \leq x < 1$

$$C_{netto}(n-x) = C(n) + \left[C(n) \cdot \frac{p'}{100} - p\right] \cdot x.$$

Dabei ist (16)

$$C(n) = 100 \cdot \left(1 + \frac{\alpha}{100} - \frac{p}{p'}\right) \cdot \frac{1}{(q')^n} + 100 \cdot \frac{p}{p'}$$

der Kurs mit einer ganzzahligen Laufzeit von n Jahren (s. (8)).

p = nomineller Jahreszinssatz bei jährlicher Zinszahlung;
p' = realer (effektiver) Jahreszinssatz; $q' = 1 + p'/100$;
x = Teiljahr nach der letzten Zinszahlung mit $0 \le x < 1$; n ganzzahlig.

Für $x < 1$, aber $x \approx 1$ gilt zusammen mit (14) wegen $q' = 1 + \frac{p'}{100}$

$$\begin{aligned} C_{netto}(n-x) &= C(n-x) - p\,x \\ &\approx 100 \cdot \left(1 + \frac{\alpha}{100} - \frac{p}{p'}\right) \cdot \frac{1}{(q')^{n-1}} + 100 \cdot \frac{p}{p'} \cdot q' - p \\ &= 100 \cdot \left(1 + \frac{\alpha}{100} - \frac{p}{p'}\right) \cdot \frac{1}{(q')^{n-1}} + 100 \cdot \frac{p}{p'} \cdot \left(1 + \frac{p'}{100}\right) - p \\ &= 100 \cdot \left(1 + \frac{\alpha}{100} - \frac{p}{p'}\right) \cdot \frac{1}{(q')^{n-1}} + 100 \cdot \frac{p}{p'} + p - p \\ &= 100 \cdot \left(1 + \frac{\alpha}{100} - \frac{p}{p'}\right) \cdot \frac{1}{(q')^{n-1}} + 100 \cdot \frac{p}{p'} = C_{netto}(n-1). \end{aligned}$$

Im Grenzwert $x \to 1$ gilt dabei das Gleichheitszeichen. Beim Nettokurs gibt es also bei den Kuponterminen keinen Kursabschlag. Er ändert sich stetig im x. Unmittelbar nach den Zinsabschlägen stimmt der Nettokurs mit dem Kurs für die ganzzahlige Restlaufzeit überein.

Beispiel 9:
Eine Zinsanleihe werde jährlich mit 7 % verzinst. Die Rückzahlung erfolge zu pari ($\alpha = 0$). Bei einem realen Jahreszinssatz von 6,8 % erhält man bei einer Restlaufzeit von n = 10 Jahren nach (8) den Kurs

$$C(10) = 100 \cdot \left(1 - \frac{7}{6{,}8}\right) \cdot \frac{1}{1{,}068^{10}} + 100 \cdot \frac{7}{6{,}8} = 101{,}417795.$$

Bei der unterjährigen Laufzeit $10 - x$ mit $0 \le x < 1$ lautet der Nettokurs nach (16)

$$\begin{aligned} C_{netto}(10-x) &= C(10) + \left[C(10) \cdot \frac{6{,}8}{100} - 7\right] \cdot x \\ &= 101{,}417795 - 0{,}103590 \cdot x. \end{aligned}$$

Setzt man hier formal $x = 1$ (eigentlich handelt es sich um den Grenzwert für x gegen 1), so erhält man

$$C_{netto}(10-1) = C_{netto}(9) = 101{,}314205\,.$$

Aus (8) erhält man den Kurs bei der Laufzeit von 9 Jahren

$$C(9) = 100 \cdot \left(1 - \frac{7}{6{,}8}\right) \cdot \frac{1}{1{,}068^{9}} + 100 \cdot \frac{7}{6{,}8} = 101{,}314205.$$

Der Nettokurs $C_{netto}(9)$ stimmt mit dem Kurs $C(9)$ überein.

Allgemein gilt für jede ganzzahlige Restlaufzeit $n-1$

$$C_{netto}(n-1) = C(n-1). \tag{17}$$

Für jede ganzzahlige Restlaufzeit stimmt der um die Stückzinsen bereinigte Nettokurs mit dem gewöhnlichen Kurs überein.

4.3.2. Ewige Zinsanleihe mit jährlicher Zinszahlung

Für eine Zinsanleihe werden jährlich die durch den nominalen Jahreszinssatz p festgelegten Zinsen gezahlt, wobei keine Rückzahlung erfolge. Dann heißt die Anleihe ***ewige Zinsanleihe***. Dabei ist naturgemäß $\alpha = 0$.

4.3.2.1. Kurs unmittelbar nach der jährlichen Zinszahlung

Unmittelbar nach der Zinszahlung erfolgt die nächste Zinszahlung der ewigen Zinsanleihe nach genau einem Jahr. Da für $n \to \infty$ die Werte $(q')^n$ gegen Null gehen, erhält man aus (8) unmittelbar den

Kurs einer ewigen Zinsanleihe unmittelbar nach einer Zinszahlung

$$C(\infty) = 100 \cdot \frac{p}{p'}. \tag{18}$$

p = nominaler Jahreszinssatz für die ewige Anleihe;
p' = realer (effektiver) Jahreszinssatz; $q' = 1 + \frac{p'}{100}$.

Bemerkung:
Falls eine Anleihe nach n Jahren zu pari, also ohne Tilgungsaufschlag zurückgezahlt wird, nähert sich der Kurs $C(n)$ immer mehr dem Kurs der ewigen Zinsanleihe an. Es gilt also

$$C(n) \approx 100 \cdot \frac{p}{p'} \quad \text{für große n und } \alpha = 0. \tag{19}$$

Beispiel 10:
Für eine ewige Zinsanleihe werde ein nominaler Jahreszinssatz $p = 6{,}5$ % gezahlt. Genau ein Jahr nach dem Erwerb werden erstmals Zinsen gezahlt.

a) Gesucht ist der Kurs bei einem realen Jahreszinssatz von 6,85 %.
Aus (18) erhält man den Kurs der ewigen Zinsanleihe

$$C_0(\infty) = 100 \cdot \frac{6{,}5}{6{,}85} = 94{,}890511.$$

b) Gesucht ist der Kurs, falls die Anleihe nach 100 Jahren zu pari (ohne Tilgungsaufschlag) zurückgezahlt wird. Aus (8) erhält man mit $n = 100$ und $\alpha = 0$

$$C(100) = 100 \cdot \left(1 - \frac{6{,}5}{6{,}85}\right) \cdot \frac{1}{1{,}0685^{100}} + 100 \cdot \frac{6{,}5}{6{,}85} = 94{,}897286 .$$

Dieser Kurs stimmt wegen der langen Laufzeit $n = 100$ sehr gut mit dem Kurs der ewigen Anleihe überein.

Aus dem Kurs $C(\infty)$ einer ewigen Zinsanleihe und dem nominellen Zinssatz p erhält man aus (18) unmittelbar

Realer (effektiver) Zinssatz einer ewigen Zinsanleihe unmittelbar nach einer Zinszahlung bei jährlicher Verzinsung

$$p' = 100 \cdot \frac{p}{C(\infty)} . \qquad (20)$$

p = nominaler Jahreszinssatz für die ewige Anleihe;
p' = realer (effektiver) Jahreszinssatz; $q' = 1 + p'/100$;
$C(\infty)$ = Kurs der ewigen Zinsanleihe.

4.3.2.2. Kurs x Teiljahre nach einer Zinszahlung mit $0 \le x < 1$

Falls vor x Jahren mit $0 \le x < 1$ die letzte Zinszahlung der ewigen Anleihe erfolgt ist, gibt es die nächste Zinszahlung nach $1 - x$ Jahren. Dann erhält man wegen $(q')^n \to 0$ für $n \to \infty$ aus (13) den

Kurs einer ewigen Zinsanleihe x Jahre nach der vorangegangen Zinszahlung mit $0 \le x < 1$

$$C_x(\infty) = 100 \cdot \frac{p}{p'} \cdot \left(1 + \frac{p'}{100} \cdot x\right) = 100 \cdot \frac{p}{p'} + p \cdot x . \qquad (21)$$

p = Jahreszinssatz für die ewige Anleihe;
p' = realer (effektiver) Jahreszinssatz; $q' = 1 + \frac{p'}{100}$;
x = Zeitraum seit der letzten Zinszahlung mit $0 \le x < 1$;
$C_x(\infty)$ = Kurs der ewigen Zinsanleihe.

Für $x = 0$ geht die Formel (21) in (18) über.

Aus (21) erhält man durch Auflösung nach p'

Realer (effektiver) Zinssatz einer ewigen Zinsanleihe x Jahre nach der vorangegangen Zinszahlung mit $0 \le x < 1$

$$p' = \;= \frac{100\,p}{C_x(\infty) - p \cdot x} . \qquad (22)$$

$C_x(\infty)$ = Kurs der ewigen Anleihe nach (21).

p = Jahreszinssatz für die ewige Anleihe;
$1-x$ = Zeitraum bis zur nächsten Zinszahlung mit $0 \leq x < 1$;
$C_x(\infty)$ = Kurs der ewigen Zinsanleihe.
p' = realer (effektiver) Jahreszinssatz; $q' = 1 + \frac{p'}{100}$;

4.3.3. Anleihen mit unterjähriger Verzinsung

Die Verzinsung des festverzinslichen Wertpapiers erfolge m-mal unterjährig anteilmäßig mit dem jeweiligen nominalen Zinssatz $\frac{p}{m}$. Ein zum realen Zinssatz p' angelegtes Kapital werde nur jährlich anteilmäßig ohne Zinseszins verzinst. Damit werden für eine 100 Euro-Anleihe jährlich m-mal die Zinsen $\frac{p}{m}$ gezahlt. $m = 2$ bedeutet halbjährliche, $m = 4$ vierteljährliche und $m = 12$ monatliche Zinszahlung.

4.3.3.1. Kurse bei ganzjähriger Laufzeit n

Die unterjährige Verzinsung bringt wegen des Zinseszinseffektes Vorteile gegenüber der jährlichen Verzinsung. Die Zinszahlungen können für den Rest des Jahres zum realen Zinssatz p' angelegt werden, wobei die Verzinsung jeweils zum Jahresende proportional zur Laufzeit (anteilmäßig) erfolge. Damit erhält man während eines Jahres die

zusätzliche Zinsstaffel für eine 100 Euro-Anleihe

Zeitpunkt (Jahre)	Zinsen für die 100 Euro-Anleihe	Restlaufzeit bis Jahresende	anteilmäßige Zinsen mit dem Zinssatz p'
$\frac{1}{m}$	$\frac{p}{m}$	$1-\frac{1}{m}$	$\left(1-\frac{1}{m}\right)\cdot\frac{p}{m}\cdot\frac{p'}{100}$
$\frac{2}{m}$	$\frac{p}{m}$	$1-\frac{2}{m}$	$\left(1-\frac{2}{m}\right)\cdot\frac{p}{m}\cdot\frac{p'}{100}$
$\frac{3}{m}$	$\frac{p}{m}$	$1-\frac{3}{m}$	$\left(1-\frac{3}{m}\right)\cdot\frac{p}{m}\cdot\frac{p'}{100}$
$\vdots$	$\vdots$	$\vdots$	$\vdots$
$\frac{m-1}{m}$	$\frac{p}{m}$	$1-\frac{m-1}{m}$	$\left(1-\frac{m-1}{m}\right)\cdot\frac{p}{m}\cdot\frac{p'}{100}$
1	$\frac{p}{m}$	0	0
Summe	p		$\frac{m-1}{200m}\cdot p\cdot p'$

Wegen der vorzeitigen unterjährigen Zinszahlung erhält der Inhaber der 100 Euro-Anleihe für jedes Jahr die durch Wiederanlage bedingten zusätzlichen Zinszahlungen

$$\Delta = \frac{p}{m}\cdot\frac{p'}{100}\cdot\left[\left(1-\frac{1}{m}\right)+\left(1-\frac{2}{m}\right)+\left(1-\frac{3}{m}\right)+\ldots+\left(1-\frac{m-1}{m}\right)\right]$$

$$= \frac{p}{m}\cdot\frac{p'}{100}\cdot\Big(m-1-\frac{1}{m}\cdot\underbrace{(1+2+\ldots+m-1)}_{=\frac{(m-1)\cdot m}{2}\text{ (arithm. Reihe)}}\Big)$$

$$= \frac{p}{m}\cdot\frac{p'}{100}\cdot\left[m-1-\frac{m-1}{2}\right] = \frac{p}{m}\cdot\frac{p'}{100}\cdot\frac{m-1}{2} = \frac{m-1}{200\,m}\cdot p\cdot p'. \quad (23)$$

Bei einer Laufzeit von n Jahren erhält man für den Barwert Δ_n (bezüglich des realen Zinssatzes p') der n jährlichen Zinszuschläge Δ, also den Kursaufschlag gegenüber der jährlichen Verzinsung mit

$$q'-1 = \frac{p'}{100}$$

$$\Delta_n = \frac{m-1}{200\,m}\cdot p\cdot p'\cdot\left(\frac{1}{q'}+\frac{1}{(q')^2}+\frac{1}{(q')^3}+\ldots+\frac{1}{(q')^n}\right)$$

$$= \frac{m-1}{200\,m}\cdot p\cdot p'\cdot\frac{1}{q'}\cdot\Big(\underbrace{1+\frac{1}{q'}+\frac{1}{(q')^2}+\frac{1}{(q')^3}+\ldots+\frac{1}{(q')^{n-1}}}_{=\frac{1-\frac{1}{(q')^n}}{1-\frac{1}{q'}}\text{ (geometrische Reihe)}}\Big)$$

$$= \frac{m-1}{200\,m}\cdot p\cdot p'\cdot\frac{1}{q'}\cdot\frac{1-\frac{1}{(q')^n}}{1-\frac{1}{q'}} = \frac{m-1}{200\,m}\cdot p\cdot p'\cdot\frac{1-\frac{1}{(q')^n}}{q'-1}$$

$$= \frac{m-1}{2\,m}\cdot p\cdot\left(1-\frac{1}{(q')^n}\right).$$

Wegen der unterjährigen Verzinsung erhält für die 100 Euro-Anleihe infolge der unterjährigen Wiederanlage zum realen Zinssatz p' nach (23) pro Jahr den Betrag

$$p+\Delta = p+\frac{m-1}{200\,m}\cdot p\cdot p' = p\cdot\left(1+\frac{m-1}{200\,m}\cdot p'\right).$$

Damit ist

$$\hat{p} = p\cdot\left(1+\frac{m-1}{200\,m}\cdot p'\right) \quad (24)$$

der ***effektive nominale Jahreszinssatz*** bei der unterjährigen Verzinsung. Falls in (8) der nominale Jahreszinssatz p durch den effektiven Nominalzinssatz $\hat{p}$ ersetzt wird, erhält man umittelbar den Kurs bei der unterjährigen Verzinsung für eine ganzjährige Laufzeit.

Zusammenfassung

Es werde m - mal unterjährig der nominale Zinssatz $\frac{p}{m}$ gezahlt. Dann gilt bei einer ganzjährigen Laufzeit n

Kursaufschlag gegenüber der jährlichen Verzinsung

$$\Delta_n = \frac{m-1}{2m} \cdot p \cdot \left(1 - \frac{1}{(q')^n}\right).$$

Effektiver jährlicher Nominalzinssatz

$$\hat{p} = p \cdot \left(1 + \frac{m-1}{200\,m} \cdot p'\right). \tag{25}$$

Kurs der m - mal unterjährig verzinsten Anleihe

$$C^{(m)}(n) = C(n) + \Delta_n$$
$$= 100 \cdot \left(1 + \frac{\alpha}{100} - \frac{\hat{p}}{p'}\right) \cdot \frac{1}{(q')^n} + 100 \cdot \frac{\hat{p}}{p'}.$$

C (n) = Kurs bei der jährlichen Verzinsung nach (8).

m - malige unterjährige Zinszahlung mit jeweils $\frac{p}{m}$ %;
α = Tilgungsaufgeld in Prozent;
p' = realer jährlicher Zinssatz bei unterjähriger anteilmäßiger Verzinsung.

Beispiel 11:
Eine Zinsanleihe mit einer Laufzeit von 10 Jahren und ohne Tilgungsaufgeld ($\alpha = 0$) sei mit einem nominalen Jahreszinssatz $p = 6{,}5$ ausgestattet. Der reale Jahreszinssatz sei $p' = 6{,}4$ bei einer jährlichen anteilmäßigen Verzinsung. Gesucht ist der Ausgabekurs bei
a) jährlicher, b) halbjährlicher Zinszahlung.

a) Aus (8) erhält man mit $\alpha = 0$, $p = 6{,}5$, $p' = 6{,}4$ und $n = 10$ den Kurs bei jährlicher Verzinsung

$$C(10) = 100 \cdot \left(1 - \frac{6{,}5}{6{,}4}\right) \cdot \frac{1}{1{,}064^{10}} + 100 \cdot \frac{6{,}5}{6{,}4} = 100{,}722259.$$

b) Mit $m = 2$ erhält man aus (25) den Kursaufschlag gegenüber der jährlichen Verzinsung

$$\Delta_{10} = \frac{1}{4} \cdot 6{,}5 \cdot \left(1 - \frac{1}{1{,}064^{10}}\right) = 0{,}751150.$$

Damit erhält man den Kurs bei halbjährlicher Zinszahlung

$$C^2(10) = C(10) + \Delta_{10} = 101{,}473409.$$

Beispiel 12:
Der Erwerber eines Hauses bietet dem Verkäufer folgende Zahlungen an: Nach 5 Jahren wird der Gesamtbetrag 300 000 Euro fällig. Während der fünf Jahre zahlt er monatlich nachschüssig jeweils 1 % von den 300 000 Euro, also jeweils 3 000 Euro. Gesucht ist der Verkaufspreis (Preis bei Barzahlung) bei einem realen Jahreszinssatz von 7 % bei anteilmäßiger Verzinsung. Aus (25) erhält man mit $m = 12$, $\alpha = 0$, $p = 12$, $p' = 7$ den effektiven nominalen Jahreszinssatz

$$\hat{p} = 12 \cdot \left(1 + \frac{11}{200 \cdot 12} \cdot 7\right) = 12{,}385 \ \%$$

und den Kurs

$$C^{(12)}(10) = 100 \cdot \left(1 - \frac{12{,}385}{7}\right) \cdot \frac{1}{1{,}07^5} + 100 \cdot \frac{12{,}385}{7} = 122{,}079563.$$

Der Kaufpreis (Barzahlungspreis) ist das Realkapital K_{real} des Nominalkapitals $K_{nom} = 300\,000$ Euro mit

$$\text{Kaufpreis} = K_{real} = \frac{122{,}079563}{100} \cdot 300\,000 = 366\,238{,}69 \text{ Euro.}$$

4.3.3.2. Kurse zu unterjährigen Zeitpunkten

Der Kurs soll zu einem nicht ganzzahligen Zeitunkt t (t nicht ganz) berechnet werden.

4.3.3.2.1. Kurse zu den Zeitpunkten der unterjährigen Zinszahlungstermine

Zum Zeitpunkt $t = 0$ sei die Laufzeit n der Anleihe ganzzahlig (in Jahren). Zum Zeitpunkt $t = \frac{1}{m}$ der nächsten Zinszahlung beträgt die Restlaufzeit $n - \frac{1}{m}$ Jahre. Dann erhält man den Kurs $C^{(m)}(n - \frac{1}{m})$ durch folgende Überlegung: Zum Zeitpunkt $t = 0$ ist der Kurs mit einer Laufzeit n nach (25) gleich $C^{(m)}(n)$. Dieses Realkapital des Nominalkapitals $K_{nom} = 100$ wächst bis zum Zeit-punkt $\frac{1}{m}$ durch die anteilmäßige Verzinsung mit dem realen Zinssatz p' an auf $C^{(m)}(n) \cdot (1 + \frac{p'}{100\,m})$. Da zum Zeitpunkt $\frac{1}{m}$ Zinsen der Höhe $\frac{p}{m}$ gezahlt werden, müssen diese noch vom Realkapital abgezogen werden. Damit erhält man den Kurs bei einer Restlaufzeit von $n - \frac{1}{m}$ Jahren

$$C^{(m)}(n - \tfrac{1}{m}) = C^{(m)}(n) \cdot \left(1 + \frac{p'}{100\,m}\right) - \frac{p}{m}.$$

Bis zum Zeitpunkt $t = \frac{2}{m}$ wird das Kapital $C^{(m)}(n)$ während 2 Teilabschnitten anteilmäßig mit $2 \cdot \frac{p}{m}$ % verzinst. Vom verzinsten Kapital muss die Zinszahlung zum Zeitpunkt $\frac{2}{m}$ und das durch die erste Zinszahlung einschließlich anteilmäßiger Verzinsung mit p' für ein Teiljahr entstandene Kapital abgezogen werden. Damit lautet der Kurs bei einer Restlaufzeit von $n - \frac{2}{m}$ Jahren

$$C^{(m)}(n-\tfrac{2}{m}) = C^{(m)}(n)\cdot\left(1+2\cdot\frac{p'}{100\,m}\right) - \tfrac{p}{m} - \tfrac{p}{m}\cdot\left(1+\frac{p'}{100\,m}\right).$$

Bis zum Zeitpunkt $\frac{3}{m}$ wird das $C^{(m)}(n)$ für drei Teiljahre verzinst. Davon muss die 3. Zinszahlung der Höhe $\frac{p}{m}$ abgezogen werden, ferner die beiden früheren Zinszahlungen, die anteilmäßig mit p' verzinst wurden. Die erste Zinszahlung der Höhe $\frac{p}{m}$ wird für zwei und die zweite nur für ein Teiljahr verzinst. Damit lautet der Kurs bei einer Restlaufzeit von $n-\frac{3}{m}$ Jahren

$$C^{(m)}(n-\tfrac{3}{m}) = C^{(m)}(n)\cdot\left(1+3\cdot\frac{p'}{100\,m}\right) - \tfrac{p}{m} - \tfrac{p}{m}\cdot\left(1+\frac{p'}{100\,m}\right) - \tfrac{p}{m}\cdot\left(1+2\cdot\frac{p'}{100\,m}\right).$$

Allgemein sei k eine ganze Zahl zwischen 0 und n. Dann erhält man analog zu den obigen Ausführungen den Kurs mit einer Restlaufzeit von $n-\frac{k}{m}$ Jahren in der Form

$$C^{(m)}(n-\tfrac{k}{m}) = C^{(m)}(n)\cdot\left(1+k\cdot\frac{p'}{100\,m}\right) - \tfrac{p}{m} - \tfrac{p}{m}\cdot\left(1+\frac{p'}{100\,m}\right) - \tfrac{p}{m}\cdot\left(1+2\cdot\frac{p'}{100\,m}\right) - \ldots - \tfrac{p}{m}\cdot\left(1+(k-1)\cdot\frac{p'}{100\,m}\right).$$

Vom aufgezinsten Kurswert muss also folgende Summe abgezogen werden

$$\begin{aligned}
&\tfrac{p}{m}\cdot\left[1+\left(1+\frac{p'}{100\,m}\right)+\left(1+2\cdot\frac{p'}{100\,m}\right)+\ldots+\left(1+(k-1)\cdot\frac{p'}{100\,m}\right)\right]\\
&= \tfrac{p}{m}\cdot\Big(k+\frac{p'}{100\,m}\cdot\underbrace{[1+2+3+\ldots+(k-1)]}_{=\frac{(k-1)\cdot k}{2}\ \text{(arithm. Reihe)}}\Big)\\
&= \tfrac{p}{m}\cdot\left(k+\frac{p'}{100\,m}\cdot\frac{(k-1)\cdot k}{2}\right).
\end{aligned}$$

Damit lautet der

Kurs bei einer Restlaufzeit von $n-\frac{k}{m}$ Jahren

$$C^{(m)}(n-\tfrac{k}{m}) = C^{(m)}(n)\cdot\left(1+k\cdot\frac{p'}{100\,m}\right) - \tfrac{p}{m}\cdot\left(k+\frac{p'}{100\,m}\cdot\frac{(k-1)\cdot k}{2}\right)$$

für $k = 0, 1, 2, \ldots, m$; n ganzzahlig mit

$$C^{(m)}(n) = 100\cdot\left(1+\frac{\alpha}{100}-\frac{\hat{p}}{p'}\right)\cdot\frac{1}{(q')^n} + 100\cdot\frac{\hat{p}}{p'}. \tag{26}$$

$$\hat{p} = p\cdot\left(1+\frac{m-1}{200\,m}\cdot p'\right)$$

ist der effektive nominale Jahreszinssatz.

m - malige unterjährige Zinszahlung von jeweils $\frac{p}{m}$ %;
α = Tilgungsaufgeld in Prozent;
p' = realer jährlicher Zinssatz bei unterjähriger anteilmäßiger Verzinsung.

Für $k = m$ erhält man aus (26) zusammen mit (24)

$$\begin{aligned}
C^{(m)}(n - \tfrac{m}{m}) &= C^{(m)}(n)\cdot\Big(1 + m\cdot\frac{p'}{100\,m}\Big) - \frac{p}{m}\cdot\Big(m + \frac{p'}{100\,m}\cdot\frac{(m-1)\cdot m}{2}\Big) \\
&= C^{(m)}(n)\cdot q' - \underbrace{p\cdot\Big(1 + \frac{(m-1)\cdot p'}{200\,m}\Big)}_{=\hat{p}} \\
&= 100\cdot\left(1 + \frac{\alpha}{100} - \frac{\hat{p}}{p'}\right)\cdot\frac{q'}{(q')^n} + 100\cdot\frac{\hat{p}}{p'}\cdot q' - \hat{p} \\
&= 100\cdot\left(1 + \frac{\alpha}{100} - \frac{\hat{p}}{p'}\right)\cdot\frac{1}{(q')^{n-1}} + 100\cdot\frac{\hat{p}}{p'}\cdot\left(1 - \frac{p'}{100}\right) - \hat{p} \\
&= 100\cdot\left(1 + \frac{\alpha}{100} - \frac{\hat{p}}{p'}\right)\cdot\frac{1}{(q')^{n-1}} + 100\cdot\frac{\hat{p}}{p'} + \hat{p} - \hat{p} \\
&= 100\cdot\left(1 + \frac{\alpha}{100} - \frac{\hat{p}}{p'}\right)\cdot\frac{1}{(q')^{n-1}} + 100\cdot\frac{\hat{p}}{p'} \\
&= C^{(m)}(n-1).
\end{aligned}$$

4.3.3.2.2. Kurs zwischen den unterjährigen Zinszahlungsterminen

Der Kurs soll zu einem Zeitpunkt t zwischen zwei Zinszahlungsterminen festgesetzt werden. Zwischen der letzten unterjährigen Zinszahlung und dem Zeitpunkt t seien x Teiljahre verstrichen mit $0 \le x \le \frac{1}{m}$. Die unmittelbar vorangehende unterjährige Zinszahlung sei die k - te eines Jahres mit $0 \le k \le m-1$.

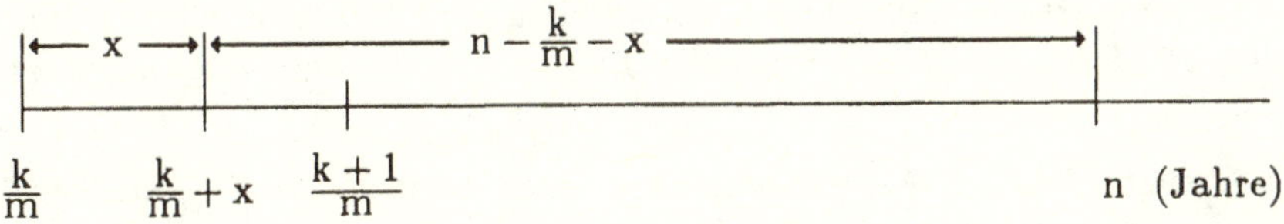

Dann beträgt die Restlaufzeit $n - \frac{k}{m} - x$. Der Kurs unmittelbar nach der letzten unterjährigen Verzinsungszeitpunkt $C^{(m)}(n - \frac{k}{m})$ ist in (26) angegeben. Dieser muss zusätzlich noch für ein Teiljahr der Länge x mit dem realen Zinssatz anteilmäßig, also mit $\frac{p'}{m}\cdot x$ % verzinst, d. h. mit $1 + \frac{p'}{m}\cdot x$ multipliziert werden. Damit beträgt der

Kurs bei einer Laufzeit von $n - \frac{k}{m} - x$ Teiljahren mit $0 \leq x \leq \frac{1}{m}$, mit $0 \leq k \leq m-1$ bei m-maliger unterjähriger Verzinsung

$$C^{(m)}(n - \tfrac{k}{m} - x) = C^{(m)}(n - \tfrac{k}{m}) \cdot \left(1 + \frac{p'}{100\,m} \cdot x\right); \tag{27}$$

$C^{(m)}(n - \frac{k}{m})$ s. (26).

m-malige unterjährige Verzinsung der Anlage mit jeweils $\frac{p}{m}$ %;
p' = realer Jahreszinssatz bei unterjähriger anteilmäßiger Verzinsung.

Nettokurse und Stückzinsen

Nach den in Abschnitt 4.3.1.2 gemachten Ausführungen ermäßigt sich der nach (27) berechnete Kurs bei jeder Zinszahlung um den für die 100 Euro-Anleihe fälligen unterjährigen Zinsbetrag $\frac{p}{m}$. Dieser Abschlag kann durch die Zahlung von **Stückzinsen** behoben werden. Falls x Teiljahre nach der letzten unterjährigen Zinszahlung die 100 Euro-Anleihe erworben wird, muss der Käufer an den Verkäufer die inzwischen angesammelten Zinsen bezahlen. Dabei handelt es sich um die

Stückzinsen $\frac{p}{m} \cdot x$ für $0 \leq x < \frac{1}{m}$.

Diese Stückzinsen werden vom Kurs $C^{(m)}(n - \frac{k}{m} - x)$ subtrahiert. Dadurch erhält man den

Nettokurs

$$C^{(m)}_{\text{netto}}(n - \tfrac{k}{m} - x) = C^{(m)}(n - \tfrac{k}{m} - x) - \tfrac{p}{m} \cdot x. \tag{28}$$

Bezeichnungen s. (27).

Der Dividendenabschlag hat auf den Nettokurs keinen Einfluss.

Beispiel 13:

Eine Zinsanleihe sei mit dem nominalen Zinssatz $p = 6$ ausgestattet. Die Verzinsung erfolge halbjährlich anteilmäßig mit 3 %. Die Rückzahlung erfolge 10 Jahre nach der Ausgabe zu pari, also ohne Tilgunsgaufschlag ($\alpha = 0$).

a) Gesucht ist der Ausgabekurs bei einer Laufzeit von 10 Jahren und einem realen Zinssatz von 6,1 %. Mit $m = 2$, $p = 6$, $p' = 6{,}1$ erhält man nach (25) den effektiven nominalen Jahreszinssatz

$$\hat{p} = 6 \cdot \left(1 + \frac{1}{400} \cdot 6{,}1\right) = 6{,}0915.$$

$n = 10$ und $k = 0$ ergibt aus (26) den Begebungskurs

$$C^{(2)}(10) = 100 \cdot \left(1 - \frac{6{,}0915}{6{,}1}\right) \cdot \frac{1}{1{,}061^{10}} + 100 \cdot \frac{6{,}0915}{6{,}1} = 99{,}937735.$$

b) Bei einem realen Zinssatz von 6,45 % besitze die Anleihe eine Restlaufzeit von 5,20 Jahren. Gesucht ist der Kurs und der Nettokurs zu diesem Zeitpunkt. Der effektive nominale Jahreszinssatz lautet nach (26)

$\hat{p} = 6 \cdot \left(1 + \frac{1}{400} \cdot 6{,}45\right) = 6{,}09675.$

Mit $m = 2$ kann die Restlaufzeit nach (26) und (27) dargestellt werden in der Form $5{,}20 = n - \frac{k}{m} - x = 6 - \frac{1}{2} - 0{,}3$. Mit $m = 2$, $n = 6$, $k = 1$ und $x = 0{,}2$ erhält man den Kurs aus (26) und (27)

$$C^{(2)}(6) = 100 \cdot \left(1 - \frac{6{,}09675}{6{,}45}\right) \cdot \frac{1}{1{,}0645^6} + 100 \cdot \frac{6{,}09675}{6{,}45} = 98{,}287246;$$

$$C^{(2)}(6 - \tfrac{1}{2}) = C^{(2)}(6) \cdot \left(1 + \frac{6{,}45}{200}\right) - \frac{6}{2} \cdot \left(1 + \frac{6{,}45}{200} \cdot 0\right) = 98{,}457010;$$

$$C^{(2)}(6 - \tfrac{1}{2} - 0{,}3) = C^{(2)}(6 - \tfrac{1}{2}) \cdot \left(1 + \frac{6{,}45}{200} \cdot 0{,}3\right) = 99{,}409581.$$

Für $x = 0{,}3$ betragen die Stückzinsen $\frac{p}{2} \cdot x = 3 \cdot 0{,}3 = 0{,}9.$

Damit lautet der Nettokurs

$$C^{(2)}_{\text{netto}}(6 - \tfrac{1}{2} - 0{,}3) = C^{(2)}(6 - \tfrac{1}{2} - 0{,}3) - 0{,}9 = 98{,}509581.$$

4.3.4. Anleihen bei unterjähriger Verzinsung mit Zinseszins

Die Ausschüttung der Anleihe erfolge m-mal unterjährig jeweils mit $\frac{p}{m}$ % mit Zinseszins. Die marktübliche reale Verzinsung erfolge ebenfalls unterjährig mit Zinseszins. Ersetzt man in Abschnitt 4.3.1 die Jahre durch die unterjährigen Zinsperioden der Länge $\frac{1}{m}$ und die nominalen und realen Zinssätze durch die jeweiligen unterjährigen Zinssätze, so können die Formeln unmittelbar übernommen werden. Mit der Zuordnung

$$p \to \frac{p}{m}; \quad p' \to \frac{p'}{m}; \quad n \to k; \quad q' \to 1 + \frac{p'}{100\,m}$$

erhält man aus (8), (13) und (16) folgende Formeln:

Kurs bei einer Laufzeit von $\frac{k}{n}$ Jahren bei einer Verzinsung nach jeweils $\frac{1}{m}$ Jahren mit Zinseszins

$$C(\tfrac{k}{m}) = 100 \cdot \left(1 + \frac{\alpha}{100} - \frac{p/m}{p'/m}\right) \cdot \frac{1}{(q')^k} + 100 \cdot \frac{p/m}{p'/m} \tag{29}$$

mit $q' = 1 + \frac{p'}{100\,m}$ für $k = 1, 2, \ldots$;

Kurs bei einer Laufzeit von $\frac{k}{n} - x$ Jahren mit $0 \leq x \leq \frac{1}{m}$

$$C\left(\tfrac{k}{m} - x\right) = C\left(\tfrac{k}{m}\right) \cdot \left(1 + x \cdot \frac{p'}{100\,m}\right);$$

Nettokurs bei einer Laufzeit von $\frac{k}{m} - x$ Jahren mit $0 \leq x \leq \frac{1}{m}$

$$C_{netto}\left(\tfrac{k}{m} - x\right) = C\left(\tfrac{k}{m}\right) + \left[C\left(\tfrac{k}{m}\right) \cdot \frac{p'}{100\,m} - \frac{p}{m}\right] \cdot x;$$

Stückzinsen für das Teiljahr der Länge x: $x \cdot \frac{p}{m}$.

Verzinsung der Anleihe mit $\frac{p}{m}$ % nach jeweils $\frac{1}{m}$ Jahren mit Zinseszins; reale Verzinsung mit $\frac{p'}{m}$ % nach jeweils $\frac{1}{m}$ Jahren mit Zinseszins.

Beispiel 14:
Eine Zinsanleihe werde halbjährlich nominal mit 3 % verzinst. Die Rückzahlung erfolge zu pari ($\alpha = 0$).

a) Gesucht ist der Ausgabekurs bei einer Laufzeit von 10 Jahren bei einem halbjährlichen realen Zinssatz von 3,12 % mit Zinseszins. Mit $m = 2$ erhält man den Kurs bei einer Laufzeit von 20 Halbjahren ($k = 20$) aus (29)

$$C(10) = C\left(\tfrac{20}{2}\right) = 100 \cdot \left(1 - \frac{3}{3{,}12}\right) \cdot \frac{1}{1{,}0312^{20}} + 100 \cdot \frac{3}{3{,}12} = 98{,}234350.$$

b) Bei einer restlichen Laufzeit von 5 Jahren, 2 Monaten und 5 Tagen betrage der halbjährliche reale Zinssatz (mit Zinseszins) 2,89 %. Gesucht ist der Nettokurs. Von der Laufzeit $\frac{11}{2}$ Jahren müssen 3 Monate und 25 Tage abgezogen werden. Damit ist die restliche Laufzeit darstellbar durch

$$\frac{11}{2} - x = \frac{11}{2} - \frac{3}{12} - \frac{25}{360} = \frac{11}{2} - 0{,}319444.$$

Aus (29) erhält man mit $k = 11$

$$C\left(\tfrac{11}{2}\right) = 100 \cdot \left(1 - \frac{3}{2{,}89}\right) \cdot \frac{1}{1{,}0289^{11}} + 100 \cdot \frac{3}{2{,}89} = 101{,}024018;$$

$$C\left(\tfrac{11}{2} - 0{,}319444\right) = C\left(\tfrac{11}{2}\right) \cdot (1 + 0{,}0289 \cdot 0{,}319444) = 101{,}956665.$$

Stückzinsen: $2{,}89 \cdot 0{,}319444 = 0{,}923193$.

Nettokurs

$$C_{netto}\left(\tfrac{11}{2} - 0{,}319444\right) = 101{,}956665 - 0{,}923193 = 101{,}033472.$$

Kapitel 5

Aktien und Termingeschäfte (Futures, Optionen und Optionsscheine)

5.1. Aktien

Der Inhaber einer Aktie ist entsprechend seinem Anteil an der jeweiligen Aktiengesellschaft (AG) beteiligt. Der Besitzer von Aktien ist Mitinhaber der Gesellschaft, welche die Aktien ausgibt. An den Börsen können zwei Arten von Aktien gehandelt werden. ***Stammaktien*** sind mit einem Stimmrecht auf der Hauptversammlung der AG und mit einer Dividende ausgestattet. Die meisten Aktiengesellschaften geben nur Stammaktien aus. Neben Stammaktien gibt es bei manchen Gesellschaften auch noch ***Vorzugsaktien***. Sie erhalten im Allgemeinen eine höhere Dividende als die Stammaktien. Ferner wird eine Mindestdividende garantiert. Bei einem Dividendenausfall muss die Mindestdividende nachgezahlt werden, bevor auf Stammaktien eine Dividende ausgeschüttet werden darf. Dafür steht den Vorzugsaktien in der Regel kein Stimmrecht zu. Wird auf die Vorzugsaktien für ein oder mehrere Jahre keine Dividende ausgeschüttet, so erhalten diese das gleiche Stimmrecht wie die Stammaktien. Das Stimmrecht auf Vorzugsaktien entfällt erst dann, wenn sämtliche Dividendenrückstände nachgezahlt sind. Zur Zeit werden immer mehr Vorzugsaktien in Stammaktien umgetauscht. Es ist davon auszugehen, dass es in einigen Jahren keine Vorzugsaktien mehr geben wird.

In Deutschland gab es früher nur ***Nennwertaktien***. Der Nennwert musste mindestens 50 DM betragen. Bei einer Aktie mit dem Nennwert von 50 DM war man mit einer einzigen Aktie mit 50 DM am gesamten Grundkapital beteiligt. Nachdem zwischenzeitlich der Nennwert auf mindestens 5 DM festgelegt wurde, werden heute wegen der Euro-Einführung ***nennwertlose Aktien***, also ***Stückaktien ohne Nennwert*** (O. N.) ausgegeben. Der Inhaber einer Aktie ist entsprechend der Stückzahl an der AG beteiligt. Seit dem 2.1.1999 werden in den Euro-Ländern die Aktien in Euro notiert.

In der Regel werden Aktien an einer Börse gehandelt. Beim Kauf kann die Order für die gewünschte Anzahl "billigst" oder mit einem festen Limit aufgegeben werden. Eine billigst-Order wird beim nächsten Börsenhandel berücksichtigt. Bei limitierten Aufträgen wird die Order nur dann ausgeführt, wenn unter Berücksichtigung dieser Order ein Kurs zustande kommt, der das gesetzte Limit nicht überschreitet. Bei einem Limit von 80 Euro kann die Order nur dann voll ausgeführt werden, wenn der Kurs unter Einbeziehung dieser Order 80 Euro oder niedriger wird. Bei einer Verkaufsorder kann der Zusatz "bestens" oder ebenfalls ein Limit angegeben werden. Eine bestens-Order wird bei der nächsten Kursfestsetzung berücksichtigt. Eine limitierte Verkaufsorder wird nur dann vollständig ausgeführt, wenn der zustande kommende Kurs mindestens gleich dem angegebenen Limit wird. Unter Berücksichtigung aller vorliegenden Orders wird der laufende Kurs einer Aktie so festgesetzt, dass bei diesem Kurs die Anzahl der gehandelten Aktien maximal wird. Falls zu wenig Kauf- bzw. Verkaufsaufträge vorliegen, werden die Aufträge nur teilweise ausgeführt. Wenn gar keine Kursfestsetzung möglich ist oder nur relativ wenige Stücke umgesetzt werden könnten, wird der Kurs ohne Umsätze getaxt. Bei Aktien- und Anleihengeschäften muss die Vertragserfüllung, also die Bezahlung durch den Käufer und die Lieferung durch den Verkäufer, zwei Tage nach Vertragsabschluss erfolgen.

Bewertungskriterien für Aktien

Dividendenrendite

Das Verhältnis der ausgeschütteten Dividende D pro Aktie zum Aktienkurs K ergibt die relative Ausschüttung. Durch Multiplikation mit 100 erhält man die prozentuale Ausschüttung, die sogenannte

Dividendenrendite (in Prozent)

$$R = 100 \cdot \frac{D}{K} = 100 \cdot \frac{\text{Ausschüttungsbetrag pro Aktie}}{\text{Aktienkurs}} \,. \tag{1}$$

Falls die Ausschüttung aus dem von der AG versteuertem Gewinn erfolgt, gibt es zusätzlich zur Dividendenausschüttung eine Steuergutschrift. Aus diesem Grund muss unterschieden werden zwischen einer Dividendenrendite mit und einer ohne Steuergutschrift.

Falls bei einem Aktienkurs von 45,5 Euro je Aktie 2,1 Euro ausgeschüttet wird, beträgt die Dividendenrendite

$$R = 100 \cdot \frac{2{,}1}{45{,}5} = 4{,}62\ \%.$$

Die Dividendenrendite ist zwar für den Anleger interessant, sie ist jedoch als alleiniges Kriterium zur Aktienbewertung nicht geeignet, weil die meisten Firmen nicht alle Gewinne ausschütten. Thesaurierende (akkumulierende) Gesellschaften lassen einen großen Teil des Gewinns im Betrieb. Daher ist bei ihnen die Dividendenrendite geringer als bei ausschüttungsfreudigen Betrieben. Durch die Thesaurierung gewinnt die Aktie jedoch an innerem Wert. Wachstumsstarke Gesellschaften schütten meistens sehr wenig aus. In der Regel ist die Dividendenrendite bei Aktien erheblich niedriger als bei Anleihen.

Kurs/Gewinn-Verhältnis (KGV)
Das am meisten benutzte Bewertungskriterium ist das ***Kurs/Gewinn-Verhältnis*** (***KGV***). Das KGV für ein Geschäftsjahr ist der Quotient aus dem jeweiligen Kurs der Aktie und dem in dem Geschäftsjahr erzielten Gewinn:

$$\text{KGV} = \frac{\text{Kurs der Aktie}}{\text{Gewinn pro Aktie}} \,. \tag{2}$$

Für zukünftige Geschäftsjahre kann der Gewinn und damit das KGV nur geschätzt werden. Durch das KGV können prinzipiell verschiedene Aktien der gleichen Branche miteinander verglichen werden. Es kann jedoch nur als grobes Hilfsmittel benutzt werden, weil der Gewinn pro Aktie je nach Ziel des Unternehmens durch gezielte Bilanzmaßnahmen erheblich steuerbar und oft von Sondereinflüssen geprägt ist. Falls in einer AG mit laufend steigenden Gewinnen gerechnet werden kann, wird dieser Aktie ein höheres KGV zugebilligt als einer AG mit stagnierenden oder gar fallenden Gewinnschätzungen. Bei niedrigen Zinssätzen ist in der Regel das KGV höher als bei hohen Zinssätzen.

Kurs/Cash Flow-Verhältnis (KCV)
Der ***Cash Flow*** eines Unternehmens stellt den Betrag dar, um den die Einnahmen die Ausgaben übersteigen, also den Umsatzüberschuss des Unternehmens. Zum Cash Flow gehören Jahresüberschuss, Abschreibungen sowie die Einstellungen in die Rücklagen. Das ***Kurs/Cash Flow-Verhältnis*** (***KCV***) ist der Quotient des Aktienkurses und des Cash Flows pro Aktie, also

$$\text{KCV} = \frac{\text{Kurs der Aktie}}{\text{Cash Flow pro Aktie}} \,. \tag{3}$$

Der Cash Flow ist weniger manipulierbar als der Gewinn.

Buchwert pro Aktie
Der ***Buchwert*** einer Aktie ist der Quotient aus dem in der Bilanz aufgeführten Eigenkapital eines Unternehmens und der Anzahl der ausgegebenen Aktien. Da der Kurs einer Aktie stark durch die Ertragskraft bestimmt ist, liegt er meistens erheblich über dem Buchwert. Der Buchwert ist bei der Liquidation einer AG interessant.

5.2. Termingeschäfte

Bei Termingeschäften wird durch den Vertragsabschluss ein späterer Zeitpunkt für die Abwicklung des Geschäfts, also die Lieferung und Bezahlung einer bestimmten Menge von Basiswerten (Vermögenswerten), festgelegt. Am häufigsten werden folgende Basiswerte gehandelt: Aktien, Anleihen, Währungen, Indizes und Rohstoffe.

Dabei gibt es zwei Arten von Termingeschäften.

Bei einem ***unbedingten (festen) Termingeschäft*** muss der Vetrag von jedem der beiden Partner zum fest vereinbarten Zeitpunkt und den im Vertrag festgesetzten Bedingungen erfüllt werden. Kein Partner kann vom Vertrag zurücktreten. Der Verkäufer muss unter allen Umständen liefern und der Käufer den vereinbarten Preis bezahlen. Es gibt zwei Arten von unbedingten Termingeschäften:

Forwards sind unbedingte Termingeschäfte, die individuell ausgestattet sind. Laufzeit, Preis und die Menge des zugrunde liegenden Basiswertes (Vermögens- oder Warenwertes) sind frei wählbar. Daher sind verschiedene Kontrakte nicht mehr direkt miteinander vergleichbar. Aus diesem Grund ist kein allgemeiner Börsenhandel möglich.

Durch ***Futures*** wird vertraglich vereinbart, dass eine standardisierte Menge des Basiswertes (Vermögenswertes) zu einem fest vereinbarten standardisierten zukünftigen Fälligkeitstag zu dem beim Vertragsabschluss festgelegten Preis von einem Vertragspartner geliefert und vom anderen Vertragspartner abgenommen und bezahlt werden muss. Wegen der Standardisierung ist bei Futures ein laufender Börsenhandel möglich. Damit können Futures während der Laufzeit jederzeit weiterverkauft (glattgestellt) werden. Future-Kontrakte können auf verschiedene Waren abgeschlossen werden, z. B. auf Zinskontrakte (Bonds-Future), Indizes, Rohstoffe, z. B. auf Rohöl, Gold oder Silber, oder Erzeugnisse der Landwirtschaft, z. B. auf Kaffee, Weizen, Schweinebäuche oder Eier.

Wenn jemand von stark steigenden Preisen eines bestimmten Basiswertes überzeugt ist, so kann er durch den Kauf eines entsprechenden Kontrakts einen Gewinn erzielen, falls die von ihm erwartete Preissteigerung tatsächlich eintritt. Beim Kauf eines Kontrakts muss als Sicherheit nur ein Teil des vereinbarten Preises hinterlegt werden, in der Regel 10% des Gesamtpreises. Falls der Rohstoffpreis im Laufe der Zeit allerdings sinkt, müssen entsprechende Sicherheiten nachgeliefert (nachgeschossen) werden. Durch den Verkauf eines Kontrakts setzt jemand auf fallende Preise. Wenn jemand durch den Kauf bzw. Verkauf eines Kontrakts zu einem bestimmten Zeitpunkt einen Gewinn erzielt hat, so kann dieser Gewinn durch den Weiterverkauf des Kontrakts an der Warenterminbörse realisiert (sichergestellt) werden. Bei Schieflagen kann man sich durch den Weiterverkauf vor weiteren Verlusten schützen, also das Risiko begrenzen.

Bei einem ***bedingten Termingeschäft*** hat einer der beiden Vertragspartner, im Allgemeinen der Käufer, ein Wahlrecht, ob er den Vertrag erfüllt oder nicht. Beispiele für bedingte Termingeschäfte sind Optionen (s. 5.3) und Optionsscheine (s. 5.4).

5.3. Optionen

Optionen sind bedingte Termingeschäfte, bei denen zum Zeitpunkt des Vertragsabschlusses die Bedingungen festgelegt werden, zu denen der Vertrag zu einem zukünftigen Zeitpunkt erfüllt werden muss. Der Käufer einer Option hat das Recht, aber nicht die Pflicht, zum vereinbarten Fälligkeitszeitpunkt bzw. schon vorher die Option auszuüben, also den Vertrag zu erfüllen. Er kann auf die Ausübung verzichten, die Option also verfallen lassen. Der Verkäufer der Option muss jedoch die Entscheidung des Käufers akzeptieren. Da er kein Rücktrittsrecht hat, nennt man ihn auch ***Stillhalter***. Es gibt zwei Arten von Optionen. Standardisierte Optionen sind bezüglich der Laufzeit, Kontraktgröße und Basispreis einheitlich ausgestattet. Damit ist ein jederzeitiger Handel an der Börse möglich. Bei nichtstandardisierten Optionen können die einzelnen Größen von Vertrag zu Vertrag verschieden sein. Da sie individuell ausgestattet sind, sind sie nicht miteinander vergleichbar. Somit ist kein Börsenhandel möglich. Man nennt sie auch OTC - Optionen (over the counter). Es gibt Kaufoptionen (Calls) und Verkaufsoptionen (Puts).

In Europa können Optionen auf Aktien nur zu einem bestimmten Zeitpunkt ausgeübt werden. Dieser Zeitpunkt heißt das Ende der Laufzeit oder der Verfallstermin. Amerikanische Optionen können dagegen zu jedem Zeitpunkt innerhalb der gesamten Laufzeit ausgeführt werden. Die Europäischen Optionen werden während der Laufzeit an der Börse gehandelt. Durch den Weiterverkauf einer Option über die Börse kann der Käufer einen bereits erzielten Gewinn sicherstellen bzw. sich vor weiteren Verlusten schützen.

5.3.1. Europäische Kaufoptionen (Calls) auf Aktien

In diesem Abschnitt werden Europäische Kaufoptionen (Calls) auf Aktien behandelt. Dabei spielt es keine Rolle, ob es sich um Aktien oder andere Basiswerte, z. B. Indizes oder Zinskontrakte handelt. Die Ergebnisse können unmittelbar übertragen werden.

5.3.1.1. Grundlagen

Durch den Erwerb einer ***Kaufoption*** (eines ***Calls***) auf eine Aktie erhält der Käufer das Recht, aber nicht die Pflicht, die Aktie zu einen fest vereinbarten Zeitpunkt, dem Verfallstermin, vom Verkäufer zu dem bei Vertragsabschluss vereinbarten Preis B, dem ***Basispreis***, zu beziehen. Für das Optionsrecht muss der Käufer an den Verkäufer beim Kauf der Option einen bestimmten Preis C, den Optionspreis, bezahlen. Der Verkäufer des Calls erhält den Optionspreis C, den er auf jeden Fall behalten darf. Er ist ***Stillhalter*** in den Wertpapieren. Falls er die Wertpapiere nicht besitzt, muss er Sicherheiten leisten, um gegebenenfalls die abgerufenen Aktien an der Börse zu kaufen. Beim Kauf einer Option spricht man von einer ***Long-Position***, beim Verkauf einer Option von einer ***Short-Position***. Der Besitzer (Käufer oder Inhaber) eines Calls wird im Allgemeinen die Aktie am Verfallstag nur dann beziehen, wenn der Aktienkurs K über dem Basispreis B liegt. Andernfalls könnte er diese ja über die Börse billiger kaufen. Der Käufer eines Calls erwartet, dass während der Laufzeit des Calls der Aktienkurs steigt. Falls seine Erwartung eintritt, gewinnt das Optionsrecht in der Regel an Wert. Im Allgemeinen steigt dadurch auch der Preis für einen Call. Dann wären für den Käufer mit einem geringen Einsatz entsprechend hohe Gewinne möglich. Der Verkäufer eines Calls rechnet nicht mit starken Kursschwankungen der Aktie. Für ihn ist dann der Preis, den er für den Call erhält, eine zusätzliche Rendite, vor allem, wenn die Aktien am Ende der Laufzeit nicht abgerufen weden.

5.3.1.2. Gewinnmöglichkeiten mit einem Call am Verfallstag

Der Käufer eines Calls für eine Aktie bezahlt beim Vertragsabschluss den Optionspreis C. Der Basispreis (Bezugspreis) sei B. Der Gewinn bzw. Verlust aus dem Optionsgeschäft für den Käufer bzw. Verkäufer hängt vom Aktienkurs K am Fälligkeitstermin ab. Die anfallenden Gebühren sollen hier nicht berücksichtigt werden. Sie sollen in die Gewinn- und Verlustrechnung nicht eingehen.

1. Fall: $K < B$:
Falls der Aktienkurs K unter dem Basispreis B liegt, also für $K < B$, bringt der Bezug der Aktie dem Käufer (Inhaber) des Calls keinen Vorteil, da er die Aktie an der Börse je billiger erwerben kann. Durch den Verzicht auf die Ausübung verliert er den gezahlten Optionspreis C, sein Gewinn ist also $-C$ (Totalverlust), während der Stillhalter den Optionspreis C als Gewinn kassiert.

2. Fall: $K \geq B$:
Wenn der Aktienkurs K über dem Basispreis B liegt oder gleich dem Basispreis B ist, also für $K \geq B$, wird der Käufer der Option die Aktie vom Stillhalter zum Basispreis B beziehen. Gegenüber dem Kauf an der Börse hat er einen Preisvorteil von $K - B$. Nach Abzug des gezahlten Optionspreises C erzielt der Optionskäufer einen Reingewinn von

$$g_{K_f}(K) = K - B - C = K - (B + C) \quad \text{für} \quad K \geq B . \tag{4}$$

Für $K = B + C$ ist der Reingewinn gleich Null. Daher nennt man $B + C$ den ***Break-Even-Punkt***. Bei einem Aktienkurs K zwischen dem Basispreis B und dem Break-Even-Punkt $B + C$ ist der Reingewinn des Optionskäufers negativ. Dann erleidet er einen Verlust, der allerdings kleiner als der Kaufpreis C für den Call ist. Bei einem Aktienkurs K über dem Break-Even-Punkt $B + C$ erzielt der Optionskäufer einen echten Gewinn, der mit wachsendem Aktienkurs K linear ansteigt. Theoretisch kann der Gewinn für den Käufer beliebig groß werden, wenn die Aktie nur weit genug steigt. Der Gewinn des Käufers ist der Verlust des Stillhalters und umgekehrt. Es handelt sich um ein sogenanntes ***Nullsummenspiel***. Damit beträgt der Reingewinn des Stillhalters

$$g_S(K) = -(K - B - C) = (B + C) - K \quad \text{für } K \geq B. \tag{5}$$

Bei einem Aktienkurs K unterhalb des Break-Even-Punkts $B + C$, also für $K < B + C$, macht der Stillhaber einen Gewinn, bei einem Aktienkurs über dem Break-Even-Punkt, also für $K > B + C$ einen Verlust. Für den Käufer einer Option ist der Optionspreis C der maximal mögliche Verlust. Für den Käufer eines Calls ist das Verlustrisiko beschränkt. Für den Stillhalter ist der Optionspreis C der maximal mögliche Gewinn, während der Verlust mit wachsendem Aktienkurs K sehr groß werden kann.

Nachfolgend werden in Anhängigkeit des Börsenkurses K die Formeln für den Gewinn $g_{K_f}(K)$ des Käufers des Calls und den Gewinn $g_S(K)$ des Stillhalters nochmals zusammengestellt. Die Funktionen werden graphisch dargestellt, wobei negative Gewinne Verluste sind. Dabei gilt für jeden Aktienkurs K

$$g_{K_f}(K) + g_S(K) = 0. \tag{6}$$

Gewinn des Käufers eines Calls am Fälligkeitstermin

$$g_{K_f}(K) = \begin{cases} -C & \text{für } 0 \leq K \leq B \\ K - B - C & \text{für } K \geq B \end{cases} = \max\{K - B - C; 0\}. \tag{7}$$

K = Aktienkurs zum Fälligkeitstermin; C = Kaufpreis für einen Call;
B = Basiskurs (Bezugskurs).

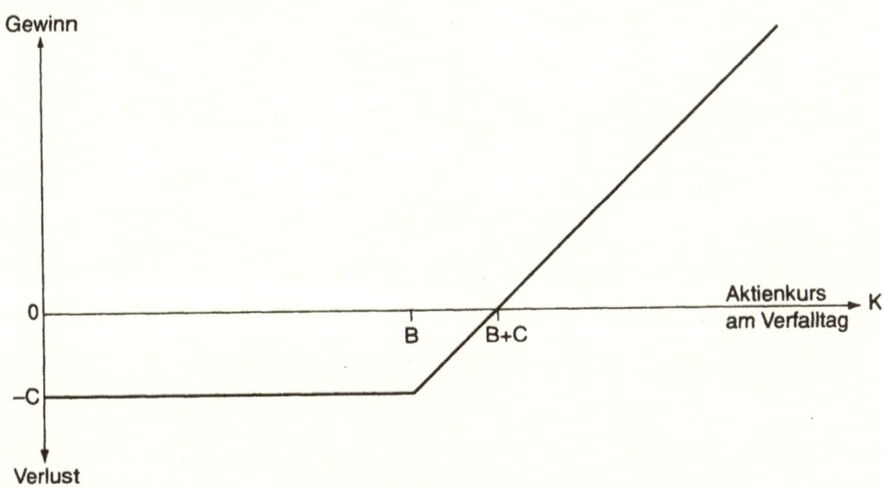

Bild: Gewinn der Käufers eines Calls in Abhängigkeit vom Aktienkurs K

Beispiel 1:
Bei einem Aktienkurs von 60 Euro koste ein Call 5 Euro. Dafür kann eine Aktie am Verfallstag für 60 Euro bezogen werden. Mit $C = 5$ und $B = 60$ erhält man den vom Aktienkurs K zum Fälligkeitstermin abgängigen Gewinn $g_{K_f}(K)$ des Käufers eines Calls mit

$g_{K_f}(K) = -5$ für $0 \leq K \leq 60$ und $g_{K_f}(K) = K - 65$ für $K \geq 60$.

Der Break-Even-Punkt ist $B + C = 65$.

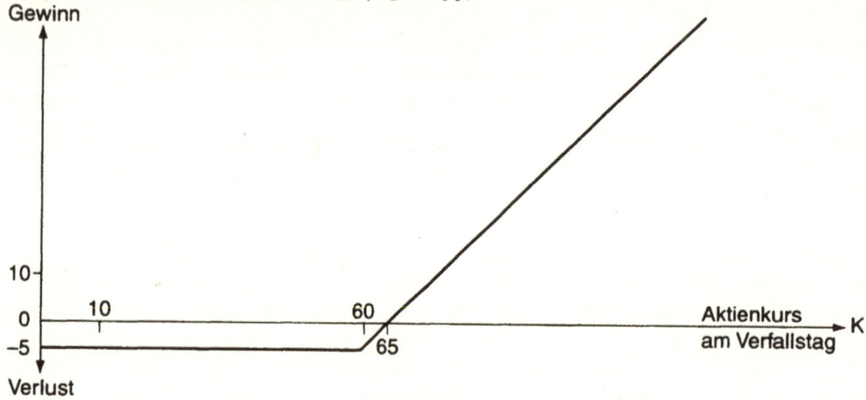

Bild: Gewinn der Käufers eines Calls in Abhängigkeit vom Aktienkurs K

Der Gewinn des Verkäufers (Stillhalters) eines Calls in Abhängigkeit vom Aktienkurs K am Fälligkeitstermin lautet

$$g_S(K) = \begin{cases} C & \text{für } 0 \leq K \leq B \\ B + C - K & \text{für } K \geq B \end{cases} = \max\{B + C - K; 0\}. \quad (8)$$

K = Aktienkurs zum Fälligkeitstermin; C = Kaufpreis für einen Call;
B = Basiskurs (Bezugskurs).

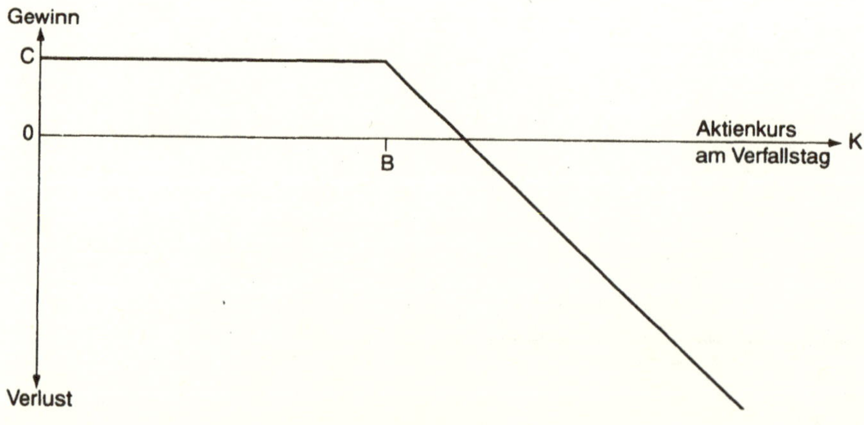

Bild: Gewinn des Verkäufers eines Calls in Abhängigkeit vom Aktienkurs K

Beispiel 2 (s. Beispiel 1):
Für den in Beispiel 1 angegebenen Call lautet der Gewinn $g_S(K)$ des Stillhalters in Abhängigkeit vom Aktienkurs K bei Fälligkeit

$$g_S(K) = 5 \quad \text{für} \quad 0 \leq K \leq 60 \quad \text{und} \quad g_S(K) = 65 - K \quad \text{für} \quad K \geq 60.$$

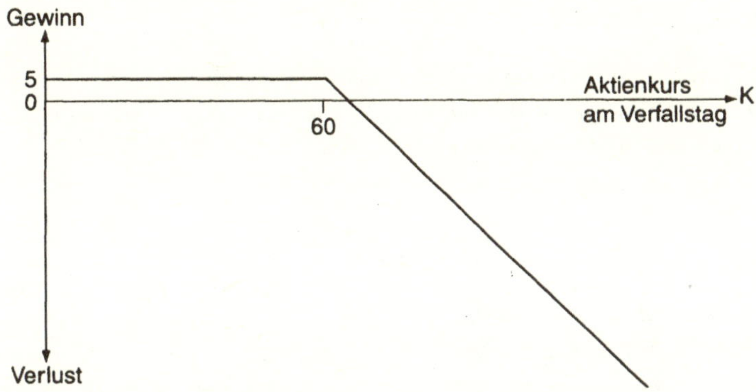

Bild: Gewinn des Verkäufers eines Calls in Abhängigkeit vom Aktienkurs K

5.3.1.3. Bewertung von Calls

5.3.1.3.1. Der innere Wert eines Calls

Der tatsächliche Wert eines Calls hängt vom Aktienkurs K zu dem jeweiligen Zeitpunkt ab. Falls der Aktienkurs K über dem Bezugskurs B liegt, also für $B > K$, besitzt der Call einen tatsächlichen Wert.

Die Differenz des Aktienkurses K und des Basispreises B, also

$$IW = K - B \quad \text{mit} \quad K = B + IW \tag{9}$$

heißt der ***innere Wert*** IW eines Calls. Der innere Wert kann positiv oder auch negativ sein. Falls der innere Wert positiv ist, sagt man: Der Call ist **"im Geld"** oder **"in the money"**. Wenn der aktuelle Aktienkurs K mit dem Basispreis B übereinstimmt, nennt man den Call **"am Geld"** oder **"at the money"**. Liegt der Aktienkurs unterhalb des Basispreises, so hat der Call keinen inneren Wert. Dann nennt man ihn **"aus dem Geld"** oder **"out the money"**.

5.3.1.3.2. Zeitwert und Kurs (Preis) eines Calls

Im Gegensatz zum inneren Wert kann der Kurs (Preis) eines Calls nicht negativ sein. Falls zum Verfallstermin (Laufzeitende) der innere Wert IW negativ ist, wird der Inhaber der Option auf den Bezug verzichten, da er die Aktie an der Börse ja günstiger beziehen kann. Damit verfällt der Call, d.h. sein Wert C ist gleich Null. Innerhalb der Laufzeit ist die Prämie für einen Call nie negativ, auch wenn sein innerer Wert negativ ist. Auch wenn die Option im Geld ist (K > B), wird der Preis für die Option größer als der innere Wert K − B sein. Der Grund dafür ist die Tatsache, dass der Bezugspreis B erst am Ende der Laufzeit gezahlt werden muss. Der Käufer des Calls hat mit relativ wenig Kapitaleinsatz sehr hohe Gewinnchancen, während der maximale Gewinn des Stillhalters auf den Kaufpreis C des Calls beschränkt ist.

Zusätzlich zum inneren Wert muss daher an den Verkäufer ein von der restlichen Laufzeit t abhängiger ***Zeitwert*** ZW gezahlt werden. Addition des inneren Wertes und des Zeitwertes ergibt den ***Kurs*** C für einen Call

$$C = IW + ZW\,. \tag{10}$$

Der Zeitwert ZW eines Calls errechnet sich als Differenz zwischen dem Kurs C des Calls und dessen innerem Wert IW. Der Zeitwert ist ein "Unsicherheitsaufschlag", der u. a. von der Wahrscheinlichkeit der Kursschwankungen der Aktie bis zum Fälligkeitstag des Calls abhängt. Die Höhe des Zeitwerts wird wesentlich von der Restlaufzeit t des Calls und der Volatilität der Aktie (Häufigkeit und Intensität der Kursschwankungen während eines bestimmten Zeitraumes) abhängen. Bei großer Restlaufzeit t ist der Zeitwert entsprechend groß, weil der Käufer des Calls mit einem geringen Kapitaleinsatz theoretisch hohe Gewinnchancen besitzt. Mit fallender Restlaufzeit t verringert sich jedoch der Zeitwert des Calls. In der Nähe des Verfallsdatums liegt der Zeitwert bei Null. Am Verfallstag ist er exakt gleich Null. In der nachfolgenden Abbildung ist eine typische Zeitwertkurve skizziert.

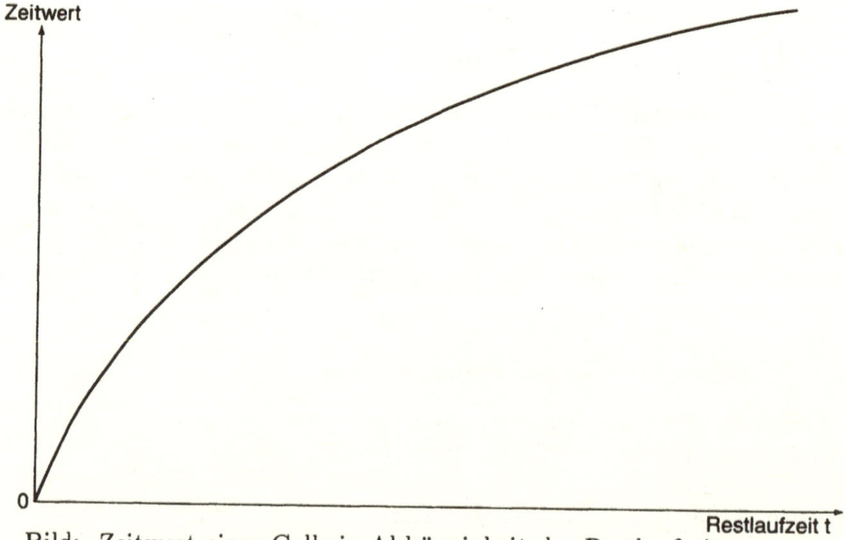

Bild: Zeitwert eines Calls in Abhängigkeit der Restlaufzeit t.

Untere und obere Grenze für den Wert eines Calls
Zur Bestimmung der unteren Grenze für den Wert eines Calls gehen wir davon aus, dass die restliche Laufzeit (Zeit bis zum Verfallstag) der Option t Jahre beträgt. Da der Basispreis B erst am Verfallstag gezahlt werden muss, kann dieser Betrag in der Zwischenzeit zum marktüblichen (realen) Zinssatz p angelegt werden. Der für den Zeitraum von t Jahren abgezinste Barwert des Basispreises B lautet damit

$$B_0 = \frac{B}{\left(1+\frac{p}{100}\right)^t}. \qquad (11)$$

Falls der Aktienkurs K höher als B_0 ist, ist der Call mindestens $K - B_0$ wert, andernfalls ist der Wert mindestens gleich 0, da negative Werte nicht möglich sind. Die untere Grenze für den Wert eines Calls ist gleich dem Maximum der beiden Werte $K - B_0$ und 0. Die obere Grenze für den Wert eines Calls ist der Aktienkurs K selbst. Diese Grenze wird bei einem Basispreis B = 0 angenommen, bei dem die Aktie sofort gekauft wird.

$$\text{Untere Grenze für den Wert eines Calls} = \max\left(K - \frac{B}{\left(1+\frac{p}{100}\right)^t};\ 0\right);$$
$$\text{obere Grenze für den Wert eines Calls} = K. \qquad (12)$$

K = Aktienkurs am Kauftag; B = Basispreis;
t = restliche Laufzeit in Jahren; p = marktüblicher Zinssatz.

Mit t = 0 erhält man den

Wert des Calls am Verfallstag (Laufzeitende)

$$C = \max\{K - B; 0\}.$$

Zur näherungsweisen Berechnung des Kurses eines Calls in Abhängigkeit von der Restlaufzeit t gibt es verschiedene Modellansätze. Da die Kursentwicklung jedoch von sehr vielen (zufälligen) Einflüssen abhängt, benötigt man dazu Methoden der Wahrscheinlichkeitsrechnung (Statistik). In diesem einführenden Buch kann darauf nicht eingegangen werden.

5.3.1.3.3. Kennzahlen für die Bewertung eines Calls

Prämie und Aufgeld
Eine typische Kennzahl zur Bewertung eines Calls ist die ***Prämie*** P. Sie ist die Differenz des Preises C + B, der insgesamt für den Bezug einer Aktie durch die Optionierung gezahlt werden muss, und dem laufenden Börsenkurs K, also

$$P = C + B - K. \qquad (13)$$

Die Prämie gibt also an, um wieviel teurer der Erwerb der Aktie über den Call gegenüber dem direkten Erwerb der Aktie ist. Sie kann positiv oder negativ sein. Falls der innere Wert $K-B$ eines Calls nicht negativ ist, stellt die Prämie den Zeitwert ZW dar. Bei einem hohen Aktienkurs K wird die Prämie P größer sein als bei einem niedrigen Kurs. Daher sollte die Prämie in Relation zum Aktienkurs gesetzt werden. Der prozentuale Wert

$$A = 100 \cdot \frac{P}{K} = 100 \cdot \frac{C+B-K}{K} \tag{14}$$

ist das sogenannte ***Aufgeld***. Wenn A negativ ist, spricht man von einem ***Abgeld***. Falls der Call ein Abgeld aufweisen sollte, ist der Kauf eines Calls auf jeden Fall günstiger als der direkte Kauf der Aktie über die Börse. Falls der Call "im Geld" ist, drückt das Aufgeld den Zeitwert des Calls in Prozent des aktuellen Aktienkurses aus. Calls mit verschiedenen Laufzeiten sind besser miteinander vergleichbar durch das Aufgeld bezogen auf ein Laufzeitjahr (jährlichen Aufgeld). Man erhält es durch Division des Aufgeldes durch die Restlaufzeit t in Jahren, also

jährliches Aufgeld

$$A_{\text{jährl.}} = \frac{A}{t}. \tag{15}$$

Hebel (Leverage-Faktor)
Jede Kursänderung der Aktie löst in der Regel auch eine Kursänderung des Calls aus. Da der Preis des Calls im Verhältnis zum Aktienkurs in der Regel sehr gering ist, hat eine Kursänderung der Aktie in der Regel eine prozentual stärkere Veränderung des Preises für einen Call zur Folge, insbesondere wenn die Restlaufzeit t noch relativ lang ist. Diesen Effekt nennt man ***Hebelwirkung*** oder ***Leverage-Effekt***. Dadurch partizipiert der Call-Inhaber überdurchschnittlich an Kursgewinnen und Kursverlusten der Aktie.

Eine Kennzahl für die Bewertung eines Calls ist der ***Hebel*** H. Er ist definiert als Quotient des Aktienkurses K und des Kurses C für den Call, also

$$H = \frac{K}{C} = \frac{\text{Aktienkurs}}{\text{Kurs für einen Call}}. \tag{16}$$

Den Hebel nennt man auch ***Leverage-Faktor***. Falls der Aktienkurs kurzfristig um 10 % steigt, müsste der Call um etwa $10 \cdot H$ % steigen. Bei einem Hebel von $H = 3$ würde der Call kurzfristig ungefähr dreimal stärker steigen als die Aktie. Dabei ist jedoch zu berücksichtigen, dass der Zeitwert und damit der Preis für einen Call im Laufe der Zeit kleiner wird.

Beispiel 3:
Ein Call koste 10 Euro. Damit sei die Aktie mit einem Basispreis von 90 Euro beziehbar. Bei einem aktuellen Aktienkurs von 95 Euro besitzt der Call nach (13) die Prämie $P = 10 + 90 - 95 = 5$ Euro.

Dies ist der Zeitwert. Das Aufgeld beträgt nach (14)

$A = 100 \cdot \frac{5}{95} = 5{,}2632\ \%.$

Aus (16) erhält man den Hebel $H = \frac{95}{5} = 19$.

Kurzfristig ändert sich der Wert des Calls ungefähr 19 mal stärker als der Aktienkurs.

5.3.2. Europäische Verkaufoptionen (Puts) auf Aktien

5.3.2.1. Grundlagen

Der Käufer einer ***Verkaufsoption*** (eines ***Puts***) auf eine Aktie hat das Recht, aber nicht die Pflicht, an den Verkäufer die Aktie zu einem bestimmten zukünftigen Zeitpunkt (Verfallstermin) zum vereinbarten Preis B, dem Basispreis, zu liefern. Dafür erhält der Verkäufer des Puts den Kaufpreis C. Als Stillhalter muss er über einen Geldbetrag verfügen, mit dem er bei einer eventuellen Optionsausübung die ihm zum Basispreis angebotenen Aktien bezahlen kann. Der Käufer eines Puts wird seine Option sinnvollerweise nur dann ausüben, wenn am Verfallstag der Aktienkurs K unterhalb des Basispreises B liegt, da er sonst über die Börse einen höheren Verkaufskurs erzielt. Wenn jemand die Aktien bereits besitzt, kann der Kauf von Puts zur Depotabsicherung dienen. Durch den Erwerb von Puts kann sich der Käufer vor starken Verlusten schützen.

5.3.2.2. Gewinnmöglichkeiten mit einem Put am Verfallstag

Wie bei Calls hängt der Gewinn bzw. Verlust des Käufers und Stillhalters des Puts vom Aktienkurs K am Fälligkeitstermin ab.

1. Fall: $K > B$:
Falls der Aktienkurs K über dem Basispreis B liegt, also für $K > B$, wird der Käufer des Puts auf die Ausübung verzichten, da er die Aktie an der Börse zu einem höheren Kurs verkaufen kann. Er lässt den Put verfallen und verliert damit den gezahlten Kaufpreis C für den Put, sein Gewinn ist also $-C$, während der Stillhalter den Optionspreis C als Gewinn behalten kann.

2. Fall: $K \leq B$:
Wenn der Aktienkurs K nicht über dem Basispreis B liegt, also höchstens gleich dem Basispreis B ist, wird der Käufer des Puts die Aktien an den Stillhalter zum vereinbarten Basispreis B verkaufen. Gegenüber dem Verkauf an der Börse erzielt er dadurch einen Mehrerlös von $B - K$. Abzüglich des gezahlten Optionspreises C verbleibt ihm ein Reingewinn von

$$g_{K_f}(K) = B - C - K \quad \text{für} \quad K \leq B.$$

Für $K = B - C$ ist der Reingewinn gleich Null. $B - P$ ist der ***Break-Even-Punkt***. Bei einem Aktienkurs K unterhalb des Break-Even-Punktes $B - C$

erzielt der Käufer des Puts einen echten Reingewinn, oberhalb des Break-Even-Punktes B − C entsteht für den Käufer des Puts ein Verlust. Da der Gewinn des Stillhalters gleich dem Verlust des Optionskäufers ist, lautet in diesem Bereich die Gewinnfunktion des Stillhalters in Anhängigkeit vom Aktienkurs K am Verfallstag

$$g_S(K) = -(B - C - K) = K + C - B \quad \text{für} \quad K \leq B. \tag{17}$$

Bei einem Aktienkurs unterhalb des Break-Even-Punktes B − C macht der Stillhalter einen Verlust. Da ein Aktienkurs nicht unter 0 fallen kann, ist der höchstmögliche Verlust des Stillhalters auf den Betrag B − C beschränkt. Sein maximaler Gewinn ist C. Der maximale Verlust des Käufers des Puts ist der Kaufpreis C, während der Gewinn höchstens gleich B − C sein kann.

In Anhängigkeit vom Börsenkurs K sind die Formeln für den Gewinn $g_{K_f}(K)$ des Käufers des Puts und den Gewinn $g_S(K)$ des Stillhalters nachfolgend zusammengestellt. Dabei gilt bei für jeden Aktienkurs K

$$g_{K_f}(K) + g_S(K) = 0. \tag{18}$$

Gewinn des Käufers eines Puts am Fälligkeitstermin

$$g_{K_f}(K) = \begin{cases} B - C - K & \text{für } 0 \leq K \leq B \\ -C & \text{für } K \geq B \end{cases} = \max\{B - C - K; -C\}. \tag{19}$$

K = Aktienkurs zum Fälligkeitstermin; C = Kaufpreis für einen Put;
B = Basiskurs (Bezugskurs).

Die Gewinnfunktion g_{K_f} des Käufers des Puts in Abhängigkeit vom Aktienkurs K am Verfallstermin ist nachfolgend skizziert.

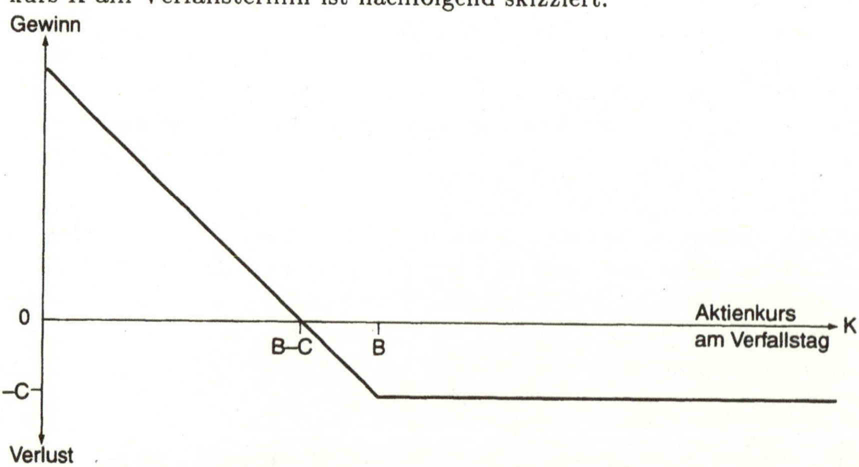

Bild: Gewinn des Käufers eines Puts in Abhängigkeit vom Aktienkurs K

Gewinn des Verkäufers (Stillhalters) eines Puts

$$g_S(K) = \begin{cases} K + C - B & \text{für } 0 \leq K \leq B \\ C & \text{für } K \geq B \end{cases} = \max\{K + C - B; C\}. \qquad (20)$$

K = Aktienkurs zum Fälligkeitstermin; C = Kaufpreis für einen Put;
B = Basiskurs (Bezugskurs).

Die Gewinnfunktion g_S des Stillhalters in Abhängigkeit vom Aktienkurs K am Verfallstermin ist nachfolgend skizziert.

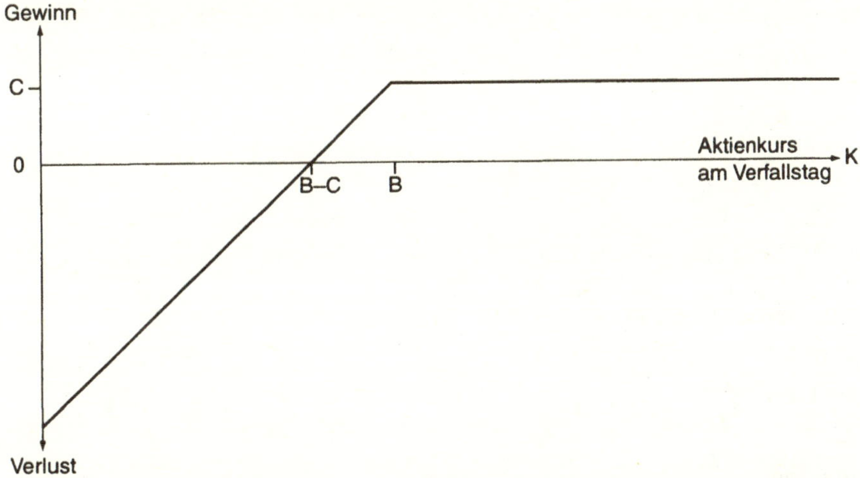

Bild: Gewinn des Verkäufers eines Puts in Abhängigkeit vom Aktienkurs K

5.3.2.3. Bewertung von Puts

5.3.2.3.1. Der innere Wert eines Puts

Falls der Aktienkurs K unterhalb des Basispreises B liegt, also für $K < B$, ist die Differenz $B - K$ zum Aktienkurs K der innere Wert des Puts. Allgemein ist der ***innere Wert*** IW eines Puts die Differenz des Basispreises B und des Aktienkurses K, also

$$IW = B - K. \qquad (21)$$

Wie bei Calls kann der innere Wert positiv oder auch negativ sein. Falls der innere Wert positiv ist, also für $B > K$, sagt man: Der Put ist "**im Geld**" oder "**in the money**". Wenn der aktuelle Aktienkurs K mit dem Basispreis B übereinstimmt, ist der innere Wert gleich Null. Dann nennt man den Put "**am Geld**" oder "**at the money**". Liegt der Aktienkurs oberhalb des Basispreises, so hat der Put keinen inneren Wert. Dann nennt man ihn "**aus dem Geld**" oder "**out the money**".

5.3.2.3.2. Zeitwert und Kurs (Preis) eines Puts

Wie bei Calls ist der Preis für einen Put nie negativ, auch wenn er keinen inneren Wert besitzt. Falls der Put im Geld ist ($B > K$), ist der Preis C für den Put größer als sein innerer Wert $B - K$. Wie bei Calls kommt zum inneren Wert ein von der Restlaufteit t abhängiger Zeitwert ZW hinzu. (vgl. Abschnitt 5.3.1.3.2). Addition ergibt den Preis für einen Put

$$C = IW + ZW\,. \tag{22}$$

Zur Bestimmung der unteren Grenze für den Wert eines Puts gehen wir davon aus, dass die restliche Laufzeit (Zeit bis zum Verfallstag) der Option t Jahre beträgt. Der nach t Jahren fällige Basispreis B besitzt den abgezinsten Barwert

$$B_0 = \frac{B}{\left(1 + \frac{p}{100}\right)^t}\,. \tag{23}$$

Falls der Aktienkurs K niedriger als B_0 ist, ist der Put mindestens $B_0 - K$ wert, andernfalls ist der Wert mindestens gleich 0, da negative Werte nicht möglich sind. Damit erhält man

$$\begin{aligned}&\text{untere Grenze für den Wert eines Puts} = \max\left(\frac{B}{\left(1 + \frac{p}{100}\right)^t} - K\,;\,0\right);\\ &\text{obere Grenze für den Wert eines Calls} = K\,.\end{aligned} \tag{24}$$

K = Aktienkurs am Kauftag; B = Basispreis;
t = restliche Laufzeit in Jahren; p = marktüblicher Zinssatz.

Mit $t = 0$ erhält man den

Wert des Calls am Verfallstag (Laufzeitende)

$$C = \max\{B - K\,;0\}\,.$$

5.3.2.3.3. Kennzahlen für die Bewertung eines Puts

Prämie und Aufgeld
Falls der Käufer des Puts diesen am Verfallstag zum Basispreis B an den Stillhalter weitergibt, muss davon der Kaufpreis C abgezogen werden. Die Einnahmen betragen dann $B - C$. Die ***Prämie*** P ist die Differenz von $B - C$ und des laufenden Börsenkurses K, also

$$P = B - C - K. \tag{25}$$

Die Prämie kann positiv oder negativ sein. Falls der innere Wert B − K eines Puts positiv ist, stellt die Prämie den Zeitwert dar.

$$A = 100 \cdot \frac{P}{K} = 100 \cdot \frac{B - C - K}{K} \tag{26}$$

ist das (prozentuale) ***Aufgeld***. Falls A negativ ist, spricht man von einem ***Abgeld***. Division durch die Restlaufzeit t in Jahren ergibt das

jährliche Aufgeld

$$A_{\text{jährl.}} = \frac{A}{t}. \tag{27}$$

Der ***Hebel*** oder ***Leverage-Faktor*** H ist der Quotient des Aktienkurses K und des Kurses für den Put, also

$$H = \frac{K}{C} = \frac{\text{Aktienkurs}}{\text{Kurs für einen Put}}. \tag{28}$$

Falls der Aktienkurs kurzfristig um 10 % fällt, so müsste der Preis für einen Put um etwa 10 · H % steigen.

5.4. Optionsscheine (Warrants) auf Aktien

Der Inhaber eines Optionsscheins (Warrants) auf Aktien hat ähnlich wie der Inhaber einer Option (Call) das Recht, innerhalb einer vorgegebenen Frist eine bestimmte Zahl von Aktien unter Zuzahlung eines zum Emissionszeitpunktes festgelegten Betrages gegen den Optionsschein einzutauschen. Im Gegensatz zu Optionen sind jedoch Optionsscheine Wertpapiere, deren Laufzeit zum Zeitpunkt der Emission meistens viel länger ist als bei börsennotierten Optionen (Calls). Auch bei Europäischen Optionsscheinen ist innerhalb der Laufzeit der Optionsscheine ein Bezug zu bestimmten festgelegten Zeiträumen möglich. Optionsscheine werden allgemein auf Aktien, Aktienindizes, Währungen und Zinsen ausgegeben. Wir wollen jedoch nur Optionen auf Aktien behandeln.

Während früher Optionsscheine auf Aktien nur im Zusammenhang mit Optionsanleihen ausgegeben wurden, gehen heute immer mehr Firmen dazu über, reine Optionsscheine zu emittieren. Zum Ausgabezeitpunkt wird in den Optionsscheinbedingungen genau festgelegt, in welchen Zeiträumen bzw. zu welchen Zeitpunkten der Optionsschein gegen eine bestimmte Anzahl Aktien des emittierenden Unternehmens gegen Zuzahlung eines bestimmten Geldbetrages pro Aktie eingetauscht werden kann. Der Bezugskurs pro Aktie ist im Allgemeinen nicht konstant. Meistens wird er von Jahr zu Jahr größer. Da die Laufzeit eines Optionscheines-wenigstens zum Zeitpunkt der Ausgabe-viel länger ist als die einer Option, sind Geschäfte mit Optionsscheinen nicht so riskant wie mit Optionen. Bei der Ausübung erhalten die Optionsscheininhaber neue Aktien. Dadurch wird die Anzahl der Aktien bzw. das Grundkapital der Gesellschaft erhöht, während bei der Ausübung einer Option nur die entsprechenden Aktien den Besitzer wechseln. Ob mit den Optionsscheinen innerhalb der Laufzeit Aktien bezogen werden sollen, hängt vom Bezugskurs und dem jeweiligen Börsenkurs ab. Falls der Börsenkurs unter dem Bezugskurs liegt, wird kaum jemand bereit sein, die Aktien zu beziehen.

Seit einigen Jahren werden von Banken und Brokerhäusern sogenannte "***Covered Warrants***" ausgegeben. Hier handelt es sich um "gedeckte Optionsscheine". Auf eigene Bestände an Aktien fremder Gesellschaften werden Optionsscheine ausgegeben. Der Eigenbestand ist Deckung für eine eventuelle Ausübung. Im Gegensatz zu den klassischen Optionsscheinen erfolgt der Bezug nicht durch Ausgabe neuer Aktien. Die Aktienanzahl der betroffenen Firma bleibt erhalten, es wechseln nur bereits ausgegebene Aktien den Besitzer. Bei Covered Warrants ist die Gesamtlaufzeit meistens wesentlich kürzer als bei den Optionsscheinen. Zum Bezug einer einzigen Aktie werden oft mehrere Covered Warrants benötigt. Dadurch wird der Preis entsprechend niedriger.

Weil Optionsscheine im wesentlichen Calls (Kaufoptionen) sind, können die wesentlichen Formeln aus Abschnitt 5.3.1 übernommen werden. Zu beachten ist allerdings, dass mit einem einzigen Optionsschein manchmal gleichzeitig mehrere Aktien bezogen werden können.

Bezeichnungen:

C = Kurs (Preis) eines Optionsscheins;
K = Kurs einer Aktie zum betrachteten Zeitpunkt;
s = Anzahl der Aktien, die mit einem Optionsschein bezogen werden können;
B = Bezugskurs pro Aktie;
t = restliche Laufzeit des Optionsscheins.

Ein direkter Kauf von s Aktien über die Börse kostet $K \cdot s$, für den Bezug über den Optionsschein muss für die s Aktien $B \cdot s$ gezahlt werden. Die Differenz dieser beiden Preise ist der

innere Wert eines Optionsscheins

$$IW = (K - B) \cdot s. \qquad (29)$$

1 : s ist das ***Bezugsverhältnis.***

Da mit einen Optionsschein s Aktien zum jeweiligen Bezugskurs B bezogen werden können, lautet nach Abschnitt 5.3.1.3.2 mit dem marktüblichen Zinssatz p und der restlichen Laufzeit t die untere Grenze für den Wert eines Optionsscheins

$$\max\left(s \cdot K - \frac{s \cdot B}{\left(1 + \frac{p}{100}\right)^t};\ 0\right). \tag{30}$$

Falls am Verfallstag der Aktienkurs K über dem Bezugskurs B liegt, ist der innere Wert gleich dem Kurs C des Optionsscheins, andernfalls ist der Kurs am Verfallstag gleich Null. Innerhalb der Laufzeit kommt zum inneren Wert des Optionsscheins noch ein von der restlichen Laufzeit t abhängiger ***Zeitwert*** (ZW) dazu (s. Abschnitt 5.3.1.3.2) mit

$$C = IW + ZW. \tag{31}$$

Die ***Prämie*** P ist die Differenz des Preises für den sofortigen Bezug der Aktie über den Optionsschein und den Bezug der Aktie über die Börse. Falls für einen Optionsschein s Aktien zum jeweiligen Bezugskurs B bezogen werden können, beträgt die Prämie

$$P = \frac{1}{s} \cdot C + B - K. \tag{32}$$

Wenn der innere Wert eines Optionsscheins nicht negativ ist, stellt die Prämie den Zeitwert ZW dar. Die Prämie kann positiv oder negativ sein. Der prozentuale Wert

$$A = 100 \cdot \frac{P}{K} = 100 \cdot \frac{\frac{1}{s} \cdot C + B - K}{K}$$

ist das sogenannte ***Aufgeld***. Falls A negativ ist, spricht man von einem ***Abgeld***. Dann ist der sofortige Bezug über den Optionsschein günstiger als der direkte Kauf der Aktie über die Börse. Hierbei ist jedoch zu beachten, dass die durch den Optionsschein bezogenen Aktien meistens für das laufende Geschäftsjahr nicht dividendenberechtigt sind. Wie die Prämie so hängt auch das Aufgeld von der restlichen Laufzeit t des Optionsscheins ab. Division des Aufgeldes A durch die Laufzeit t (in Jahren) ergibt das

Aufgeld pro Jahr **(per anno)**

$$A_{p.a.} = \frac{A}{t} = \frac{100}{t} \cdot \frac{P}{K}. \tag{33}$$

Der ***Hebel*** oder ***Leverage-Faktor*** ist der Quotient des Aktienkurses und dem durch die Anzahl s zu beziehenden Aktien dividierten Optionsscheinkurs, also der Quotient des Aktienkurses und des Anteils des Optionsscheins, der für den Bezug einer Aktie benötigt wird, also

$$H = \frac{K}{C/s} = \frac{s \cdot K}{C}. \tag{34}$$

Weitere sehr erfolgreiche Werke von Professor Dr. K. Bosch im Oldenbourg Verlag:

Brückenkurs Mathematik, 9. A.

Mathematik für Wirtschaftswissenschaftler, 12. A.
Eine Einführung

Übungs- und Arbeitsbuch Mathematik, 6. A.

Bosch/Jensen
Klausurtraining Mathematik, 2. A.

Bosch/Jensen
Großes Lehrbuch der Mathematik für Ökonomen

Mathematik-Taschenbuch, 5. A.

Mathematik-Lexikon

Finanzmathematik, 5. A.

Finanzmathematik für Banker

Grundzüge der Statistik, 2. A.

Statistik für Nichtstatistiker, 3. A.

Großes Lehrbuch der Statistik

Statistik-Taschenbuch, 3. A.

Lexikon der Statistik, 2. A.

Klausurtraining Statistik, 2. A.

Glücksspiele

Lotto und andere Zufälle, 2. A.

Oldenbourg · Wirtschafts- und Sozialwissenschaften · Steuer · Recht

www.ingramcontent.com/pod-product-compliance
Lightning Source LLC
LaVergne TN
LVHW042242300926
849161LV00003B/445